"粤派教育"丛书　　熊焰　高慎英　于慧　主编

◎ 天河区第二批基础教育系统名师培养项目

走进天河名师群落

王慧　熊焰　主编

·广州·

版权所有 翻印必究

图书在版编目（CIP）数据

走进天河名师群落/王慧，熊焰主编．—广州：中山大学出版社，2020.12
（"粤派教育"丛书/熊焰，高慎英，于慧主编）
ISBN 978-7-306-06668-8

Ⅰ．①走… Ⅱ．①王…②熊… Ⅲ．①中小学—师资培训 Ⅳ．①G635.12

中国版本图书馆 CIP 数据核字（2019）第 157803 号

Zoujin Tianhe Mingshi Qunluo

出 版 人：王天琪
策划编辑：张 蕊
责任编辑：张 蕊
封面指导：李冬梅名教师工作室
封面设计：林绵华
责任校对：井思源
责任技编：何雅涛
出版发行：中山大学出版社
电　　话：编辑部 020-84111997，84113349，84111996
　　　　　发行部 020-84111998，84111981，84111160
地　　址：广州市新港西路 135 号
邮　　编：510275　　　　传　真：020-84036565
网　　址：http://www.zsup.com.cn　E-mail：zdcbs@mail.sysu.edu.cn
印 刷 者：广东虎彩云印刷有限公司
规　　格：787mm×1092mm　1/16　18.25 印张　370 千字
版次印次：2020 年 12 月第 1 版　2020 年 12 月第 1 次印刷
定　　价：45.00 元

如发现本书因印装质量影响阅读，请与出版社发行部联系调换

总　　序

　　教育与文化总是相伴而行、共荣共生的。与文化相比，教育的内涵和外延要更明晰具体。可以说，文化是一种内涵非常丰富、外延又极其宽泛的社会现象。人类在长期的社会历史发展过程中，形成了不同的大文化圈，大文化圈中又存在着许多的小文化圈。某个特定文化圈中的文化既保持着所属大文化圈的共同特质，又具有鲜明的民族特色和地域特色，置身其中的人类既创造文化，也深深地受文化的滋养与约定。当代著名作家梁晓声在解读"文化是什么"时，用四句话涵盖文化的内涵品质——文化就是"植根于内心的修养；无需提醒的自我；以约束为前提的自由；为别人着想的善良"。可以说，文化之根浸润教育之根，文化对教育具有巨大影响和价值引领。

　　作为省属师范类高校，广东第二师范学院在中小学教师和校长培训领域有着诸多思想理论和实践模式创新。在党和国家高度重视教育问题、多次强调发展教育的重要意义的形势下，基于对广东基础教育的责任感、使命感，广东第二师范学院教师研修学院研究团队最先提出基于岭南文化的"粤派教育"理念，努力为广东教育发声。为了进一步改革创新、奋发进取，坚定粤派教育的文化自信，提炼粤派教育的成功经验，创新素质教育的广东范式，建设南方教育高地，以新的更大作为开创广东基础教育改革发展新局面。教师研修学院于2018年分别在肇庆和广州番禺举办了粤派教育高峰论坛，产生了开创性的效应。在这样的背景下，以挖掘岭南文化之根、探寻滋养教育的动力之泉、从文化视角看教育的现实样态与应有之义为宗旨的"粤派教育"就非常值得从理论和实践两个层面进行深入的分析与探究。

　　这里，有三个关键词需要澄清，即"文化""化""教育"。"文化"乃是"人文化成"一语的缩写。此语出于《易经·贲卦·彖辞》："刚柔交错，天文也；文明以止，人文也。观乎天文，以察时变，观乎人文，以化成天下。"按照《现代汉语词典》（商务印书馆，第7版）的解释，"文化"就是指"人类在社会历史发展过程中所创造的物质财富和精神财富的总和，特指精神财富，如文学、艺术、教育、科学等"。"化""教化"和"化育"三个词的意义大体相同，就是"感化、滋养、养育"。由此看来，教育其实就是一种使人"文"化、在文化的浸润中实现文化认同与文化理解的过程。"教育"做动词时的意思就是"按一定要求培养""用道理说服人使照着（规则、指示或要求等）做"。

一

关于"岭南文化"有多种理解，我们可以把岭南的概念想象成"粤派"，两个概念可以互换，岭南文化和粤文化有一点儿差别，粤的范围较岭南小，但精神上是一致的。

岭南文化是在兼容中迅速崛起的，有学者认为，岭南文化主要经历了古代、近代和当代三次大的兼容，也出现了三次发展高峰。① 能够称得上岭南文化名片的重要历史人物有：唐代的六祖慧能，明代的陈献章（陈白沙）、湛若水（湛甘泉），清末民初的康有为（康南海）、梁启超、孙中山等。

历史上岭南地区被称为"南蛮之地"，陈白沙是岭南地区唯一获准从祀于山东曲阜孔庙的文人，故被称为"岭南第一人"。陈白沙出生于新会县（今属江门市新会区）新会村，他开启了明儒心学的先河，创立了"以道为本，以自然为宗，学贵自得，学贵知疑"的"白沙学说"（或称"江门学派"）。后经湛若水的完整化、精致化、思辨化的发展，岭南形成了一个异于正统理学的理学新派——陈湛学派。湛若水，字元明，号甘泉（明代时期的增城县新塘镇叫甘泉都），他师承陈白沙，在"以道为本，以自然为宗"的学说上，提出"随处体认天理"的主张，深得陈白沙的赞赏，陈白沙临终前将其讲学场所——钓鱼台，交与湛若水，以示衣钵相传。

湛若水考中进士，被任为翰林院庶吉士，赴京就任，而王阳明正在吏部讲学。当时王阳明34岁，湛若水40岁。湛、王二人的相遇，对于二人来说，都是人生发展的重要标志事件，并相互成就了对方。王阳明遇上湛若水，成为王阳明研究心学的重要转折点，开始归正于圣贤之学。之前王阳明涉猎广泛，兴趣多样，被湛若水称为"五溺"：一溺于任侠之习，二溺于骑射之习，三溺于词章之习，四溺于神仙之习，五溺于佛氏之习。

湛若水与王阳明在维护各自学术主张的前提下，又共同推进明代心学的发展与完善。35岁时，王阳明遭贬，在贵州龙场悟道，悟出"本心"强大，"心即理"，内心强大与意志力是最重要的。五年后，王阳明遇赦，他与湛若水誓约终生共同求学，致力于圣学的昌明。50岁时，湛若水回到增城。57岁时，王阳明在广西平定宁王之乱后，到增城与湛若水相见，为湛若水撰写诗文《甘泉居记》。在回浙江余姚的途中，不幸去世。湛若水为王阳明撰写墓志铭。

其实，儒学的这种心学传统并非始于陈献章。在唐代，韩愈感慨"道之不传久矣"，提出要维护儒学"道统"，当儒学面临佛老之学的冲击时，韩愈坚决拒斥。北宋时期，儒学家不再简单排斥，而是既深入研究佛老学说，又着手重建新儒学。

---

① 黄明同：《岭南文化的三次大兼容与三个发展高峰》，载《学术研究》2000年第9期，第98-101页。

南宋时期，形成"陆王心学"和"程朱理学"两大流派。到了明代，陈白沙上承宋儒理学的影响，下开明儒心学之先河，在中国哲学思想史的发展上，具有承前启后的地位和作用。加上湛若水和王阳明对心学体系的系统化和精致化研究，二人的主张各有侧重，但都致力于彰显和弘扬明儒的心学传统。到了清代，广东南海人康有为同样选择了心学之路。

岭南文化是如何延续、承接中国历史上的心学一脉的呢？一个重要的文化源头就是要探寻六祖惠能的《坛经》。六祖惠能，南派禅宗的创立者，广东新兴人，史称"六祖"，中国禅宗杰出大师。他生于岭南，长于岭南，弘法于岭南，圆寂于岭南。其弟子集其语录编为《六祖大师法宝坛经》，它是南禅顿教形成的标志，是唯一一部中国人撰述而被称为"经"的佛教典籍，曾被列入"中国最有代表性的十本哲学著作"，而惠能本人被欧洲人列为"世界十大思想家之一"，与孔子、老子并列为"东方三圣"。

惠能对岭南心学的影响主要体现在方法论上。他的一个信念就是"自我解脱"。这种自我解脱，有时需要借助外缘的启发，如所谓的禅机、机锋，但关键的一步全靠"自修自悟"。自修自悟，如人饮水，冷暖自知，听别人说千万遍不如自己亲身感受的亲切、深刻。

禅宗思想中国化，首先在于它从生活方式和生产方式上的中国化。禅宗在经济体制上与中国封建社会融洽一致，不劳而食的习惯有所改变，减少了被攻击的口实。其他宗派的寺院经济来源多是靠别人的劳动，与地主和政府有一定的利益矛盾，其发展和生存受到较多限制。在生存竞争中，禅宗的优势更明显：自食其力，可以不受经济来源断绝的威胁，一代一代传下去。修行之人，除了不能结婚生子外，与常人生活没有太多差别。僧人们在日常生活中体悟，在亲身劳作中自修自悟、自我解脱。六祖惠能强调"自度""自悟"的方法论意义被陈献章所吸取。

陈献章融合儒、释、道三教精义，强调"静中养出端倪"，以"宗自然"与"贵自得"为基调，既有庄子"坐忘"的影子，又有佛者"坐禅"的路数，倡导"心在万物上""贵在自得""彻悟自省"。湛若水沿着"宗自然"与"贵自得"的路径，进一步提出"随处体认天理"，鼓励"学贵自得"。

影响岭南文化与教育改革的重要文化之源，就蕴含在强大的心学传统之中。当我们把心学传统与学校教育和人的学习与发展相联系时，就会发现，心学所倡导的"内心强大""意志""自得"和"静悟"等自我修炼和治学方法，对一个人的学习、发展是非常重要的。

由此，岭南文化与粤派教育所强调的第一个纲领，就是想尽一切办法让学生学会"自学"。第一步，要尽可能做到"静"。静能生慧，凝神静气，宁静致远，要安静、沉静、宁静，从身到心。第二步，要努力拓展"能"。丰富知识、提升能力、增长本领、培养多方面兴趣。第三步，要整体感悟，融会贯通，自成体系，

"取之左右逢其源"，超越一切具体知识和细节知识。

二

岭南文化的第二个源头就是南洋精神。"闯关东""走西口""下南洋"都是近代中国老百姓外出务工、人口迁徙的重大历史性事件，而"下南洋"是中国近代史上规模最大、路程最远的一次跨国大迁徙，其路途危险程度和谋生的难度远非国内迁徙可比。与"闯关东""走西口"相比，"下南洋"更为壮观，经历的时间更长，历史影响更深远。

中国人下南洋的迁徙历史，打造出中华民族伟大的"迁徙精神"，这是中国人的现实主义、英雄主义和浪漫主义情怀的集中体现，支撑着中国人追求美好生活、跨越任何艰难险阻所需的勇气、信心和力量。中华民族的发展史，总是与大规模的人口迁徙纠缠在一起。每当成千上万的人们开始打点行囊、准备远离故土的时候，历史就将从此翻开新的一页。

下南洋的岭南人用自己的勤奋与努力，改变了岭南人的命运。中国人在近代大规模向海外迁移的同时，也将中华文化传播到异域，在侨居地形成以中国为认同取向，以儒家思想为价值体系核心，同时兼容吸收异域文化的华侨文化。在中国文化地图上，华侨文化是岭南文化结构的独特形态，广东"侨文化"特色鲜明，它形成于异国，反哺于祖国，集中体现为敢为人先、爱国爱乡、兼容中西、包容开放的文化特质。

近代岭南文化的兼容性和开放性，带来中国思想文化尤其是岭南文化的又一次大飞跃。康有为融古今中外文化为一体，创立近代中国第一个以变革为主旋律的维新思想体系。孙中山在承传中国传统文化的同时，大量地"撷取"西方文化，从而创立最具时代精神的"三民主义"学说。康有为、孙中山二人由兼容而创立的思想学说，不仅是近代岭南文化的丰碑，而且是近代中华文化最高成就的体现，岭南文化正因此而取得主流文化地位。

康有为系统地提出"三世说"，即据乱世、升平世（小康社会）、太平世（大同社会），构筑别具特色的大同理论。康有为在继承中国传统文化的同时，又大胆地吸取东方与西方各国文化之精华，熔古今中外文化于一炉，树起了中国文化向近代转换的丰碑，建造了近代社会变革斗争的强有力的理论武器，其影响远远超出岭南而及于全国乃至世界。康有为与梁启超组成"康梁学派"，推崇"心学"，推崇《春秋》，重新发现"三世说"。

康有为的"三世说"对岭南文化与教育改革具有重大的意义与价值。他认为据乱世、太平世和升平世不只是时间概念，还是空间概念，这是康有为独特的发现。

如果用康有为的"三世说"来解读学校教育与学生成长，可以这样理解：据乱世需要的是刚性气质；太平世需要的是柔性气质；升平世居于中间状态，需要的是双性气质。相应地，据乱世需要刚性教育，需要强调体育、劳动、道德与法制的教育。太平世强调柔性教育，强化的是智育、美育、德育等，倾向于浪漫主义教育学派。也就是说，如果在据乱世与升平世阶段，不恰当地实施柔性教育，则很容易从文明走向文弱，例如，宋朝文教政策强调"重文抑武"，历史教训就是发达文化和文明并没有带来国力的增强。升平世要求的是努力奋斗、艰苦创业，同时要有忧患意识。升平世需要的是刚柔相济，倡导"新六艺"教育，即"文武双全"（智育+体育），"劳逸结合"（劳动+美育），"通情达理"（德育+情感）。升平世既有据乱世的艰难，又有太平世的追求，要德、智、体、美、劳全面发展。教育要同时抓两个方面：一方面，要有文化教育，让学生变得文明，让学生学会游戏，学会享受情感生活，可以称之为柔性教育；另一方面，要有野性教育，要重视体育和劳动，让身体保持一定的野性。通过刚柔相济的教育，让国家保持长期的强盛。

三

如何用岭南文化精神引领教学改革的方向与路径？岭南文化的重要组成是心学，当我们站在心学立场之上，用岭南文化的风格解读和设计教学改革时，就会发现：处理好知识学习中的情理关系、学思关系和知行关系变得特别重要。在情与理之间，情比较重要；学与思之间，思比较重要；知与行之间，行比较重要，这不仅包括学生行动，还要参与真实的社会实践活动，更重要的是体验职业生涯规划，用生活志向和职业理想带动学生学习。

基于心学立场的教学改革的方向与相应路径主要有三个方面。

第一，激发自信与自学的兴发教学。注重情感教学、整体探究学习、生涯教育与自学。让学生自信，这是情感，"情"通则"理"达；让学生自学，这是思，以"思"促"学"；生涯教育是行，用"行"兴发出"自学"和"自悟"。由此，粤派教育的典型特征之一就是，想尽一切办法让学生自信；想尽一切办法让学生自学；想尽一切办法让学生自食其力。

第二，动静相宜，劳逸结合。睡眠是最好的静修，《黄帝内经》把充足的睡眠当作头等大事，认为"心藏神""肝藏魂"。白天的意识行为尤其是"聚精会神"的意识行为一直在耗神、费神，使得心神或灵魂处于被驱使的劳役状态，只有进入睡眠之后，"神"才成为主角。"静坐"接近于睡眠，是人在无法睡眠时让自己暂时处于类似睡眠的催眠状态。"静"可以让躁动的生活重新归于从容淡定。从这种意义上讲，睡眠比运动和学习更重要。动生阳，静生阴。吃饭运动生阳气，睡觉休闲生阴气。动静相宜、劳逸结合的理想状态就是，从容不迫，张弛有度。

第三，勇毅果敢，意志力强大。人是否强大，主要指人的精气神、意志力是否强大，身体强壮、知识丰富、能力高超并不等同于意志力强大。孟子倡导"浩然之气"，讲"天将降大任于斯人也，必先苦其心志，劳其筋骨，饿其体肤，空乏其身……"，陈白沙提倡"心在万物上"，等等，都是强调一个人只有内心强大、志向坚定，才能拥有强大的意志力，才能成就最好的自己。

置身于粤派教育中的学校、校长、教师和学生，需秉承岭南文化精神，弘扬心学优秀传统，致力于教育实践改进，深化学校教育研究，凸显粤派教育特色。广东第二师范学院教师研修学院结合广东省与广州市"百千万人才培养工程"名校长、名教师培养项目，提出编写校长和教师培训成果系列丛书，并将其命名为"粤派教育"丛书，一方面期望凝聚广东中小学校长、教师优质资源，深化岭南文化与"粤派教育"的系统化研究，生成"粤派教育"理论内涵与实践范式，让"粤派教育"发出应有的声音；另一方面旨在总结、研讨和探究粤派校长和教师专业成长路径，开启粤派校长和教师成长密码，探寻培养"一大批新时代好校长、好教师"的路径，"创新体制机制，激活一批校长和教师"。

遵循习近平总书记"讲好中国故事"的指示和要有"文化自信"的启示，教师研修学院在汇编粤派教育丛书时力求突出区域文化特点，讲好广东校长和教师成长的故事，要求校长和教师总结提炼自己的教育主张、办学特色或教学风格。同时，组织相关专家就案例写作进行系列化指导、整体讲座、分组评审、分科答辩等，期望校长和教师在写作过程中，探寻自我成长的规律、路径、特点，以此振兴杏坛作为，为其他校长和教师"六下功夫"和夯实专业素养提供范例，也为建设广东教育高地、培养德智体美劳全面发展的社会主义建设者和接班人略尽绵薄之力。"粤派教育"丛书大体分几个系列，以校长/名师/骨干教师群、区域/项目/学科/幼儿园等为分类线索。设总序，突出粤派教育和岭南文化特色；设分册序，内容包括项目介绍、与总序的衔接回应、板块导读语、供稿教师姓名罗列（按内容顺序）；等等。

"教师系列"分为学段、学科、区域，各分册独立成书，采用教师叙事研究方式，致力于找寻一些规律性的所谓"粤派教育"的优势特色。各分册既保持统一体例，又允许呈现自己的特色。体例主要以学科板块的形式呈现，每个学科板块包含5～8位教师的成果，同时分为5～8个学科板块，每个学科板块包括以下几个方面：

(1) 导读语：教师肖像、教师成长要素、学科特色及教师风格归类小结。

(2) 名师成长档案：自拟主标题，以"我"的成长历程为蓝本，在成长中，生活、求学、教学所在地域风俗文化对自己的影响，在文化认同的过程中如何处理文化冲突与文化理解。凸显教师的成长要素和关键事件：文化浸润、热爱学习、勤于实践、重视研究、善于反思和注重写作。

(3) 学科教育观：自拟主标题，由"我的教学风格解读、我的教学主张与他人眼中的我"整合完善而成。可添加真实的教学案例、教学过程材料等补充说明。如助力学生成长、课堂教学改进、师生关系培育等。

(4) 育人故事：自拟主标题，以学生喜欢的教育方式为主线，讲述"我"与学生的故事，如激励学生、指导学生个体学习或班级管理智慧等。

　　附录——教学现场与反思（"我的教学实录"，增加本节课的自我反思）。重点反思三个方面：一是课程（文化，含地域文化）资源开发与教学设计；二是课堂教学对话与教学生成；三是教师教学风格与教学艺术。

　　"校长系列"根据学段、区域、任务驱动，既保持统一体例，又允许各分册呈现自己的特色。主要通过行动研究、叙事研究、案例研究，致力于在以下几个方面找到一些规律性的所谓"粤派教育"的优势特色：校长成长的地域文化影响，校长关注、思考、研究的主要问题，校长的办学思想、教育哲学，学校改进实践的关键要素与路径等。根据校长专业发展阶段和成果类别，主要从"校长学习力——我眼中的名校成长基因""校长思想力——办学思想的探寻与凝练""校长行动力——学校改进与教育实践创新"三大子系列呈现粤派教育和岭南文化的特色。

　　本套"粤派教育"丛书努力做到三个超越：第一，超越教学风格或管理风格，打造粤派教育；第二，超越课堂教学或办学经验，展现教育智慧；第三，超越常规培训成果体例，凸显启发性和可读性。

　　本套丛书之所以能够成书，得益于各方力量的聚合和支持。首先，感谢广东第二师范学院闫德明教授，本套丛书"教师系列"的体例设计有所选择地采纳了其主编的"我的教学风格"丛书的基本框架，并在此基础上进行了创新。其次，感谢华东师范大学刘良华教授，其对粤派教育的开创性研究成果被充分运用到本套丛书的顶层设计之中。最后，感谢长期以来关心支持教师研修学院培训工作的领导、专家和同事，感谢各位主编和供稿的广大中小学校长和老师的辛勤付出，感谢中山大学出版社的鼎力支持。

"粤派教育"丛书编写组

2019 年 3 月

前　言

《国家中长期教育改革和发展规划纲要（2010—2020年）》明确提出："办好每一所学校，教好每一个学生。"近年来，全国各地涌现出一批好学校、好校长、好教师。总结他们的经验，推广他们的做法，是推动我国教育改革和发展，提高教育质量，促进教育现代化的有效举措。广东省是我国改革开放的前沿阵地，不仅有着深厚的文化积淀，而且在改革开放中敢为天下先，在教育领域积累了许多新经验，形成了独特的粤派教育。在国家大力推进粤港澳大湾区建设的背景下，推动粤港澳大湾区基础教育协同创新发展，共建中国特色、世界一流中小学，培养未来粤港澳大湾区的建设者和接班人，成为广东基础教育新的使命。本书旨在将粤派教育教学的思想全面而系统地呈现出来，发挥理论和实践的指导作用，助力广东中小学教师的专业成长，为粤港澳大湾区基础教育事业的发展提供智力支持。

从历史沿革和人文传承来看，粤派教育具有朴实、低调的风格，不炫耀、不张扬，既能从实际出发，做到不迷信、不盲从，又能在文化转型之际，紧握时代脉搏，具有极为可贵的创新精神。粤派教育的提出，旨在挖掘岭南文化之根，探寻滋养教育的动力源泉，从文化视角看教育的现实样态与应有之义。作为粤派教育的重要组成部分，天河教育充分依托天河区这块广州新中心的历史文化底蕴与现代科技发展成果，走在了广东基础教育改革道路的前列。

天河区千百年来的文化发展之路也留下了岭南文化的许多印记。宋朝时期，写出"日啖荔枝三百颗，不辞长作岭南人"名句的文学家苏东坡的第五代孙苏隆兴定居清溪双社，即现在的天河车陂村。车陂村苏氏一直铭记先祖，坐落于车陂的东坡像约6米高，由从化温泉苏东坡纪念馆捐赠，该馆的组建人正是车陂苏氏后人。除此以外，天河区凤凰街辖区内的柯木塱村村民大多数是客家人，自古以来爱唱客家山歌。粤曲、粤剧、舞狮、划龙舟、七夕节、迎春花市等带有广东地域特色的民俗文化也在天河地区广泛流传，长盛不衰。因此，天河文化不仅是一种根基深厚的文化流派，更是一种文化概念、精神归属和价值认同，它表达了天河人对岭南文化的深刻理解和崇高追求。

新时期以来，在GDP总量连续十年位居广州各区榜首的天河区，外来人口的比例接近五成。这为天河文化注入了鲜活的现代元素，也造就了天河区独一无二的文化氛围：包容、开放、创新、海纳百川。可以说，天河文化是在兼容中迅速崛起的文化。天河区的快速发展和其包容性吸引了全国各地的高等人才，特别是教育人才，汇聚一堂。他们不仅带来了各个领域的尖端技术和知识，也带来了不同地域的文化。经过大浪淘沙，留下来的文化与岭南文化相结合，形成了更丰富、更有层次的天河文化。天河文化正是带着包容与创新的特质，与天河教育相辅相成，代代传承。

包容带来生命力。天河文化的第二个闪光点就是拥有强大的智库。作为广州第一经济大区，天河聚集了广东省60%的双一流高校和市级以上科研院所，省级以上重点实验室93家，工程技术中心269家，各类企业研发机构418家，是广深科技创新走廊上的"最强大脑"。仅在石牌到五山一带，天河就集中了华南理工大学、暨南大学、华南师范大学、华南农业大学等多所高校。在高智文化的熏陶下，天河教育也一直在高新与智能的道路上探索和发展，努力帮助教师和学生开拓视野，多维发展。

天河教育，植根于岭南文化，生长于多元文化智力集聚区，孵化出一批批底蕴深厚、勇于探索、善于创新、乐于奉献的优秀中小学教师。本书的作者正是广州市天河区具有丰富教学实践经验的中小学优秀教师代表。他们是一个把教学作为一门艺术来研究的群体，是一个不断学习、锐意进取的群体，是一个思想较活跃、视野较开阔的群体，也是一个个性较鲜明、风格各异的群体。历经了多年的工作磨砺、自我反思以及参与相关培训，他们都凝练与展现了自己的教学风格。不过，他们平时工作十分繁忙，对于他们能否在较短的时间内阐述自己的教学风格，我们最初是有一些担心的。为了方便他们写作，我们从一开始就进行了整体设计，安排各位教师按照整体设计的框架进行初稿的写作。每一位教师提交的"我的教学风格案例"包含了五个部分：第一部分是"我的教学风格解读"，表明并简要诠释自己的教学风格；第二部分是"我的成长历程"，讲述自己个人成长和教学改革的真实故事；第三部分是"我的教学实录"，提供能够匹配自己教学风格的课堂实例；第四部分是"我的教学主张"，结合自己的课堂教学实例，表达自己对教育教学的看法；第五部分是"他人眼中的我"，讲述学生、同事、领导、专家等人对自己教育教学的评价。为了集中展示名师培养对象的研修成果，我们只选择了其中具有代表性的20篇案例结集出版。这些文稿在一定程度上展现了粤派区域中小学教师的群体风貌，同时体现了新时期粤派教育教学思想的一些特质。

到了他们交初稿的时候，我们迎来了"大忙"的季节。每天打开电子邮箱，我们都能收到好几篇文章。这些纷至沓来的电子文稿虽然没有散发墨香，但是我们却从中感受到了他们的热情、追求、辛劳和收获，如《一路前进　不忘初心》（徐穗苇·高中生物）、《追寻简约　彰显深刻》（廖文义·高中政治）、《精益求精　思创并举》（陈紫凌·小学信息技术）、《始于喜悦　终于智慧》（葛红霞·高中英语）、《平实　严谨　智慧》（黄蓉·初中英语），感受到了他们敏锐的专业眼光和扎实的理论功底、实践智慧和跋涉过程中的坚守，如《灵活　开放：带领学生剥开科学的坚果》（司徒敏·小学科学）、《规范、活力并举，营造有效课堂》（《洪江·高中体育》）、《真实、轻松、有效的语文课堂》（肖天旭·小学语文）、《让思维在英语单元整体课堂教学中飞扬》（杨小芳·小学英语）、《多彩思维英语》（何洁聪·小学英语）。透过这些文稿，我们也看到了他们非常热爱自己的"育人"工作，在教学与科研的岗位上认真贯彻党和国家的课程教学要求，不断实践与反思，总结和提炼自己的教学思想与主张，展现他们渗透新课程理念的教育实践和富有个性的教学风采，如《雅趣正行》（江玉澜·小学音乐）、《问题驱动　平实简约》（叶小莹·初中数学）、《任务引领　信息连通　交流评价》（汤向东·高中信息技术）、《精细设计　润物无声》（钟子英·初中信息技术）、《动静相融　学练相促》（梁韶军·小学体育）。教师不仅是知识的传播者，更是文化的传播者，其职责不仅是教书，更是育人。透过这些文稿，我们还体察到他们对学生深深的爱、对教育浓浓的情，在平凡而伟大的教育教学中，实践着先进的教育理论和理念，通过所带课程的实施，试图培养出一批又一批具有科学素养和人文精神，具有社会责任感和事业心的学生，如《以灵魂之善　成教育之美》（陈艳萍·高中生物）、《启发诱导　培养思维》（李成香·初中英语）、《物穷其理　激情赏识　注重思辨》（彭红明·高中物理）、《知行合一　动静相宜》（顾志居·高中通用技术）、《动态生成　情理共鸣》（李素香·中学政治）。

客观地讲，教师们第一次提交的稿件大多不尽如人意，存在着各种各样的问题。在与他们沟通和交流的过程中，我们逐渐加深了对本书内容的理解，统一了思想，达成了如下四点共识：首先，教学风格要有理性而系统的分析，反映学生的学习规律，符合新课程理念和学生认知水平；其次，文章应提炼出自己的教学特色，呈现粤派教学思想与粤派教学观点，洋溢粤派教育的历史墨香和现代气息；再次，教学风格应以自己的课堂教学实践为基础，讲述自己精彩而动人的故事；最后，本书应能体现广州市天河区中小学优秀教师的教学科研水平。我们以十分认真的态度审稿并及时将意见和建议反馈给作者。作者们根据我们的意见，"如切如磋，如琢如磨"，不厌其烦地修改文章。有付出才能有收获，作者和编者认真的工作换得了文稿质量较大程度的提升，让读者能够充分领略到他们的教学风采。

从这些文稿最终所呈现的精彩教学案例中，我们不难发现，天河区中小学教师秉承了粤派教育重视实践和讲求实效的风格，以较高的历史站位、较广的国际视野、较深的家乡情怀、较强的先锋意识，将教育国际化和本土化结合起来，实现了粤派教育培养人才、创新科技、服务社会、传承文化的功能，也彰显了粤派教育的包容和智慧，体现了粤派教育人的责任与担当。

本书是多方协作的成果。广东第二师范学院熊焰教授、天河区进修学校陈伟红校长及其团队共同指导和参与了案例的架构设计工作，组织作者进行案例分享交流活动，并对案例提出了宝贵的修改建议。广东第二师范学院项目组刘碧群老师与何倩老师在沟通联络、信息整理等方面做了大量的工作，尤其是熊科伟老师在尊重原作者的前提下对本书的初稿进行了校对、修改和完善，付出了辛勤的劳动。我们共同期待，力求将天河区中小学教师们最闪亮的粤派教育教学思想呈现在读者面前。

限于水平，本书难免存在不完善之处，敬请各位同行批评指正。

编者
2019 年 4 月 10 日

目　　录

◆ 问题驱动　平实简约（叶小莹·初中数学）↗1
　　我的教学风格解读↗1
　　我的成长历程↗2
　　我的教学实录↗5
　　我的教学主张↗12
　　他人眼中的我↗13

◆ 灵活　开放：带领学生剥开科学的坚果（司徒敏·小学科学）↗15
　　我的教学风格解读↗15
　　我的成长历程↗15
　　我的教学实录↗18
　　我的教学主张↗20
　　他人眼中的我↗26

◆ 任务引领　信息连通　交流评价（汤向东·高中信息技术）↗28
　　我的教学风格解读↗28
　　我的成长历程↗29
　　我的教学实录↗34
　　我的教学主张↗38
　　他人眼中的我↗40

◆一路前进　不忘初心（徐穗茸·高中生物）↗42
　　我的教学风格解读↗42
　　我的成长历程↗43
　　我的教学实录↗48
　　我的教学主张↗52
　　他人眼中的我↗55

◆动静相融　学练相促（梁韶军·小学体育）↗57
　　我的教学风格解读↗57
　　我的成长历程↗58
　　我的教学实录↗60
　　我的教学主张↗66
　　他人眼中的我↗67

◆精细设计　润物无声（钟子英·初中信息技术）↗69
　　我的教学风格解读↗69
　　我的成长历程↗70
　　我的教学实录↗74
　　我的教学主张↗80
　　他人眼中的我↗85

◆规范、活力并举，营造有效课堂（洪江·中学体育）↗87
　　我的教学风格解读↗87
　　我的成长历程↗88
　　我的教学实录↗90
　　我的教学主张↗92
　　他人眼中的我↗93

◆真实、轻松、有效的语文课堂（肖天旭·小学语文）↗95
　　我的教学风格解读↗95
　　我的成长历程↗96
　　我的教学实录↗100
　　我的教学主张↗106
　　他人眼中的我↗109

◆ 以灵魂之善　成教育之美（陈艳萍·高中生物）↗111
　　我的教学风格解读↗111
　　我的成长历程↗112
　　我的教学实录↗113
　　我的教学主张↗120
　　他人眼中的我↗121

◆ 雅趣正行（江玉澜·小学音乐）↗122
　　我的教学风格解读↗122
　　我的成长历程↗129
　　我的教学实录↗130
　　我的教学主张↗134
　　他人眼中的我↗137

◆ 让思维在英语单元整体课堂教学中飞扬（杨小芳·小学英语）↗139
　　我的教学风格解读↗139
　　我的成长历程↗140
　　我的教学实录↗147
　　我的教学主张↗151
　　他人眼中的我↗151

◆ 精益求精　思创并举（陈紫凌·小学信息技术）↗153
　　我的教学风格解读↗153
　　我的成长历程↗154
　　我的教学实录↗158
　　我的教学主张↗165
　　他人眼中的我↗167

◆ 多彩思维英语（何洁聪·小学英语）↗169
　　我的教学风格解读↗169
　　我的成长历程↗170
　　我的教学实录↗172
　　我的教学主张↗176
　　他人眼中的我↗177

◆ 知行合一　动静相宜（顾志居·高中通用技术）↗179
　　我的教学风格解读↗179
　　我的成长历程↗180
　　我的教学实录↗183
　　我的教学主张↗186
　　他人眼中的我↗188

◆ 动态生成　情理共鸣（李素香·中学政治）↗189
　　我的教学风格解读↗189
　　我的成长历程↗190
　　我的教学实录↗193
　　我的教学主张↗197
　　他人眼中的我↗198

◆ 启发诱导　培养思维（李成香·初中英语）↗200
　　我的教学风格解读↗200
　　我的成长历程↗201
　　我的教学实录↗204
　　我的教学主张↗210
　　他人眼中的我↗212

◆ 始于喜悦　终于智慧（葛红霞·高中英语）↗215
　　我的教学风格解读↗215
　　我的成长历程↗216
　　我的教学实录↗218
　　我的教学主张↗221
　　他人眼中的我↗222

◆ 平实　严谨　智慧（黄蓉·初中英语）↗224
　　我的教学风格解读↗224
　　我的成长历程↗225
　　我的教学实录↗228
　　我的教学主张↗232
　　他人眼中的我↗233

◆ 追寻简约　彰显深刻（廖文义·高中政治）↗235
　　我的教学风格解读↗235
　　我的成长历程↗236
　　我的教学实录↗239
　　我的教学主张↗243
　　他人眼中的我↗246

◆ 物穷其理　激情赏识　注重思辨（彭红明·高中物理）↗248
　　我的教学风格解读↗248
　　我的成长历程↗249
　　我的教学实录↗252
　　我的教学主张↗261
　　他人眼中的我↗262

问题驱动　平实简约

● 广州市天河中学　叶小莹（初中数学）

● 个人简介

叶小莹，女，中学数学高级教师。2003年毕业于广州大学数学系，同年到广州市天河中学任教至今。历任年级组长、天河区初中数学中心组成员、天河区初中数学中心组组长，被选为天河区第二批基础教育名教师培养对象、广州市第四批骨干教师。曾获"广州市青年岗位能手""天河区教坛新秀""天河区优秀班主任"等荣誉称号。课例"直线与圆的位置关系"获全国新课程课堂教学观摩活动特等奖，课例"用频率估计概率"获2015—2016年度"一师一优课"教育部级优课，授课获广州市数学教师讲题比赛一等奖。

▶ 我的教学风格解读 ▶

在15年的教学生涯中，我坚持"教师成长＝经验＋反思"，不断追求"平实中见严密，简约中显高效"的教学风格。

一、问题驱动

数学教学就是要教会学生进行数学活动，即会把实际问题化为数学问题，把数学问题逐级模式化，形成数学理论系统，从而形成数学能力和数学观念，获得数学素养，"问题解决"对这种数学活动的进行和开展都具有必然的推进作用。以课堂中呈现的问题为出发点，驱动课堂进程不断地发展，引导学生思考和学习，让学生在"问题驱动"下理解知识的本质，构建新的知识网络。在课堂教学中表现为：学生通过一个个数学问题的提出和解决，认识到数学定理的发现、形成和发展过程，学会运用数学的思维来解决问题。这个综合过程能激发学生学习的兴趣，培养学生良好的数学素质。

二、平实简约

平实是一种美，不需要华丽的多媒体课件，也不必设置热闹的讨论场面，只需要引导学生认真地听、仔细地想，师生间、生生间有着平等的互动、清晰的争论。我的课堂教学更注重实效、实用，更关注学生的发展。

我的数学课堂追求简约。简约不同于简单，是摒弃一切不需要的奢华与作秀，从而使课堂变得更为简洁深刻，进而达到优质和高效。要想使课堂简约、高效，课前充分准备是优化课堂教学的基础。教材是承载课程标准理念的主要载体，是主要的教学资源，也是教与学的主要交汇点。在感悟教法的基础上，我创造性地使用教材，对教材中的某些不足大胆地改进、补充和重组，积极地开发和利用课程资源，把有利于教学目标达成的各种课程资源都用来服务教学、服务学生，这样才能使我的数学教学"活"起来、"实"起来。把课堂还给学生，充分体现学生的主体性。重视课堂气氛，尽量创设良好的课堂气氛，使师生在最佳状态下进行交流。这有利于师生在课堂教学活动中有一种积极、愉悦的心理体验，从而提高课堂教学效果。我尊重学生的创造力，在学生的学习探索过程中，通过交流、讨论、合作学习等方式，适时有效地给予引导和帮助，提高合作学习效率。

▶▶ 我的成长历程 ▶

回首十五年来的教书生涯，我庆幸一路上都有贵人相助，利用竞赛不断吸取经验和提升个人素质，然后使自己业务能力更精炼、更好地服务于日常教学。

一、贵人相助

第一个贵人是我的师傅游小蓉老师，我在天河中学工作的第一年，学校让她担任我的教学师父。游老师很乐意，也很尽心地手把手教我，包括如何备课、如何选材、怎样上课、怎样布置作业、怎样批改学生作业、怎样辅导学生等。她感怀年轻时没有师徒结对，需要摸爬滚打地到处求教，也为了不让我走太多弯路，因此，她对我的教导倾尽所有。我非常感激和尊重她。刚开始工作的第一年，教导处把我的课排在游老师的课后面。我常常是前一天晚上备好课、写好教案，第二天带着疑问去听她的课并做好听课记录，然后再二次备课，走上讲台。

第二个贵人是我们区的教研员刘永东老师，他是华东师范大学的高才生，2006年接任区教研员，对我们区初中数学的教研进行大胆的改革创新，而且常常引领我们学习当前先进的教育理念和教学模式。2009年以前，他跟我的接触往往是给我一些竞赛的建议；2009年我加入区中心组以后，刘老师更是大力培训全体中心组成员，让我从教研活动的参与者转变为教研活动的组织策划者。每一次区教研活动都来之不易，为了让全区同行在活动中迸发出创新的火花，更好地为教学提供策略和思路，组织者就要周全地策划和考虑每一个活动环节的合理性和价值，这让我受益匪浅。

第三个贵人是我身边的一帮团结协助、和谐友善的科组同事。学校一贯有师徒结对的好传统，可以较快地帮助新教师站上讲台。此外，新教师能迅速站稳讲台，需要和谐互助、积极向上的良好工作氛围。每周的备课组集体备课，无论是学案卷的设计者，还是使用者，都积极讨论、分享学案的实施，关注每一道题的细化落实。而且课间十分钟常常有上完课的老师跟大家分享课堂实施中的不足和建议，目的是让下一位老师的课堂更高效。每月的科组活动不只是传达学校布置的工作任务，更多的是提高全科组老师的业务能力——说课、解题、讲题等，形式多样、内容丰富。

我感恩我在天河区工作！我感恩我在天河中学工作！前有高人引路，旁有良师益友的相助！

二、竞赛磨炼

如果每天只埋头日常教学，是不足以让自己快速提升的。积极参加各类学科竞赛，可以使自己快速成长。

2009年，我参加天河区第十届青年教师基本功大赛（简称"青基赛"）。当时一个多月的比赛虽然是短暂的，对我的影响却是久远的，它转变了我的教学观念。过去在教学中，对如何吃透教材、如何分析问题、怎样帮助学生总结规律等一系列问题，我都没能认真地思考，因此常出现编写的测验卷难度过大、题型太偏等情况。至于如何引导学生思考，听完课后如何评课……我也没做过深入的思考。每天总是重复地去教书，为教而教。这次比赛，让我对这些问题做了深层次的思索。有两点令我感触很深：一是如何在教学时把题目讲透，培养学生的思维能力，让学生不只是学会这道题的解题思路，而且掌握这类题目的思维方式；二是如何合理地编写测试题，达到测试的预期目标。

（一）如何把题目讲透，培养学生的思维能力

教师不只是传道授业，除了要教会学生知识，更要教会学生学习的方法，培养良好的思维能力。如何培养学生的思维能力，这一直是令我困惑的问题。

在听到其他老师精彩的讲课时，他们的表现是那么从容自如，有目的地引导学生；而讲解题目时，或是类比，或是变式，教会学生的不是一道题的解题思路，而是一类题的思维方向。我总是十分羡慕别人有这么纯熟的教学功底，反观自己，真是自叹不如。在讲解新课时，我不知道如何正确引导学生探索，常常为赶着进入下一环节而没有引导学生整理归纳。在讲习题课时，我往往只是站在解题者的立场，分析解题的步骤和答案，久而久之，学生都被我教"笨"了。

记得2008年参加全国中小学信息技术创新与实践大赛（NOC）时，评课老师就告诉我："可惜你没把题目讲透。"当时，我想了很久，我没把题目讲透？不是呀，我把解题的过程讲得非常详细，而且还提到了多种解法，怎么会没讲透呢？学生都明白了呀……这次"课堂教学实施"活动，我上的是"相似三角形的判定"第2课时，要达到"学生会判断两个三角形是否相似，能应用相似三角形的判定方法解决实际问题"的目标。整节课环节紧凑，课堂练习设置的梯度适宜，也按时完成了教学计划。但评委说我没把题目讲透，在学生完成同类题型时要及时归纳

小结。

B组练习：如右图，已知△ABC中，E是AB上一点，过E作直线ED交AC于D点，使得△ABC和△ADE相似，并证明。

对此，我感到很疑惑：过E点做相似三角形的两种情况我都和学生讲到了，也板书出来了，为什么说我没把题目讲透呢？于是我向教研员刘老师请教，他说讲解题目不只是讲答案，要对题目有所提升。游老师看见我满眼困惑，便告诉我，讲解题目的时候，要先引导学生思考，适时给一定提示，让学生摸索出方法，然后再归纳概括，这道题还可以进行变式，使D点不会局限在AC上，让D点可以落在BC上，再让学生去讨论直线DE应该如何画，那么这道题就有了拓展，有了提升的价值。另外，讲题一定不能急。但我听后还是一知半解。

青基赛让我对这些问题重新进行了认真的思考，原来我一直狭义地理解"讲透题目"了，慢慢地，我的教学观念改变了。现在，学生在课堂上每完成一个题组，我都会让学生停下来，归纳一下本题组的设计意图，并根据学生情况进行一定的提升。我会站在学生的立场，思考这道题学生哪里会不容易接受，哪里会产生阻碍，怎样铺设能引导学生的思维。教师要转变教学观念，学会站在学生的角度，教学生从题目出发，或者从结论出发，借助结构分析图，从结论一直到条件，一步步顺藤摸瓜，追根求源，探究解题的思维模式，让学生从根本上解决问题。

另外，针对让学生讨论的环节，我开始注意铺设恰当的提问，引导学生有效展开讨论，启发学生自觉思考，完整地经历探索过程，而不是急于在学生概括不全的时候，脱口而出告诉学生结论。

（二）如何合理命题，达到预期测试的目标

教师不能只是会上课，还要有编写合理的测试题的能力，从而考查学生对知识的掌握程度。自毕业以来，我出卷一直站在解题的角度，编写的测验卷常常难度太大，或者题目太怪、太偏，都不能恰当地检测学生对知识的掌握情况。

我以前出测验卷，通常是先定好题量，然后在题海中找题塞进去，往往喜欢找一些学生没见过的题，而忽略了知识点和学生的基本认知规律，因此不能从梯度、难度上准确地把握。同时，由于出题时没有了指挥棒，我想到什么就出什么，也造成了知识点覆盖不全的问题。

这次比赛的"命题测试"环节，要求在3小时内出好一份测试题，配有评分标准和双向细目表。在学校选拔时我就经历过一次命题测试，那次是要求在2小时内完成测试题和评分标准，我在一开始就自编题目，结果到最后几乎不够时间完成。我吸取了上次的教训，这次比赛前就先对双向细目表进行研究，先预设好题量，认真向科组老师请教双向细目表的作用和价值，明确要出好一份测试卷，先要

定好测试目的，找出章节的知识点，按"单一知识点"和"多个知识点综合应用"进行分类，合理安排题与题之间的梯度，对学生的掌握情况进行估分，测试后针对主要出现的问题编制针对性练习进行巩固，这样才能达到测试的目的。由于前面3个环节的比试，我和其他两名选手的差距很小，因此"命题测试"环节将起着至关重要的作用，而正确估分又是这个环节获胜的关键。

但是在平时的测验中，我一直没有试过估分，因此估分成了最头疼的部分。于是科组老师又教我用题目的难度来控制分数，如一些题目定位在大部分学生掌握的，就尽量出最基础的，避免过多的文字陷阱，设置1~2道难题来拉开分距。出基础题也是很有学问的，学生对于符号问题是比较容易出错的，因此可以适当把题目中的数字改得"尽可能漂亮些"；题目中出现"找正确的"要比"找不正确的"更容易得分；适当增设小问题，可以为学生解题作铺垫和作出提示。

我在"命题测试"环节时，没有合理地进行选题，出了个别知识点重复和超纲的题目。如果我能对大赛提供的题库进行三次有针对性的筛选，是可以避免上面的问题的。

原来看似简单的一份测试题包含了那么多学问，真是让我大开眼界。

这次比赛不仅是青年教师展示的舞台，更重要的是为青年教师提供了一个磨炼和成长的平台，让我走出了以往的教学误区，重新对自己的教学进行检查和思考，还能在比赛中吸取他人的优点，弥补自身的不足，提升和完善自我。比赛结束后，我把从比赛中学到的东西用在日常教学上，每节课我会充分预设学生活动，设计好每个教学环节，课堂上给学生充足的思考和讨论时间，把学习的主体地位还给学生，注重培养学生的能力，发展学生的思维。每次测试前，我都先列好双向细目表，对每个小题预设难度和估分，思考出题者的设计意图，检测学生是否达到考查目标。通过两次测试尝试，从原本估分有10分差距缩小到5分差距，一点一滴的进步，让我增强了提升自我的信心。

其实，不仅是竞赛，每一次公开课都能让教师得到锻炼和成长。感谢主管部门和学校为我们教师营造的这一片天地，我将继续努力，潜心提升教师素养和专业知识，继续为教育事业奋斗！

▶▶ 我的教学实录 ▶

"直线与圆的位置关系"的教学设计

一、教学目标及重难点

（一）知识技能

（1）能判定一条直线是否为圆的切线，会用切线的判定进行简单的证明。
（2）会过圆上一点画圆的切线，会画三角形的内切圆并了解三角形的内心。

（二）数学思考

在动手操作和主动参与的亲身经历和感悟活动中认识图形，在"做数学"的活动中获得建立切线判定的知识和方法，发展合情推理和演绎推理能力。

（三）问题解决

学习运用切线的判定解决简单的实际问题，提升用"化归思想"解决问题的能力。

（四）情感态度

积极参与数学活动，增强学习数学的兴趣，建立学好数学的自信心。

（五）教学重、难点定位

教学重点：切线判定的应用——简单逻辑证明与作图。

教学难点：探索切线的判定定理及三角形内切圆的画法。

二、教学过程

环节一：知识回顾，思考操作

1. 扬帆起航

上节课我们学习了直线与圆的位置关系，知道了从直线与圆的交点个数来判断位置关系，同时也认识了通过圆心到直线的距离 d 与半径 r 之间的数量关系来判断位置关系。d 与 r 的数量关系是判定位置关系的重要方法。

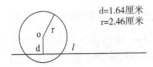 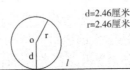 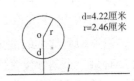

【提问】如右图，直线 l 与 $⊙O$ 相切吗？

师：要判定直线 l 与 $⊙O$ 相切，要知道什么？

生：只有一个交点。

师：观察此图，能准确知道有几个交点吗？

生：不行。可通过 $d=r$ 判定。

师：由于图中没有给出 d 与 r 的长度，所以也不能判定是切线。那么有没有其他的方法呢？本节课就和大家一起探索这个问题。我们从画图开始探索。

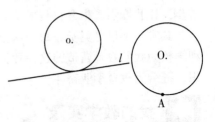

2. 思考操作

【提问】已知⊙O上有一点A，请用三角板过A点作出⊙O的切线。

师：你的作线方法（简称"作法"）是怎样的？

生：连接OA，过点A作直线l⊥OA，直线l是⊙O的切线。

师：你能确定自己的作法可行吗？

生：因为OA⊥直线l，即圆心O到直线l的距离为OA，而OA是⊙O的半径，即$d=r$，所以直线l是切线。

师：大家认可这样的解释吗？有没有别的解释？

生：认可（或犹疑）。

师：如果直线l是⊙O的切线，则OA⊥l；反过来，如果l⊥OA，则直线l是⊙O的切线。前者是我们知道的事实，后者大家还不是很确定。如果直线l不与OA垂直，即直线l与OA的夹角$\alpha < 90°$，直线l就不是⊙O的切线。

环节二：数形结合，严谨说理

1. 观察

从刚才作图中发现直线l与AB的夹角为∠α，如果∠α等于90度，那么直线l就是⊙O的切线。若夹角∠α不等于90度时，直线l还是⊙O的切线吗？请同学们观察课件。

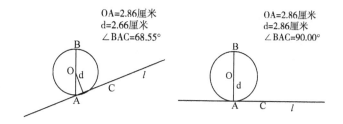

2. 思考

【提问】(1) 随着∠α的变化，点O到直线l的距离d如何变化？直线l与⊙O的位置关系如何变化？为什么？

(2) 当∠α等于多少度时，点O到直线l的距离d等于半径r？此时，直线l与⊙O有怎样的位置关系？为什么？

生：随着∠α的增大，d随之增大，当$\alpha < 90°$时，即直线l不与OA垂直时，直线l与⊙O相交。当$\alpha = 90°$时，$d=r$，直线l与⊙O相切。

3. 验证

师：很好，刚才我们发现了这一事实。那么，大家可否用学过的数学知识来说明这个事实呢？首先从直线l经过点A，$\alpha < 90°$的情形开始（如下图）。

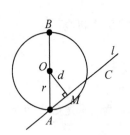 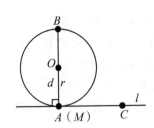 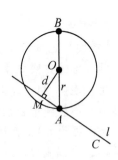

生1：运用垂线段最短得到 $d < r$。

生2：运用直角三角形中斜边最长得 $d < r$。（本质上与生1一样）

生3：在 $Rt\triangle AOM$ 中，$\sin\alpha = \dfrac{d}{r}$，$\because \angle\alpha < 90°$，

$\therefore \sin\alpha < 1$，$\therefore d < r$

（学生不一定能想到，教师此时稍作引导解释：$\angle\alpha$ 越大，d 越大，$\sin\alpha$ 越大）

师：当 $\angle\alpha = 90°$，即 $l \perp OA$ 时的情况呢？

（概括：过圆上一点，并与过该点的直径垂直的直线就是圆的切线）

环节三：辨析应用，发展思维

通过上面的分析，我们又得出一种判定切线的方法。

1. 定理

经过直径的一端，并且垂直于这条直径的直线是圆的切线。

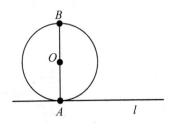

几何语言：$\because AB$ 是 $\odot O$ 的直径，

且 $AB \perp$ 直线 l，垂足为 A

$\therefore$ 直线 l 是 $\odot O$ 的切线

2. 辨析

下列说法正确吗？

①经过直径的一端的直线是圆的切线。（　　）

②与直径垂直的直线是圆的切线。（　　）

3. 小结

切线的判定方法：①交点个数；②$d = r$；③判定定理。

4. 应用

【例1】如图，AM 是 $\odot O$ 的切线，切点为 E 点，D 为 $\odot O$ 上一点，作射线 AD，若 $AE = AD$，那么 AD 是 $\odot O$ 的切线吗？为什么？

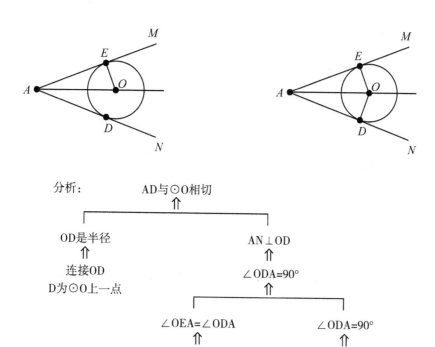

解：AD 是 ⊙O 的切线。

连接 OD

∵ AM 是 ⊙O 的切线，切点为 E 点

∴ $OE \perp AM$，OE 是半径

∴ $\angle OEA = 90°$

∵ D 为 ⊙O 上一点

∴ OD 是半径

∴ $OE = OD$

∵ 在 $\triangle AOE$ 与 $\triangle AOD$ 中

$$\begin{cases} AE = AD \\ OE = OD \\ AO = AO \end{cases}$$

∴ △AOE ≌ △AOD（SSS）

∴ ∠OEA = ∠ODA

又∵ ∠OEA = 90°

∴ ∠ODA = 90°

∴ AD ⊥ OD

∵ OD 是半径

∴ AD 与 ⊙O 相切

5．内切圆与内心

【提问】在例1中，若在优弧 $\overset{\frown}{EmD}$ 中取一点 G，过 G 点画 ⊙O 的切线，与 AM、AN 分别交于点 B、C，则 △ABC 各边与 ⊙O 有什么位置关系？请画出图形并说明理由。

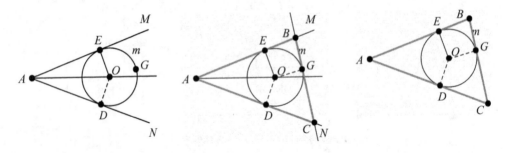

注：学生画图判断后，教师介绍内切圆与内心的概念，并提出例2。

6．作三角形的内切圆

【例2】从一块三角形材料中，能否剪下一个圆，使其与各边都相切？

分析：提出问题后，引导学生从下面几个方面思考。

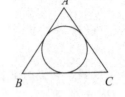
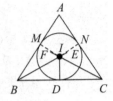

1）作圆的关键是什么？——确定圆心和半径。

2）如何找到圆心？因为所求圆与 △ABC 的三边都相切，所以圆心到三边的距离相等，显然这个点既在 ∠ABC 的平分线上，又在 ∠ACB 的平分线上，那它就应该是两条角平分线的交点。

3）如何确定半径？交点到任何一边的垂线段长就是该圆的半径。

作法：（1）作∠ABC、∠ACB 的平分线 BE 和 CF，交点为 I。
（2）过 I 作 ID⊥BC，垂足为 D。
（3）以 I 点为圆心，以 ID 为半径作⊙I，⊙I 就是所求的圆。
有兴趣的同学，课后可对作法进行证明。
环节四：巩固训练，提高技能

1）如图，△OAB 中，直线 AB 经过⊙O 上的点 C，OA = OB，AC = BC，那么直线 AB 是⊙O 的切线吗？为什么？

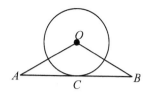

2）如图，在△ABC 中，∠A = 68°，点 I 是内心，求∠BIC 的大小。

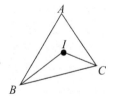

3）已知⊙O 外一点 P，你能用尺规过点 P 作⊙O 的切线吗？你发现什么？

环节五：归纳总结，画龙点睛
师生共同归纳概括本课主要知识点。
（1）切线判定定理。
（2）定理的应用。
①作图：画切线；画三角形的内切圆。
②证明。

环节六：布置作业

1）以边长为3、4、5的三角形的三个顶点为圆心，分别作圆与对边相切，求这三个圆的半径。

2）如图，已知直角三角形和钝角三角形，分别作出它们的内切圆，它们的内心是否都在三角形内部？请与你的同伴一起探究。

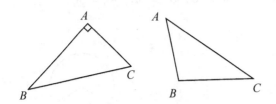

三、教学反思

本设计的亮点是：巧设问题建构认知结构。

学生回顾直线与圆的位置关系后，设置提问引发学生的认知冲突，激发学生的求知欲；通过尝试过圆上一点作圆的切线，鼓励学生大胆猜想切线判定定理，从"形"感知定理的条件和结论。为了辨析切线的性质与判定，提高学生的推理能力，增设例题。为突破确定内切圆圆心这一难点，将例题进行变式，引导学生找出圆心的确定方法。这样层层铺设，环环相扣，帮助学生把新知识和旧知识重新组合，建构新的认知结构。

▶ 我的教学主张 ▶

我的教学主张是"倾听—串联—反刍"，就是以倾听为基础，把声音串联起来，作教学的反刍者。

倾听意味着对对方的关注、共情和共鸣，而且会让对方产生信任感和依赖感，从而拉近双方的距离。因此，课堂上要倾听这个发言同教科书内容的关联，倾听这个发言同其他学生发言的关联，倾听这个发言同其先前发言的关联。教师倾听学生的发言，让学生轻松自如地进行自我表达，就能以教科书为媒介，把每一个学生的发言如同织物一样编织起来。

教师要实现所有学生的学习权利，在学生凭借自身的力量把发言连贯起来理解之前，教师需要发挥穿针引线的串联作用。串联要求教师在教学中把教材与学生串联起来，把一个学生和其他学生串联起来，把一种知识与其他知识串联起来，把昨天学过的知识与今天学习的知识串联起来，把课堂里学习的知识与生活实例串联起来。

教师要想使课堂教学水平得到较快提高，就有必要经常对自己的课堂教学进行反刍——不断反思和总结。这样能培养学生反思性学习的习惯，强化学生的反思意识，从而让学生从中学到反刍的方法和技巧。

他人眼中的我

叶老师，您好！您还记得每次测验都不及格的我吗？您很和蔼友善，在初中的时候，您没放弃我们班的低分同学，反而还对我们很有信心！

——学生　姚晓莹

你独特的教育方式，使我女儿学习数学的兴趣增加了，成绩提高了。你的平易近人使你成了孩子们的知心朋友，非常感谢你。

——学生家长

叶小莹老师热爱教师事业，总能找到新颖办法吸引学生，对新鲜事物接受能力强，教学方法多，接到任何任务一定能完成。她与学生关系好，并会想尽各种办法帮助学习有困难的学生。

——教师导师　游小蓉

叶小莹老师的专业知识及基本功扎实，积极追求更好的教学方法，提高教学效率，无论任教什么班，她的教学都能得到家长和学生的认可。她积极参加教学研究和教学改革，不断追求创新，与时俱进，参加各级竞赛总能获得优异的成绩。在科组中起到很好的表率作用。她不断追求，精益求精，在青年教师中亦起到很好的表率作用。

——学科组长　全文骊

在课堂教学中，叶小莹老师坚持做到认真钻研大纲，仔细分析教材的编写意图，研究现代教育技术在课堂教学中的应用，大胆实践教学改革，积极参加各类学习，并把学习收获应用于自己的教学中，取得优异的教学效果。多次承担省、市、区各级观摩课，实践自己的教学理念，获得广泛好评。在国家级、省级、市级、区级各类比赛中多次获得相应奖项，为青年教师树立了优秀的教学榜样。

——同事　易丽萍

教学风格从萌芽到形成的过程十分漫长，因此，叶小莹老师在日常教学中注意发现有新意的东西，经过排沙拣金的过程，将自己偶尔教的某节有新意的课作为自己风格的雏形，推及其他，从而形成自己的教学风格。如果用一个词概括她的教学风格，则可用"师生共赢"。具体来讲，有三个特点。

一是以"生"为本，追求课堂的生命价值。高效课堂是每一位教师的追求，但需要教师的情感投入，需要教师的能力保证，而她常常都能做到用自己的情感熏陶学生的情感，用自己的钻研能力提升学生的学习能力，把自己对数学、对学生的热爱传递出去，让学生把内心的学习欲望激发出来。二是理解学生，求索适合的教学艺术。探索适合学生的教学艺术，首要就是激发学生的学习兴趣，叶老师就是这样，把教学内容外在的情趣添加进去，把数学教学内在的魅力挖掘出来，把问题注入课堂，让学生在课堂上"再创造"，做到用自己对数学的兴趣来激发学生的学习兴趣，努力追求适合的教学境界。三是树人立德，追求教学的诗意画境。树人立德，需要习惯的培养，而用习惯培植习惯，是一种很好的方式，特别是在教学形式上，叶小莹老师的课堂体现了师生"和谐舞伴""最美和声"的良好互动关系。师生常常是相互配合、彼此照顾、共同进退，教师与学生积极的互动形成了悦耳动听的课堂。

——广州市天河区教研员　刘永东

叶小莹老师是一位待人热情，却不失领导力的年级组长。她严于律己、胸襟宽广、微笑待人，特别能凝聚人心。同事病了，她微笑着接过班主任的担子，年级组长、班主任一肩挑。级组老师意见多了，她微笑倾听，耐心解释，化大事为小事，深得同事尊重，带领级组老师团结前进，力争优秀。叶小莹老师又因坚持如一、条理规范、执行彻底，特别能出成效。在年级日常管理中，她坚持每天巡查早读和自习，总在第一时间表格化反馈、督促落实；坚持将年级工作、学校要求提炼要点，并且责任到人、落实到位。因此，年级工作得到高效、有序地推进，学生整体水平稳步提升。

——副校长　谭小霞

灵活　开放：带领学生剥开科学的坚果

● 天河区体育东路小学　司徒敏（小学科学）

● **个人简介**

司徒敏，女，小学科学高级教师，广州市第十五届、第十六届特约教研员，广州市小学科学教研会常务理事，天河区小学科学核心组成员，北部山区农村中小学教师学科带头人、指导教师。先后荣获"广州市小学科学十佳教师""天河区优秀教师""天河区教坛新秀"等荣誉称号。先后主持一项广东省规划课题和两项天河区规划课题，荣获广州市特约教研员教研成果二等奖。十多篇论文发表在《科学课》《教育实践与研究》等省级期刊。参加全国、省、市论文评比、教学技能竞赛，均有获奖。

▶ 我的教学风格解读 ▶

"灵活"的课堂教学就是一种鲜活、生动、高效，又富有活力和创造性的课堂教学。在我的科学课堂上，我会根据学生的课堂表现作出即时的反馈，灵活地跟着学生的节奏调整自己的教学。对同一个教学内容，我在不同的班级也会有不同的教学方法，对同一个班不同水平的学生也会有不同的教学策略，灵活地帮助学生搭建适合他们学习的"踏脚石"，让自己的教学更适合学生个性化的学习。

"开放"的课堂教学，则表现在带领学生进行自主探究活动，而不是让学生完成教师的指令性活动。在科学探究中，我会提供学习任务单，引导学生自主探究；在交流中，我会用问题链梳理学生的思路，挖掘他们内在的思维，让他们在探究中建构科学概念。

▶▶ 我的成长历程 ▶

边行走边思考

我教科学已经有十二年了，从当老师的第一年起就教科学，一直到现在。那时身边的亲戚好友都对我说有机会就转做主科老师吧，小学科学老师没有什么发展的。我当时也是这样想的。

第一年上课没有什么经验，课堂管理很糟糕。虽然我想了很多办法，但效果都不理想。我开始怀疑自己是否适合做一名科学老师。直到有一天上完科学课，有个孩子留下来问我："老师，能不能每周给我们多上一节科学课啊？"我说："为什么啊？"他回答道："因为我很喜欢科学课！"当时的情景我至今还记得很清楚，这个孩子的话对我很重要，他坚定了我继续做一名科学老师的决心。当时我就想，只要有一个孩子爱上科学课，我都要把课上好。我希望能用自己的力量点燃孩子们对科学的热爱，提升孩子们的科学素养。就因为这个简单的原因，我开始出发了。在这十二年里，孩子们对科学的热爱给予了我很多动力。我一直感受到作为一名科学教师的幸福，因此，我会坚定地走下去。

除了孩子们给予我的动力外，让我坚定走下去的另一个原因是我觉得科学教学很有意思。每次上课，我都觉得是和孩子们在切磋，在我引领他们学习的同时，他们也会不断地向我提出问题。每次我教会他们一种探究实验的方法，他们都会想出更多方法，让我大开眼界。我很享受这样的课堂！如果现在让我再选择一次，我还是会选择做一名科学老师。在这十二年的科学教学中，我经历了以下三个阶段。

一、新手上路阶段

在从教的前七年里，我是学校里唯一的科学老师。我入门没有师傅带着，都是自己摸索。一开始看很多教学类的书籍，学习别人是怎样上科学课的，同时看很多特级教师的上课视频，模仿着别人的科学课教学方法。但在模仿过程中，出现了很多问题，那怎么办呢？当时我的解决办法就是上论坛找同行求教。刚开始我经常在论坛上发帖提问题，但是没有多少人去看帖、回帖。当时有位前辈提醒我，你的帖不能纯粹是问题，一定要先有自己对问题的思考，这样才能引起别人的关注。我觉得前辈的话很有道理，于是在提问前我就强迫着自己去思考，从那时起，我就养成了反思的习惯。前五年基本上每节课后我都会写教学反思。

之后，当我把一个观点抛出来时，很容易获得别人的评论，有同意的，也有提出建议的，而在这相互交流间，就能引发我很多思考。然后，我根据别人的意见再去修改，再去实施，其实这就是一个行动研究的过程。在这样的过程中，我不但能解决很多问题，同时也为我的论文写作积累了大量的素材。从工作的第二年起，我每一年都有一篇论文发表在省级或市级的杂志、报纸上。

二、行动研究阶段

当积累了一定的教学经验后，我进入了行动研究阶段。我不断产生新的教学设想，不断去实践、去反思、去改进。在这个过程中，自己的教学理念和教学行为也发生了很多变化。

（一）从以教学设计为中心到以学生为中心

一直以来，我的备课都是围绕教材和教参进行的，但在实际教学中，有时候教材上的内容、教学设计与学生的实际表现出现了偏差，教学活动便受到了阻碍。每当遇到这种情况，我或是抛开学生继续按照教学设计走下去，或是拉着学生往自己的教学设计走下去。一节课下来，我像拉犁的老黄牛一样累。后来通过阅读书籍，我渐渐意识到，教材的内容与目标只是提供参考，并不是一成不变的。教学设计要根据学生的实际情况来制定。在课堂上，当教学设计与学生实际出现偏差时，我们应该及时调整教学设计，让教学适应学生的认知发展。

（二）从追求知识目标的达成到追求科学素养的提高

随着课程改革的推进，我们在制定目标时，都是制定三维目标，但以前我只是注重知识目标。我认为如果一节课上到最后，学生没有掌握这节课的知识点，那这节课就是失败的。现在的学生面对信息化的世界，我还没有教很多知识，其实他们已经懂了。我开始意识到，不仅知识重要，获取知识的方法也很重要，学生在学习过程中的情感体验也不容忽视。同时，我也在不断思考为什么要改革。我们的教学针对的是当前的问题，可学生面对的是未来。当前是有用的，那么未来呢？我意识到改革应该着眼于学生科学素养的提高，要从传统的教学过程走向以科学探究活动为核心的教学过程。真正的科学探究活动不是越探究问题越少，不是探究到最后所有问题都解决了，而是越探究问题越多。

（三）课堂教学从按部就班到灵动自如

以前为了更好地控制课堂，我常常让学生去探究我设定好的问题，然后让学生根据我的探究步骤一步一步地走下来，最终得出想要的结论。我觉得这样的课讲得很顺利，但学生机械般的探究并不是真正的探究。他们变得越来越不会思考，都在等着老师帮他们铺好路。当我意识到这一点后，果断调整了自己的教学思路。我觉得老师首先要学会放手，给予学生充足的时间和空间去进行探究。老师在这个过程中要关注学生的学习表现，当发现学生遇到困难时，就提供学习支架给学生；当学生思路不清晰时，就用问题链梳理他们的思路，让他们的思维逐步深入。我在备课时会准备几套不同的预案，根据不同班级、不同学生在课堂上的表现，灵活地运用不同的教学策略，让学生在科学课堂上有个性化的发展。

三、风格雏形形成阶段

在经历了两个阶段后，我开始对自己的现状感到不满意，感觉遇到了瓶颈。这时，做课题研究成了突破瓶颈的一条出路。在做课题的过程中，不断逼着自己把经验提炼出来，不能只停留在表面，要有一个提升。2011年8月1日，我主持的课题"小学生变量控制科学学习技能的教学研究"在天河区教育科学"十二五"规划课题立项，2013年12月该课题成功结题。2014年6月，我主持的课题"小学科学课堂交流研讨活动教学的策略研究"又成功在天河区教育科学"十二五"规划课题立项。在区课题研究的基础上，我主持的"小学科学变量控制技能的教学研究"课题申报了广东省"十二五"规划课题，于2015年6月成功立项。做课题的过程虽然很辛苦，但我却乐此不疲。我觉得做课题能促进自己的专业成长，促进自己教学风格的形成。

科学课堂的魅力在哪里？在我看来，应该是师生间思维的碰撞、智慧的涌动。灵活、开放的课堂才会不时有新的问题出现，有新的方法诞生，有新的发现生成。倾听时的静思，讨论时的热烈，汇报时的流畅——这是一种境界。当学生的思维得到最大的调动时，他们会享受到学习的愉悦和成就感。

我的教学实录

"形状与抗弯曲能力"课堂实录

（教育科学出版社六年级上册《形状与结构》单元第二课）

一、导入新课

师：上一节课，我们通过增加纸的厚度来增强纸的抗弯曲能力，除了这种方法，同学们还有什么方法来增强这张纸的抗弯曲能力呢？

生：改变这张纸的形状。

生：把纸变成拱形。

师：其实变成拱形，我们也归在改变形状这一类。今天这节课，我们就来研究一下纸的形状究竟与抗弯曲能力有什么关系。

二、探究形状与抗弯曲能力

师：（出示一张白纸）大家觉得把纸折成什么形状能增强它的抗弯曲能力？

生：可以把它折成三角形。

生：折成长方形和正方形。

生：还可以把它折成桥一样的形状，拱形。

生：把它折成圆形。

生：还可以把它变成L形。

生：波浪形W形。

师：刚才这些仅仅是大家的一个猜想，那下一步我们该做什么？

生：要进行对比实验。

师：每一次实验需要改变的是什么？

生：纸的形状。

师：哪些条件我们需要保持一致？

生：同样材质的纸。

生：还有纸的厚度。

生：木板的距离。

生：螺母放的位置。

师：（出示两张波浪形纸）我这里有两张不同折法的波浪形纸，你觉得哪一种适合和平面纸进行比较？

生：我觉得第一种，因为第二种折法纸变短了，这样就会使架空距离缩短了。

师：因为在实验中我们只能改变纸的形状，架空距离、架空高度等条件都不能改变。现在大家看看我的操作，把螺母放在中间的圈，那这张纸能承受多少个？

生：0个。

师：如果我放到第7个就变成完全弯曲，那它能承受多少个？

生：6个。

师：每个组选择两种形状来做，现在先拿出填实验预测的那张纸填预测，再开始做实验。

（学生进行实验）

（实验结束）

师：下面请大家先把材料装回袋子放进抽屉。现在看看你们输入的数据，有什么发现？

生：我们发现第二种波浪形的，它可以放的螺母是最多的，我是从平均数那里来判断的。

师：平均数是多少？

生：11.4。

生：我发现了Z字形和L字形的承受能力是一样的，我也是从平均数那一栏看出来的，它们的抗弯曲能力都是0.5。

生：那个像长城的形状的纸承受的螺母是比较少的。从长方形的数据可以看出，它的承受能力仅次于波浪形的。

师：刚才大家都是从各个形状的数据来分析，那我们能不能从有折和没折的纸张整体进行对比分析？有发现吗？

生：我发现有折痕的比没折痕的抗弯曲能力要强，而且折痕多的比折痕少的抗弯曲能力更强。

师：那说明增强抗弯曲能力可以怎样做？

生：改变形状。

师：不同形状的抗弯曲能力怎么样？是一样的吗？

生：不同。

师：像波浪形的数据，9、7、8、11、17，最多的组做了17，最少的组做了7，为什么会这样呢？

生：我觉得这种形状是因为大家折的波浪数不同而导致承受力不同。

生：放螺母的方法也会有影响。如果螺母放进杯子里，放得不正的话就放得少，只有放正了才能放得更多。

师：刚才大家的分析都很有道理。虽然数据会有误差，但我们都能得到一个同样的结论，就是纸改变形状能增强它的抗弯曲能力。下面给大家看一下我们生活中的一些图片（PPT展示图片）。

师：为什么生活中我们要把钢材做成这样的一种形状呢？

生：这种形状承受力强。

三、瓦楞纸板的研究

师：生活中还有这样的一种纸（展示纸），这种纸大家知道来自哪里吗？

生：纸皮箱。

师：这种纸叫瓦楞纸。下面我想请大家来观察一下，这种瓦楞纸的内部是怎样的。

（学生进行观察）

师：你们有什么发现？

生：我发现里边是空心的。

生：它里面是一种波浪形的，在外面是用一种纸来包住。

师：大家都发现了这种瓦楞纸是由上下两层纸，中间夹着波浪形纸构成的，那瓦楞纸能承受多少个螺母呢？为节省时间，我这里用勾码来测量。一个勾码相当于十个螺母。我们先来看100个，再来200个。为什么它能承受这么大重量？超过300个螺母呢？

生：我认为是中间波浪的形状使它能承受这么大的重量。

生：纸质很厚。

师：今天，这节课我们知道了增强纸的抗弯曲能力的第二种方法是什么？改变纸的什么？

生：形状。

师：改变形状与加厚你们觉得哪一种方法更好？

生：我会选择改变形状。加厚的话增加了很多纸，而改变形状不用增加纸也能增强弯曲能力。

师：改变纸的形状不仅能增强承受能力，还能节省材料。课后请大家继续观察一下，我们身边哪些物品是通过改变形状来增强它的抗弯曲能力的。

▶▶▶ 我的教学主张 ▶

从一节课的变迁看剥开科学坚果的过程
——我的"蜗牛"教学的过去与现在

三年级的"蜗牛"这节课相信大家并不陌生。2008年我讲过这节课，2013年我再次讲授。对比两次讲授，我的教学思路有了明显的变化。

一、"蜗牛"过去的教学思路

2008年讲"蜗牛"这节课时，我想这节课能否放手让学生自由探究，而不是老师引导着学生去观察。于是我找来了兰本达教授《蜗牛》这课的教学实录来参考。兰本达教授是围绕着"生物根据它们的遗传性跟它们的环境相互作用"来建构展开的：给学生提供蜗牛和放大镜，然后给学生30分钟的观察时间。前15分钟自由观察，后15分钟提供鸡蛋、黄瓜、葱头、苹果、面包。之后把实验材料收了，让孩子们把椅子搬出来，围坐成一圈。教授跟孩子并排坐在圈子里，进入研讨阶段。

我很认可兰本达教授对这一课的教学理念：孩子们从用有结构的材料所进行的探究活动中产生积极性，进而产生了"前语言"学习。这种"前语言"学习通过研讨转变为思维，而通过思维和语言不断相互作用，发展了越来越深入的概念。在孩子们从现实中获得基本信息以后，再给他们提供所要阅读的书。但我对兰本达教授这节课的几点做法有些困惑。

（1）教授要帮助学生建构的概念是"生物根据它们的遗传性跟它们的环境相互作用"。虽然这课涉及了外形、进食和运动，但我觉得，一节课要把这些方面都研究透，时间上不允许，只能是蜻蜓点水，很难帮助学生建构起概念。因此，在这节课上是否应该有重点地探究，深入地观察呢？

（2）由于课堂上没有统一的观察点，每个学生的观察发现都有所不同。虽然交流研讨的内容很丰富，但个体的发现不能代表全体的发现。有些学生观察到外形，有些学生观察到运动，那学生汇报的是事实吗？教授也没有让其他同学再来观察，就直接把全班都同意的观察事实板书在黑板上，这样做合理吗？

（3）如果老师把握不好这样的教法，很容易就被学生牵着走。我们是要以学生为主体，但也不能放任学生，老师对学生是否要有观察的导向呢？

在经过思考后，我采用了兰本达教授的"探究—研讨"法，给学生25分钟的观察时间，然后再进行交流、研讨。但和兰本达教授不一样的是，在观察前，我先让学生提出感兴趣的问题，然后把相关问题进行分类，集体先研究同一类问题。这样带着问题去进行观察，学生的探究便具有了目的性。由于观察点集中，所有学生自然对问题都会有所观察，研讨时也会有呼应和印证，而对这类问题的探究也会更深入。

二、"蜗牛"现在的教学思路

2013年我再上"蜗牛"这节课时，教材已经有过修订。这一课安排了两个课时，第一课时是研究蜗牛的身体和运动，第二课时是观察蜗牛进食、排泄和呼吸。按照教材，观察的时间很紧张，学生经常还想继续探究，但已经下课了。并且我发现，孩子的观察有些已经超出了教材。基于"教学从学生的起点出发""进行有意义的探究""进行真实问题的探究"等理念，今年我尝试对《蜗牛》这节课进行重构，进行了三个课时的长时探究。

第一课时教学：

我认为教学应该从学生的起点出发，这个起点不仅包括知识经验，还包括学习能力和学习兴趣。尽管是同一时间内学习同一内容，进行同样的观察活动，但是由于各人的需要、兴趣和已有的知识经验不同，观察的目的、方法、结果也会不一样。因此，第一课时我先让学生写下对蜗牛的已有认识，接着让他们以小组为单位去观察蜗牛，用气泡图的记录方式把发现写在小组记录纸上，然后在投影仪下展示一张全班记录纸。每组观察完以后，把该组认为重大的发现记录在全班的这张纸上。

按照这种要求，我发现不少孩子对蜗牛的观察很仔细。他们不仅记录了自己的发现，还会相互交流、相互学习。而在这个过程中，我则负责巡视各小组的观察情况，发现他们的描述有不正确的，便提醒他们再去观察、修正记录；对观察发现不够丰富的小组，则会引导他们去进行其他方面的观察。活动后，我组织全班对观察发现进行交流，并对"为什么一碰蜗牛的触角它会缩进壳里""为什么蜗牛爬行时要留下黏液"等问题进行讨论，让学生建构起本课的科学概念：蜗牛的特点体现在它的运动、身体构造等方面；蜗牛能对外界刺激产生相应的反应；蜗牛爬行时留下黏液是对腹足的保护，也是对环境的适应。下图是几个学生的记录和全班的记录。

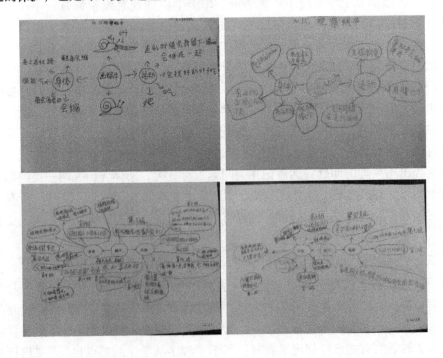

第二课时教学：

当学生对事物有了一定的认识后，老师就可以带领学生进行深入的探究。这种探究不是为了探究而探究，而是进行有意义的探究。有意义的探究体现在学生具有一定的自主空间与自主时间，是学生主动参与和自主参与的探究。主动参与的状态反映出学生是有动机、有想法的；自主参与的状态则更深入到计划、比较、选择、决策等思维层面。

在第一课时中，很多学生都没有留意到"生物对环境的适应"这个问题，因此，第二课时的教学就从"蜗牛在两种不同特点的物体上爬行，它们的腹部会有什么变化"这个问题展开，给学生准备了两组材料，一组材料是扁平和细长的，另一组材料是光滑和粗糙的。先让小组讨论，决定让蜗牛在哪组材料上爬行，然后再猜测蜗牛在这些材料上怎么爬行。当学生对问题有了自己的想法时，他们已经主动参与到探究中了，接下来的观察探究活动便可以顺理成章地开展了。因为学生对物体细节的观察方法还未掌握，对物体细节的描述也正在学习中，所以在学生自主探究的过程中，老师需要对各个小组做些指导。在观察后的交流研讨活动中，学生们都兴奋地说着他们的发现。由于有了感性的观察体验，最后让学生回顾之前的猜测，继而思考"为什么蜗牛在小棒上要这样爬行""为什么蜗牛的爬行在不同的物体上会有所不一样"等问题。通过"猜测—观察活动—交流研讨—建构概念"这样的过程，学生都明白蜗牛爬行时腹部的变化是为了适应环境的变化。下图是学生对蜗牛爬行的观察记录。

 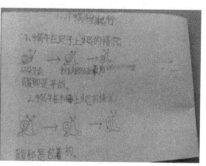

第三课时教学：

第三课时的探究是基于真实问题的探究。真实问题的探究可以整合多种知识和技能，有助于学生意识到他们所学的知识和技能与他们要解决的问题是相关的和有意义的，这也是维持学习动机非常重要的因素。真实问题的探究也是个性化的探究。如果每个班、每个组都统一研究相同的问题，就会压抑孩子对其他问题探究的兴趣。久而久之，他们就只会等着研究老师提出的问题。但是有了问题怎样去进行探究，很多三年级的学生都无从入手。这时就需要老师指导他们制定简单的研究计划。为了更好地让学生进行观察记录，我提供了一个框架供他们参考：我想研究的问题；我打算这样做；我的观察发现；实验的结论。这节课学生们的研究热情都很高，因为研究内容来自他们真实的、渴望去解决的问题。虽然学生们的探究还很稚嫩，但他们已经知道了解决问题的一些方法。这为他们的课外探究和以后的探究都做了很好的铺垫。下图是学生的蜗牛小探究的观察记录。

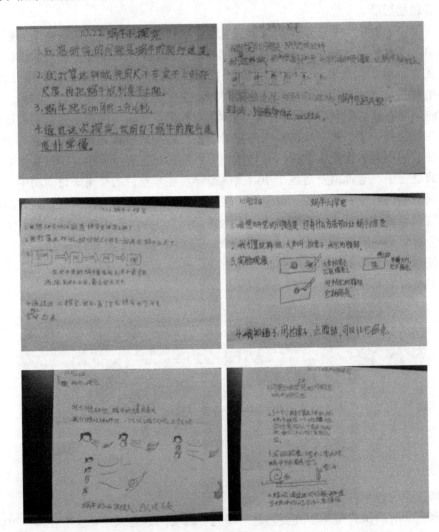

三、"蜗牛"现在与过去的对话

5年后的今天，当我看到之前写的文字时，我有一些想法要和5年前的自己说说。

（1）兰本达教授的这节课，前15分钟的观察是先满足学生对蜗牛的好奇心，让学生在自由的环境中去观察他们感兴趣的事情；后15分钟是用材料去引导学生对蜗牛吃食物进行观察。在交流的时候，学生对蜗牛的外形、运动、进食都会涉及，老师也会做适时的指导。如果想在一节课里把这三方面都深入研究是不够时间的。兰本达教授并不要求学生知道所有的事实，他认为这点并不重要。因为在整个教学过程中，重要的事实太多了，然而每个学生总会学到许许多多事实，这些事实来自他们自己的观察、倾听以及相互的交流。所以，在这节课上兰本达教授除了要让学生了解蜗牛身体、运动、进食等方面的知识，更重要的是引发学生对蜗牛观察的兴趣和好奇心。这一点很重要，有了兴趣才会有观察的动力，有了好奇心才会有探究的欲望。这会引领着学生在这节课后自主去观察、探究蜗牛。

我安排三个课时对蜗牛进行探究，其实是对兰本达教授教学的扩充。第一课时让学生自由去探究，让学生获得对蜗牛粗浅的认识，同时激发学生对蜗牛的研究兴趣，用意和兰本达教授前15分钟是一样的。第二课时给学生提供有结构的材料，让学生进行深入的探究，这与兰本达教授后15分钟的活动类似。不同的是我还有第三课时，基于学生对真实问题的探究，能够给予学生更充足的活动时间和活动空间。通过三个课时的探究，既满足了学生的探究需要，让他们在探究中建构起相关的科学概念，也培养了学生的观察能力。同时也引发学生提出新问题，继续进行深入的探究。

（2）在交流研讨环节，由于个体的差异，学生的观察能力不同，兴趣点不同，因此，他们对蜗牛的观察发现就有所不同，在汇报时自然呈现自己的精彩。当然，一个小组的发现不能代替其他小组的发现，也不代表他们组的发现就一定是正确的。因此，我对兰本达教授的这个环节进行了改进。在学生观察的过程中，我让小组轮流在投影上写出小组观察的一个重要发现，但不能和其他小组重复。其实这就是一个无声的交流环节，当学生看到其他小组的发现时，若这个发现他们小组同样也发现了，他们便会去对比是否一样；如果这个发现是他们小组没有的，这就会促使他们去关注这一点，看看会不会有同样的发现。这个过程也是一个结论被重复检验、各小组成员互相做小老师的过程。

（3）看似完全放手的一节课，其实老师早已成竹在胸。相信兰本达教授在上这节课之前已经预测到学生会发现些什么、会出现什么问题。因此，教授提前准备好食物，在后半段时间用材料引导学生进行另一方面的探究，根本不会出现学生牵着老师走的问题。老师则根据学生的情况提供学习支架，帮助学生更好地开展探究学习。同样我在教学前，也要对学生的前概念进行了解，了解他们的起点和学习需要，这样才能有针对性地去引导他们进行探究。每一课时的结束也是下一课时的起点。老师要根据学生的情况调整教学。很多老师都担心放手让学生自主探究是不是就没有了方向，很难收回来，是不是学生走到哪里就算哪里。其实不然。学生的自主探究是有前提的，他们的能力所能达到的方面就不需要老师的指导，就如第一课时的处理；他们的能力所达不到的方面，就需要老师搭建支架对学生进行引导，就如第二、第三课时的处理。

他人眼中的我

司徒老师善于思考、善于积累，对课堂的观察有自己独特的视角。在课堂中，她能根据学生的学习需要精选教学内容，并根据学生的学习进度来调整自己的教学进度。当课堂中出现意外时，她能顺势而为，从她身上体现出的灵动能推动学生的思考。司徒老师不仅注重培养学生的探究精神，也相当具有探究精神，上课前她都会进行"下水"实验，选择适合的实验材料，对教学活动和实验记录表进行精心设计，因此，她的科学课对学生都很有吸引力。

——广东省基础教育系统名教师、深圳龙城小学教师 吴向东

司徒老师是一名优秀的科学教师。她虚心好学，刻苦钻研，具有深厚的教育教学理论基础和丰富的实践经验，有过硬的专业修养和业务基础。在教学上，她有自己的教学风格和特色，她的课流畅而灵动，像一首动听的歌；在科研上，她善于运用行动研究、案例研究、实验法等教育科学研究方法，对科学教育有深入的思考，能够抓住科学教育教学的核心问题进行研究，并取得成效，其科研成果在省、市、区得到推广和辐射。

司徒老师就像一块海绵，不断吸收知识和经验，她就像一支蜡烛，燃烧自己也照亮别人。她具有强烈进步和发展的要求，科学教育是她终生为之奋斗的事业。

——广东省广州市天河区教育局教研室教研员 郑雪萍

她会和我们一起做有趣的实验：蒸发盐水、点亮小灯泡、做橡皮筋小车……

她会教我们使用工具进行科学探究：用放大镜观察发霉的食物、用测力计测量力的大小、用风向标观测风向……

她会引导我们如何进行思考：如果食物链的其中一环断开会怎么样？什么现象才说明溶解？种子发芽实验为什么要两组进行对比？

她有一双睿智的眼睛，她就是我的科学启蒙老师——司徒敏老师。

——天河区体育东路小学2011届六年级学生 涂殷

我眼中的司徒老师，有两个特点：聪明、尽职。

说她聪明，是因为她懂得很多科学道理，并且能用最简单的方法教会我们。上课遇到问题时，她总能引导我们思考。

说她尽职，是因为每节课她都能认真准备，给我们准备充分的实验材料，课堂时间也把握得准确，从不拖堂。在科技创新比赛或植物识别比赛前，她会给我们作针对性的辅导，尽职尽责。

这就是我眼中的司徒老师，一个聪明又尽职的科学老师。

——天河区体育东路小学2011届六年级学生 朱鸶依

司徒敏老师是我们班的科学老师。在我眼中，她性格开朗，平易近人，我们都很喜欢她。

司徒老师上课很有趣，她总会激发我们的求知欲，然后让我们通过科学探究来获得证据，并通过全班的交流研讨得出结论。在实验探究的过程中，她会走到各个小组去指导我们，耐心引导我们去观察和分析。在四年级的科学学习中，我们都成了"小小科学迷"，成了司徒老师的粉丝，盼望着上司徒老师的科学课！

——天河区体育东路小学 2011 届六年级学生　林绮涵

任务引领　信息连通　交流评价

● 广州市天河中学　汤向东（高中信息技术）

● **个人简介**

　　汤向东，女，广州市天河中学信息技术教师，中学高级教师。广州市基础教育系统新一轮"百千万人才培养工程"第二批"中学名教师"培养对象，天河区第二批基础教育名教师，广州市信息技术学科特约教研员，第一届广州市普通高中教学水平评估员，曾获天河区青年教师教学基本功大赛教坛新秀奖。从教20多年来，有《多起点高中信息技术课程教学策略研究》等多篇论文发表在《中国电化教育》《中国教育技术装备》《中国信息技术教育》等刊物上，曾参与信息技术教材和教学参考书的编写工作。指导学生参加中小学电脑制作活动，中学生计算机作品大赛，中国儿童青少年计算机表演赛，广州市低碳校园系列活动，科技影像节等，多次被评为"优秀指导教师"，多名学生获得国家、省、市、区级奖励。主持或参与"基于微课的高中信息技术实践课设计与应用研究""信息技术网络教学评价系统的开发和应用研究"等广州市教育科学规划课题。

▶ 我的教学风格解读 ◀

　　我的教学风格关键词是"引领、连通、交流"。

　　"引领"，即任务引领。任务驱动是基于建构主义教学理论的教学方法，是以解决问题、完成任务为主的多维互动式的教学理念。任务驱动的基本环节是：创设情景，确定问题（任务），自主、协作学习，效果评价。"任务驱动"教学强调让学生在密切联系学习、生活和社会实际的有意义的"任务"情境中，通过完成任务来学习知识、获得技能、形成能力、内化伦理。信息技术学科的教学基于学生多起点的实际情况，普遍采用任务驱动的方法。作为引领的"任务"应该是有意义、可操作的，任务大小要适当，要求应具体，各任务之间相互联系，形成循序渐进的梯度，组成一个任务链，以便学生踏着任务的阶梯去建构知识，使不同程度的学生都能在原有的基础上得到发展。

　　"连通"不但指教师与学生、学生与学生，还有学生与现实世界、学生与信息未来的互联。在课堂上，除了教师传授的知识外，更重要的是师生共同构建信息文化。因为学生是信息时代的原住民，他们掌握的某一方面的信息技术知识或技能有可能比教师更丰富。在信息技术课上，教师应该充分利用好这些学生资源，可以以周为单位，采用小组展示的方法，让小组讨论并自由选择信息技术方面的话题，小组成员共同制作完成，并在课堂上以三分钟时间进行展示。这样一方面丰富了信息技术课的内容，让学生与教师共同构建信息文化，开阔了学生的视野；另一方面也给学生提供了展示才能的机会，让学生学会运用合适的信息技术，恰当地表达自己的思想，进行广泛的交流与合作，使他们的综合能力、表达能力都得到发展。

"交流"就是采用多维度方法展示学生的优秀作业（作品）。高中信息技术课程鼓励高中学生结合生活和学习实际，运用合适的信息技术，恰当地表达自己的思想，进行广泛的交流与合作。信息技术课占比重最多的是操作课，学生作业就是信息技术作品，优秀的学生作业也是一种宝贵的资源，除了在班级展示，也可以在年级内展示，甚至在校外展示，这样一方面增强了学生的荣誉感，培养了学生的上进心，也增强了他们的自信心，使学生感受到获得成功的喜悦。此过程能起到共享思路、激发灵感、反思自我的作用。

我的成长历程

1995年大学毕业后，我踏上工作岗位——广州市天河中学，任教信息技术（2000年前这门课叫计算机）。我一直都觉得自己并不是一个有天分的老师，没有高超的教学设计演绎能力和课堂的调控能力。还好，我是一个爱学习的人，一个乐于研究的人，我的成长和学习与研究都密不可分。我很认同俞敏洪的这段话：人的生活方式有两种，第一种方式是像草一样活着。你尽管活着，每年都在生长，但是你毕竟是一棵草，你吸收雨露阳光，但是长不大。所以我们每一个人，都应该像树一样成长，即使我们现在什么都不是，但是只要你有树的种子，即使你被踩在泥土中间，你依然能够吸收泥土的养分，自己成长起来。

一、认真学习，使自己成为一名合格的教师

（一）多学习，与学生一同成长

我刚毕业的时候，天河中学只有职中和初中，我当时教职中的计算机。在职中，计算机是考证科目，计算机操作员证是全体职中学生毕业前都必须拿到的证书之一。考证中有一项内容是中英文录入，中英文录入对打字速度的要求高。广州学生中普通话不标准的人相当多，经常因为读音不准打不出字而影响打字速度，因此，当时要教学生五笔输入法。五笔输入的关键是熟记"字根表"并能灵活运用。为了把学生教好，我学会了五笔输入法，这也给我自己带来了便利。在相当长一段时间，我都认为五笔输入法是最好用的输入法，因为它基本无重码，打字快。为了教好学生而学会了五笔，也使我奠定了作为一名教师，特别是信息技术教师的基

础——必须不断学习，努力提高自己的业务水平。

（二）多参与，在活动中成长

我刚到天河中学那一年，进来的是商业英语专业的最后一届学生。从第二年起，学校开始招高中，变成了完全中学，我教完那届职中学生后，接下来教了几年初中信息技术。初中学生和职中学生不但年龄差了几岁，在教学内容和教学方法上也有较大的区别，这促使我不断思考，如何教好初中学生。在听课和自己看书学习的同时，也尝试在课堂上使用一些方法，让课堂发生改变。有一件事我印象很深刻，工作两年多的时候，市里举办计算机学科的论文评比，我也把自己在教学中遇到的问题及解决方法写成一篇论文参赛，获市三等奖，这让我觉得获奖也不是一件太难的事。那时候像教学理念、课题研究这些字眼都还没有听说过，不过每隔一段时间要参加教研活动。那时天河中学建校刚过五年，是个无名小学校，有时参加市教研活动，签到时我告诉负责老师我是天河中学的，对方会反问我：是天河区哪一所学校？转眼二十多年过去了，我所在的天河中学成为国家级示范性高中，早已家喻户晓。学校的发展也促使作为教师的我不断学习，不断进步。

我刚进校时，学校年轻老师居多，另外一件让我印象很深刻的事情是，有一次学校组织青年教师进行课件制作，用的软件是 Authorware，分为几个小组制作课件，我所在的小组制作的是语文课件"自我介绍"，由刘月执教。刘月老师用这个课件上了很多次公开课和展示课，效果非常好。这个活动也促使我对其他学科的课堂感兴趣。通过课件制作活动，我学会了 Authorware，也尝试制作 Authorware 课件应用在自己的教学中。1997 年，我参加了天河区青年教师基本功大赛，在说课环节我用了 Authorware 制作的展示型课件，顺利进入决赛（听课环节）。评委到我校现场听课，对我的课给予肯定，我取得了那一年信息技术学科总成绩第一名，并获"教坛新秀奖"。这个比赛使我增强了自信，我觉得有些桃子只要跳一跳还是可以摘到的。当时一个刚兴起的热门话题是课程整合，我也尝试和学校美术老师一同研究，将美术和计算机课进行整合，并且撰写了论文《计算机与美术设计的课程整合实践》，发表在《中国信息技术教育》2001 年第 5 期。

回忆刚刚工作那几年的成长，我的做法是：

一是更新观念，勤学习。在课余，我会自觉阅读教育学著作，翻阅教学杂志和本专业的书籍，使自己所掌握的知识不断更新。

二是虚心求教，多钻研。信息技术不断发展，更新快，迫使信息技术教师要不断学习，不断钻研，自觉提高本专业的知识水平。

三是虚心学习，多听课。我会尽可能地多听课，多学习，不管是校内还是校外的课，除了信息课也听其他学科的课，吸取各学科教学的长处，提高自己的教学水平，逐渐形成自己的教学风格。

四是向学生学习，教学相长。作为信息技术老师，我每年都要带不少学生参加比赛，在培训学生参加各种比赛的过程中，我深深感到学生是一种能丰富和提高老师教学的资源，学生的奇思妙想，给老师提供了很大的思考空间。在思考和解决问题的过程中，学生学会了解决问题的方法，我也经常能从学生提出的问题里得到启发。

五是乐于总结，勤反思。我通过反思自己教学的过程来学习和掌握教学的特点和规律，不断改进自己的教学方法，不断提高自己的教学能力和水平。另外，将自己一点一滴的收获记录下来，说不定把一些闪光点组合起来就是一篇好的论文。

二、投身科研，使自己成为一名研究型教师

（一）尝试参与课题，研究教学

在教初中的几年里，我针对初中学生的特点，选择了教学中几个典型问题进行研究，如在一个教学班中针对每个个体的"个别化教学"等，撰写教学论文和教学案例。论文《网络环境个别化教学的探讨》发表于《中小学信息技术教育》2002年第4期，论文《信息技术课程的个别化教学模式探讨》刊登在《中小学信息技术课型与教学模式研究》一书（2004年）。

我从2001学年开始教高中，学校新电脑室安装了TOP 98教学平台，可以将教学（学习）资料发到每个学生的电脑上。高中学生和初中学生相比，自学能力更强些，我开始尝试在信息技术课让学生进行"自主学习"，并进行了一系列研究。撰写的论文《高中信息技术课程学生自主协作学习的有效性研究——起步阶段》获广州市第五届信息技术论文评比一等奖；2001年前后，我还参与了人民教育出版社《高中信息技术教材教学参考书》（一、二册）和《广州市信息技术教育课程·教师教学用书》的编写工作。

2001—2005年，我参与了天河区教研员杨磊主持的天河区资助课题"区域信息技术课程实施及其评价体系的研究"，我担任课题副组长，负责课题中学部分的研究，组织老师们在教研活动上进行研讨或者自己在教研活动中做专题发言。2001—2002年，我先后撰写《天河区高中信息技术课指导意见》《天河区初二年级信息技术课指导意见》等。自己也带头参加各类教学比赛，开设市区公开课，进行教学研究，撰写教学案例和教学论文。2004年，课例"信息集成的一般过程"参加广东省高中信息技术优质课评比获二等奖，该案例被收录在《走进高中信息技术教学现场》一书（2008年）。论文《博客在信息技术课堂中的运用》获全国中小学计算机中心论文评比三等奖。通过参与课题研究，我锻炼了科研能力，同时也学习了如何收集文献资料，初步学会了如何开展课题研究，通过参与课题研究的实践，我感觉到我的专业能力和理论水平有所提高。

（二）报读教育硕士，继续学习

2002年，我考上了华南师范大学在职教育硕士。2002年到2005年的三年里，

我在华南师范大学教育信息技术学院就读现代教育技术专业的教育硕士，不但学习了教育理论和新的教育理念，也学习了教育软件应用及教育实验的方法等课程。印象最深的是在论文写作期间，我们小组十个同学跟着焦建利教授等三位导师，每个月末组长都会召集大家在华南师范大学信息技术学院和导师们进行论文研讨。每人先陈述自己论文的进展情况，小组其他成员互相提意见，之后请导师对研究方案提出修改意见或建议，回去以后对教学实验进行修改，然后再进行教学实践，收集数据，再修改自己的论文……这段时间过得很充实，很有收获。通过不断研讨，我学会了如何选择教学中的问题作为研究课题，判断哪些问题值得研究，如何缩小研究范围，不同类型的问题分别采用哪种研究方法等。每当在写论文或研究中遇到问题时，导师总能帮我们出谋划策，想出解决的办法。非常感谢遇到这么认真负责的导师团队。我撰写的论文《多起点高中信息技术课程教学策略研究》在2005年广东省普通高中信息技术优秀论文交流评选活动中获一等奖，同时获"广州中小学、中等职业学校第三阶段教学设计与实施活动——发展性教学评价研究"优秀成果评比三等奖。通过教育硕士课程的学习和论文写作，我的理论水平上了一个台阶，也对如何做研究有了新的认识。

三、辐射作用，带动校内外教师成长成材

（一）积极帮助学校的青年教师成长

因为信息技术学科本身就是一门年轻的学科，所以在学校的信息技术学科，我虽然年纪不大，但已是"老教师"。随后几年，学校又来了钟子英、周磊、刘淑玲、施珺等几位青年教师，我经常帮助他们解决问题，激励他们努力进取，指导他们的教学工作，使这些青年老师在教学上有了很大的飞跃和进步。钟子英在天河区青年教师基本功大赛获得教坛新秀奖，周磊获二等奖，周磊和刘淑玲2009学年在广州市初中教研活动开设市公开课"程序设计初步之For—Next循环语句（第一课时）"并获得好评，施珺在2014年广州市高中信息技术优质课评比获二等奖。学校信息技术学科因为业绩突出，获"2012年广州市优秀科组"称号。

（二）以课题带动青年教师成长

从2004年秋季起，广东省开始了新一轮高中课程改革，标志着高中信息技术课程进入了一个新的起点。由于高中信息技术新课程标准刚刚开始实施，相关的教学资源较为缺乏，对教师的备课和上课带来了一定的困难，旧有的资源在新课程实施后，需要进行重组才能使用。网上的资源要么与新教材不匹配，要么不完整（只有教学设计而无教学资源），无法用来上课。另外，当时天河区高中学校的规模都不大，有好几所学校都只有一位高中信息技术老师，给校内集体备课带来困难。基于以上原因，2005年我和天河区其他学校的7位老师一起，申请了天河区教育局"十五"规划课题"高中信息技术必修模块资源建设"。我们共同研究课标

和教材，然后分工合作，完成教学资源建设，并且把这些资源放在"天河部落"上，使全区的老师都可以在教学中使用这些教学资源。当然，这一切都离不开天河区教研员杨磊的指导与帮助，他经常参与我们的研讨，为我们排忧解难，杨磊老师有着认真钻研和务实的精神，他是我们大家学习的好榜样。天河部落（http://www.thjy.org）当时在全国名气很大，放在"天河部落"上的资料点击率很高，有时省外的老师也在帖子上留言，或给出一些好的建议，或一起探讨信息技术教学问题。因此在进行课题研究的时候，我对如何开展网络教研也有了一定的体会。2011年，杨磊和我一同撰写的论文《高中信息技术区域网络教研的实践与研究》发表在《行动与创新——通用技术、信息技术、音乐、美术、体育与健康、综合实践活动分册》一书。课题组编写的《高中信息技术必修模块案例集》获广州市信息技术第七届年会教学资源库评比二等奖，部分案例收录在广州市"教育E时代中小学同步教学资源包"。2010年1月，我参加了全国中小学信息技术课程建设与机器人教育研讨会，我的主题发言"高中信息技术必修模块资源建设研究"获与会专家一致好评。通过承担课题研究，我对课题研究有了新的认识。2009年课题结题时，课题组成员有5人通过了高级职称评审，从另一角度说明课题研究确实促进了教师的专业化发展。

（三）以项目带动信息技术学科资源建设

2009—2012年，我申请了天河区资助项目"高中信息技术Moodle课程建设"，目标是在"天河部落"的Moodle平台上建设一套高中信息技术Moodle课程，通过Moodle课程在课堂教学的应用，总结出使用Moodle平台的典型案例。项目组成员是天河区高中的9位信息技术教师，大家共同讨论，确定Moodle课程建设的分工，每个人按要求完成自己所负责的部分Moodle课程的建设。项目组成员在设计Moodle课程时，力求体现以学生为中心，根据不同课型的需要整合资源，利用Moodle平台组织丰富的教与学活动。项目组成员编写的Moodle课程在2011年广州市中小学信息技术学科教学资源评比活动中获二等奖。Moodle课程制作加强了区域集体备课，促进了教师专业化发展，课题组成员在论文、教学设计、教学案例评比中硕果累累。其中，项目组老师在各级刊物上发表论文6篇，在各级比赛中获得国家级奖项3项，省级奖项8项，市级奖项33项，区级奖项19项。同时，涌现出不少优秀的教学设计，项目组成员参加广州市优质课评比，广东省优质课评比活动，开设市级、区级公开课，使项目开展带来了很好的辐射作用。作为一名普通的信息技术教师，看到项目组成员辛勤的工作和丰硕的收获，我也为自己能带领这个团队而感到自豪。

（四）参与市级科研课题研究

2011年，我参与了广州市第六中学特级教师严开明申请的广州市科研课题

"信息技术网络评价系统的开发与应用研究"。严老师编写的知新评价系统是一个功能强大的信息技术课堂评价系统，采用评价系统可以对学生进行量化评价，比如课堂考勤、回答问题、课堂表现、平时作业完成情况。学生可以对作品进行自评和互评，而且期中、期末考试也可以在评价系统内进行，既节省了老师手改试卷的烦琐，学生也可以即时看到自己的成绩，以及随时查看自己在班上的排名，对学生的学习无疑是一种促进。

在课题研究中，我负责高中部分的研究，编写了关于知识评价系统使用情况的学生和教师调查问卷，收集试用学校数据并进行分析，撰写使用案例等。在课题开题会上，荔湾区陈锦波老师提出了一个非常好的建议，希望课题组鼓励试用的学校申报子课题。这样做，课题的成果会更丰富，对评价系统的研究也可以更加深入。于是，试用学校纷纷申报子课题，课题研究的QQ群建立起来。收集实验学校的数据、使用评价系统进行教学的课例、教师及学生的反馈表，知新评价系统不但在信息技术学科，也在其他学科的教学中得到应用，使用地域不仅是广州市、广东省，而是逐渐在全国生根发芽，结出硕果。

我也以知新评价系统为依托，申请了广州市第十五届特约教研员课题"高中信息技术课堂有效评价策略的研究"，研究网络评价手段在信息技术课上的实施，该课题研究成果获第十五届特约教研员成果评审二等奖，撰写了论文《利用网络评价系统提高信息技术课教学有效性的探索》，发表在《中国教育技术装备》2013年第20期。

▶ 我的教学实录 ▶

"Flash逐帧动画"教学设计

【课标要求】

能根据需求选择适当的工具和方法，制作合适的动画。

【教学对象分析】

本节课的教学对象是高一学生，他们有一定的自学能力，且已经学习过图像信息的加工，拥有Photoshop学习经历，对Photoshop的"工具栏"中各工具较熟悉，能使用绘图工具绘制一些简单图形。学生平时经常接触动漫，对动画及动画制作有浓厚的兴趣，学习积极性高，但是他们对动画的原理以及动画的制作过程了解不多。

【教学内容分析】

本节课的教材是上海科技教育出版社《多媒体技术应用》第四章第一节《动画采集与制作》。本节课的内容包括：动画的原理、帧、帧频率、关键帧、空白关键帧、普通帧的概念，使用Flash软件制作一个简单的逐帧动画。帧是构成Flash动画的最基本单位，逐帧动画是Flash动画制作的基础。通过学习逐帧动画，能让学生认识帧的概念，并区分不同类型帧的用法，为后续动画制作的学习打下坚实的基础。

【教学目标】

● 知识与技能

（1）了解动画的原理。

（2）了解帧、帧频率的概念。

（3）了解普通帧、关键帧、空白关键帧的概念。

（4）初步学会使用 Flash 软件制作逐帧动画。

● 过程与方法

（1）通过导入静态图像制作逐帧动画和对动画中帧的顺序进行调整，了解不同类型的帧及其作用。

（2）通过任务驱动、自主探究、互助学习等方法初步学会使用 Flash 制作逐帧动画。

● 情感态度价值观

体验逐帧动画给现实生活带来的乐趣，通过制作逐帧动画，体验创作动画的过程，感受成功的喜悦，激发学生的学习兴趣和创作欲望，并逐步提升欣赏逐帧动画的审美情趣。

【教学重点与难点】

●重点

（1）动画的原理。

（2）帧、帧频率、普通帧、关键帧、空白关键帧的概念。

●难点

根据动画需求，在动画制作中灵活使用不同类型的帧。

【教学策略】

本课力求体现"做中学"的思想，采用范例教学法、任务驱动教学法，通过"小鸟和鸟笼"视频分析动画的原理，让学生学会用视觉暂留解释动画现象。实践一是使学生了解 Flash 软件的界面，学会用将静态图片导入到舞台的方法来制作逐帧动画。实践二是使学生学会调整 Flash 动画中帧的顺序，通过该练习，使学生认识到动画中的帧是有顺序的。实践三是拓展任务，学生尝试自己设计和创作一个 QQ 动态表情的逐帧动画。学生可以使用教师提供教学资料，通过自主探究、同伴互助等方式进行学习。

【课时】1 课时

【教学环境】联网的多媒体计算机室，极域电子课室，知新教学评价系统。

【教学环节】

步骤	教师活动	学生活动	设计意图
创设情景，导入新课	（课前）播放视频：传统动画的制作过程，使学生对传统动画的制作方法有所了解 提问：大家都喜欢看动画片，对动画很感兴趣，有没有想过，动画的原理是什么 播放"小鸟与鸟笼"视频 思考：为什么图片连续播放时，人会认为看到的不是独立的两张图片，而是两张图片重叠在一起的影像	观看视频 听讲、观察、思考 观察，思考，回答	创设情景，引入课题
动画的原理	讲解："视觉暂留"的概念 观看"QQ动态表情"的动画，及图片素材（11张图片），分析动画产生的原理 对比两者，引出"动画产生的原因"——动画的原理	比较图像序列和由图像序列制作的动画 思考、听讲、回答	通过比较，分析得出动画产生的原因
逐帧动画	引导学生使用微视频进行自学：启动Flash软件并了解其界面组成 请同学回答Flash软件的界面组成	启动Flash软件通过微视频学习Flash界面组成学生回答	了解Flash启动及界面组成
	讲解Flash的几个基本概念：帧（动画中的一个画面），帧的种类（关键帧，空白关键帧，普通帧），帧频率 使用绘图工具在舞台上绘画，提示学生注意时间轴上帧的状态变化 逐帧动画的概念，由许多连续的关键帧组成的动画 明确任务（实践一：任选一组图片，使用Flash软件完成一个动态表情的动画） 巡视指导，答疑 请同学回答实践一的问题探讨 小结：导入的静态图片系列会自动添加在连续的帧中，形成逐帧动画	听讲，思考 听讲，思考 观看实践一的微视频，自学完成实践一 听讲，思考	了解帧、帧频率、关键帧、空白帧、普通帧的概念 了解逐帧动画的概念完成实践一，了解导入图片的方法

续上表

步骤	教师活动	学生活动	设计意图
逐帧动画	提问：时间轴上的帧有顺序吗 明确任务（实践二：小明在制作动画时，不小心把第3帧和第9帧对调了，因此动画看起来有点奇怪，请你尝试帮他修改动画） 小结：实践二告诉我们，动画是按照时间顺序播放的，因此不能随意调换时间轴上帧的顺序 讲解：简单介绍使用绘图工具箱中工具绘制及修改图像的方法 给出创作的QQ表情动画的例子 明确实践三：自己设计制作一个QQ动态表情 巡视指导，答疑	思考并回答 明确实践二的要求并完成实践二，回答问题探讨 听讲、思考 听讲、思考 明确实践三的要求并完成实践三	完成实践二，了解时间轴的帧是有顺序的，如果调动了帧的位置，播放的动画就不同了 完成实践三，自己尝试制作一个逐帧动画
课堂总结	讲解Flash存盘的方法及动画文件的两种格式（Fla和Swf） 展示学生作业 总结本课内容，小测验	保存动画 提交作业 完成小测验 观看展示 听讲 完成小测验	作业展示及总结本课内容

【教学反思】

本节课是Flash动画制作的第一课时。对于高一学生，他们有一定的自学能力，平时经常接触动漫，对动画及动画制作有浓厚的兴趣，学习积极性高。本节课在课前让学生自行观看"传统动画制作方法"的视频，了解采用传统方法制作动画片是一件非常繁杂的事情，有了计算机动画软件以后，制作动画变得简单而高效。

在课堂的引入部分，通过"小鸟与鸟笼"的视频，学生了解视觉暂留现象；通过分析动画（QQ动态表情）和制作该动画的序列图片，学生发现，动画其实就是因为人眼有视觉暂留现象，当一系列图片在眼前连续出现的时候，就会形成我们看到的动画。制作动画的软件有很多种，因为Flash软件相对简单，所以我们用Flash来制作计算机动画。

本节课课前制作了几个微视频，用于帮助学生学习。如"Flash 启动和界面组成"，学生可以通过微视频进行自学，启动 Flash 并了解其界面组成。实践一较简单，学生也可以通过微视频自学并完成练习，老师进行小结即可。实践二有一定的难度，因为需要用到复制帧、粘贴帧、清除关键帧等操作，老师可能需要进行操作示范，根据学生的情况而定。实践三是学生自己设计制作一个 QQ 动态表情，这个实践任务是希望学生体验创作动画的过程，感受成功的喜悦，激发学生的学习兴趣和创作欲望。

在课程的最后，让学生展示自己制作的 QQ 动态表情，感受分享的乐趣，逐步提升欣赏动画的审美情趣；再通过小测验，帮助学生巩固所学内容，也便于学生对学习的内容进行小结。

我的教学主张

一、让信息技术为学生学以致用

信息技术是一门实用性强的学科，因此，信息技术课的开展应有助于学生在以计算机和网络为载体的平台上，进行自主学习和个性化发展，为其他学科的学习打下一个良好的基础。在教学中，应该结合高中学生的生活和学习实际设计问题，让学生在活动过程中掌握应用信息技术解决问题的思想和方法。信息技术课应教会学生利用网络更广泛地获取知识，为其他学科的学习服务，并且鼓励学生将所学的信息技术积极地应用到学习、生活乃至信息技术革新等各项实践活动中去，在实践中创新，在创新中实践。

二、让学生学会自主探索信息技术

信息技术课程是一门基础性课程，集知识性和技能性于一体，它不仅承担着让学生了解、熟悉、掌握信息技术的基础知识和基本操作技能的任务，还承担着通过学习，学会运用信息技术解决真实问题的任务。

信息技术学科具有知识更新快的特点，要让学生通过信息技术课，不但能学习知识，还要学会学习信息技术的方法，因此除了教材外，还应该为学生提供个性化的学习资源，可以是文字学案，也可以是以网页的形式呈现，帮助他们学习，使他们逐步学会自己通过学案进行信息技术的学习。

为便于学生学习，在信息技术教学中，教师可以给学生支架，让他们稳步前进。但教师也要及时撤除支架，使学生养成自我探索的意识，为迁移和运用知识打下基础。学习资源可以采用网络的形式呈现，如结合 Moodle 平台的强大功能，根据不同课型的需要选择合适的功能制作 Moodle 课程。"日新月异的信息技术"是一节理论课，可以使用 Moodle 平台来呈现（整合）各种形式的资源，学生在 Moodle 平台上进行问题讨论，最后在 Moodle 平台上进行测试。"数字化图像的设计与加工"是一节操作课，主要采用学生自主学习和探究学习相结合的方法，通过 Moodle 平台呈现材料，把作业、讨论区、互动评价等整合起来，教师可以建立多层次的教学活动，实现师生互动、生生互动、生机互动，便于学生的自主学习和自主探索。

教师在设置支架时，可以针对操作内容的难易程度，采用不同的方式，如果是较简单的操作内容，采用仅以文字列出操作步骤的方法，让学生按文字说明进行操作；对有点难度的内容，可以使用截取屏幕图像的方法，将每一个操作步骤进行截图，学生看文字说明感到不清楚时，还可以参照图示；对难度较大的内容，如制作 Flash 引导线动画，可以使用录制屏幕的方法，将操作步骤录制下来做成微视频，学生可以跟着微视频的操作步骤，在疑难的地方反复查看，直到学会这个内容。

三、师生构建共同学习的理念

信息技术课的核心是提高学生的信息素养。高中信息技术课以进一步提高学生的信息素养为宗旨，强调通过合作解决实际问题，让学生在信息的获取、加工、管理、表达与交流的过程中，掌握信息技术，感受信息文化，增强信息意识，内化信息伦理。

随着信息技术的飞速发展，除了学生，作为教师同样要树立终身学习的观念，因此在信息技术课上，"授人以鱼，不如授人以渔"，除了教给学生知识以外，还要教给学生学习信息技术的方法。在信息技术课，我通常采用"做中学"的方法，设置合适的任务，让学生在完成任务的过程中，学习信息技术知识，也会有拓展任务，让学有余力的学生继续进行研究。另外，给学生介绍丰富多彩的学科竞赛，让学生在竞赛中体会信息技术的应用。

四、学科竞赛也是信息技术教学的重要组成部分

促使学有余力的学生得到更好的发展，是面向全体学生不可缺少的一环。从这个意义上说，学科竞赛作为课堂教学的有益补充，显得非常必要。除了信息技术常规教学以外，我每个学期均开设课外活动和丰富多彩的选修 2 课程，在教学中发现对信息技术感兴趣且基础好的同学，我会鼓励他们参加学科竞赛。指导信息技术学科的学生作品竞赛与指导其他学科竞赛一样，传道起点高、授业视野宽、解惑思路新，对教师的要求很高。同样，对参加竞赛的学生的基础知识、分析判断能力、操作技能以及心理素质的要求也比较高。通过竞赛的锻炼，学生获得的精神激励和能力的增强难以用语言描述。

在任教信息技术学科的二十多年中，每年只要有信息技术学科相关的竞赛，我都会鼓励学生参加，比如中学生计算机作品大赛，计算机组装与组网比赛，计算机表演赛，科技影像节，信息学奥赛等，不同比赛对选手的需求有所不同。当然，参加最多的是电脑作品竞赛。一年一度的电脑制作活动和中学生计算机作品大赛，是

每年必参加的比赛。高中组的项目，从最开始只有电脑平面设计、网页设计、程序设计、电脑动画四种，发展到现在，电脑制作活动的项目已经超过十种。

我辅导参赛的学生，每年都有超过 20 人次在各级信息技术比赛中获奖，我个人也多次被评为优秀指导教师。在获奖学生中，有学科成绩特别优秀的学生，如 2012 级在电脑制作活动电子期刊项目中获广东省一等奖的翟少驹（作品名称《两个有趣的物理小实验》）；也有学科成绩平平的学生，如 2015 年获电脑制作活动电子期刊项目广东省三等奖的陈豪鑫（作品名称《国漫阅读器》）；还有原先成绩平平，但经过比赛发现了自我的学生，如 2013 级的莫天俊，高中三年都是普通班的学生，参加过科技 DV 制作，计算机表演赛获得全国三等奖，高考考上了理想的高校。通过参赛，学生发展了自我，综合能力得到提升。通过比赛获奖，学生增强了自信心和成就感，不但提高了信息素养，而且将学到的技术应用到学科学习中去，也促进了学生其他学科的学习，达到了良性循环。

教师的工作是平凡而琐碎的，但也有从事其他工作所不能得到的人生体验，分享学生的秘密，共享成功的喜悦……教师的工作正是在一代又一代的传承中带领学生学会新知，为社会做出贡献，而教师自己的人生也在平凡的工作中得到升华。信息技术学科是一个年轻的学科，我愿和信息技术学科一同成长，为这个学科的发展和壮大尽自己的一份力量。

他人眼中的我

（一）专家眼中的我

汤向东老师是广州市信息技术学科高中中心组成员，参与或组织信息技术市、区教研等学术活动；辅导学生参加信息技术学科竞赛活动取得显著成绩。她熟练掌握信息技术的理论知识，具有较高的教育科研能力。她主持过多项广州市、天河区教育科研课题，善于接受新技术和优质数字教育资源，开展教学教研活动，主动开展信息技术环境下的教学改革实验，取得有较大影响的教育科研成果，并努力把成果转化为论文，在正式专业刊物上公开发表多篇教育教学专业论文。在本学科领域有一定的知名度。

——广州市第六中学正高级教师　严开明

汤向东老师是一位很有责任心、认真的老师。在信息技术课堂教学中主要遵循"做中学"的教学理念，将任务驱动的教学方法和范例教学法相结合，设计使用了学习任务单及课堂管理软件提升课堂教学质量。教师讲课亲切自然，朴素无华，没有矫揉造作，也不刻意渲染，所讲内容深入浅出，条理清楚，所设计的任务目标明确，层次清晰。师生在一种平等、协作、和谐的气氛下进行双向交流，将对知识的渴求和探索融于简朴、真实的情景之中。该教师虽然讲课声音不大，但神情自若，情真意切，犹如春雨渗入学生心田，润物细无声，给人一种心旷神怡、恬静安宁的感受。

——天河区信息技术教研员　杨磊

（二）同行眼中的我

汤向东老师是一位非常亲切的老师，很受学生欢迎。她很善于用激励机制调动孩子们上课的积极性，每次上课都能见到孩子们早早赶到机房的盛况。课堂上，她总能用非常清晰的逻辑思维组织知识，设计问题活动，整堂课一气呵成。闲暇时，总能见到她在电脑前钻研各种新技术、新知识，看到这样一名专业过硬的信息技术高级教师如此坚持学习，同事们都很受鼓舞。

——广州市天河中学　施珺

汤向东老师是一个踏实平和的人，涉足的范围相当广。同行碰到一起，要不了几分钟，她就能把你近来在研究的领域问出来。课题研究、论文案例、资源建设、辅导学生竞赛等项目无不留下了她出色的业绩，是集同行欣赏、信任于一身的学科将才。

——广州市东圃中学　段晓珊

（三）学生眼中的我

汤老师授课认真、细致、形象而有条理。在过去的几个学期中，Photoshop、会声会影、手机应用开发等课程使我们大开眼界，极大程度地丰富了我们对信息技术的认识。在课堂上，老师注重培养我们对信息技术的兴趣，努力让课堂变得活泼、有趣且内容充实。对课程的重点、难点，老师除了给同学们准备学案用于自学外，还会以生动的方式讲解，如果个别同学在学习过程中遇到难以解决的问题，老师也会耐心地辅导，确保每一个同学都能掌握所学知识。毫无疑问，汤老师是受我们欢迎的，在我们心目中可亲可敬的老师。

［广州市天河中学2016学年高二（5）班学生　何限］

汤老师给我的印象就是非常耐心而且充满热情。每节课她都会给我们准备详细的学习资料，讲课也非常细致，比如信息技术课制作作品，会讲完成作品的多种方法，还会分享其他同学的优秀作品，使我们看到别的同学的创意在哪里，然后有所启发。听汤老师的课，我们不但学会了软件的使用方法，也打开了信息世界的大门，我们很喜欢汤老师的课。本学期我和几个同学参加平面设计比赛，她全心全意地帮助参加比赛的同学，给我们讲解软件功能，还特地找来上一年参加过比赛的同学给我们传授现场比赛的经验，让我们非常感动。

［广州市天河中学2016学年高一（9）班学生　黎倍君］

一路前进　不忘初心

● 广州市天河中学　徐穗茸（高中生物）

● **个人简介**

徐穗茸，女，广州市天河中学生物学科高级教师。荣获"广州市优秀中小学班主任""广州市中学生物学科高中优秀青年教师"荣誉称号，获评"天河区普通高中毕业班先进工作者""天河区优秀科技辅导员"，2011年受天河区政府嘉奖。在《中学生物学》等国家核心刊物公开发表了《新课标下提高高中生物实验教学有效性的探讨》《以层层递进构建图形策略提高生物复习有效性》等7篇论文，10余篇论文获广州市论文评奖一、二等奖，参与《非线性主干循环活动型单元教学模式推广性研究》《高三第一轮构建图形式复习》等省、区级课题研究3项。

▶ 我的教学风格解读 ◀

我的教学风格关键词是"乐学、巧思、辨析"。

在教学的过程中，我一直在想，我的教学风格是什么？自己能教给学生们什么？什么样的教育才更有利于学生展开自己的人生路？在不断的工作实践和与学生的沟通交流中，我逐渐形成了"乐学、巧思、辨析"的教育教学风格。

在我读书的时候，觉得高中三年的学习生活是最快乐的，其间形成的良好学习习惯和对学习的热情都使我受益终身。我希望我的学生们也能快乐地学习。在我做班主任的时候，我对待学生是宽容的，我会鼓励他们允许不成功，但不允许不尝试、不努力。虽然我是个安静的人，可是我班的学生却是全年级最活跃的，艺术节团体一等奖，学军、学农团体一等奖，他们做事情总是兴致勃勃的，乐于学习，乐于探索。虽然我们班的科任老师都是从教两三年的新人，但是我们班的成绩在年级中却排第一。在生物课堂上，我结合课本上的知识与生活中的常识，让课堂的理论知识更有趣，更能吸引学生的注意力，并能适时地解析学生日常生活里遇到的困惑，学生愉快轻松、敞开心扉地学习，学的效果才会更好，因此，我任教班级的生物成绩也比其他班级高出五六分。

在教学的过程里，我发现了一个有趣的现象，有时学习很努力的学生考试成绩反而不及一些不写作业的学生。写作业不一定成绩就好，但是，不写作业而能获得好成绩的学生一定是已经理解掌握了知识点的。因此，学习技巧和成绩一定是正相关的。在课堂上我更注重启思和设疑，注重学生的思维和反应。当学生有迷惑的表情时，我一定慢下来，看哪些地方学生没理通或没想明白。而在布置作业时，我也注重培养学生的解题思路和解题技巧。渐渐地，学习基础不好的学生也能跟上来。有了巧妙的思考，学生学习才会有"四两拨千斤"的功效。

知识量逐渐增大，往往需要很好的知识体系分类和整理能力。在课堂上，我注重新旧知识的融会贯通、精细辨析、综合归纳，如通过画出生物图像、构建知识网络、图表归纳等方法帮助学生整理和归纳所学知识。学生逐渐掌握了生物的学习方法，遇到未学过的生物知识，遇到没做过的生物题目，也能通过看图、表格等进行思考，培养学生的自学和辨析能力。只有不断地回顾和辨析，学生的思维才会更精确，学习能力才会提高。

▶▶ 我的成长历程 ▶

一转眼，我从教已近20年。一路走来，有困惑、有成长、有收获，在不断实践—反思—提升的过程中，我逐渐凝练出蕴含自己个人特色、学科特色和与学生相长的教学风格。

一、没有威严的老师就不是好老师吗

1998年7月，我从广州师范学院生物系本科毕业。刚开始工作时，我任教的是初中生物老师。初中的学生比较活跃，刚开始教学时，上课的纪律让我很头痛。但是，随着和学生的交流和沟通，学生觉察到生物的知识也是很有趣的，如讲人体系统时观看血液循环的视频，还有观察小鱼鱼尾血液的流动，学生的好奇心被激发起来了。上课时，我更容易调动他们的积极性，课堂教学按计划的步调走，课堂纪律也好了很多。我发现，原来上课上得好，老师也不一定要很威严，我要寻找适合我的教学方式。我是用我的上课魅力去征服这些学生。一年下来，任教班级的成绩也不差。

第二年，学校就让我担任班主任。初一（8）班学生的入学成绩是年级最末名。但我用心对待每个学生，稳住两头带中间，班会课晓情动理，课余时间找学生促膝谈心；把学习好、能力强的学生提拔出来；注意成绩不理想的学生的学习和思想状况，以便随时拉一把；注意学生的行为习惯和精神面貌，建立良好的、有核心凝聚力的班级。这样，到了学期末，班级的成绩跃升年级第二（共有5个班），也荣获了校级文明班等荣誉。

三年后，学校调我到高中教学，我也担任过高中各个年级的班主任。2009年的高三（6）班，学生无心上学，自暴自弃情况严重，我用心对待每个学生，学生逐渐感知，打开了心扉，愿意努力尝试面对困难，逐渐也形成了良好的学风，2010

年高考,本班本科指标完成率300%,本人因而在2011年荣获天河区政府个人嘉奖。2010年的高一(6)班,经过调动和管理,逐渐成为团结上进的班集体,荣获综合实践一等奖、班容班貌一等奖、艺术节一等奖、劳动评比二等奖、校优秀团支部、校先进班集体等荣誉,本人因此被评为校优秀班主任。

教师要抓住学生的脑,必须先抓住学生的心。因此,不管是课堂教学还是班主任管理,我认为和学生的情感交流是最重要的。只有老师真正关心学生,学生才会感受到来自老师的关怀,才更愿意在老师的指导下进行学校的学习和生活。

任何孩子都是未雕琢的宝石,老师的关怀如同刻刀,能把他们的光彩雕刻出来。2010年我做班主任时,班里的陈健文就是这样的"黑马"。他入学成绩只排年级第340名,学习不突出,但是做事情很积极认真,我不断给予他鼓励和表扬。他逐渐对自己和学习充满信心,期末考级排名跃至年级前50名,并因品学兼优,在期末分班时由普通班提升至尖子班,最终荣获"广州市三好学生"。还有林秋丹成绩名列前茅,被评为"天河区美德少年";冼洁珊为优秀学生会干部,被评为"广州市优秀志愿者";王欣荣获"广州市优秀共青团员"称号。

二、厚积薄发,深研教改

高中生物的教学不同于初中,教学内容更微观、更抽象,更需理科思维和分析推断能力。刚教高中生物时,我有许多不适,特别是对教材的不适。我对教材不熟悉,有时上课自己说着说着就迷糊了,这样怎么能教好学生呢?因此,负责高中的教学后,我对教学下了苦功,要把教材弄通、弄透。我深研教材,认真备好每一节课,虚心请教科组内资深老师,争着听同科老师、同行老师的课,不断地尝试和摸索,寻找适合自己的有效的教学方法和教学模式。

渐而行之,我摸索出针对不同学生的学法引导,对学生生物学习兴趣的培养和生物思维能力的提高手段,在课堂内进行有效的实施与操练,通过引导启发→构建网络→实操演练→巩固强化,引导学生进行理解、归纳建构和实验分析等各项技能训练,形成了个人教学风格,提高了课堂教学的有效性,使课堂教学生动高效,也显著提升了学生成绩,增强了自己的教学业务能力。在2003—2005年、2006—2008年和2009—2010年三个小循环中,我所任教的班级生物成绩与同组、同类班相比均分高。另外,2010年我所教班级高考均分超过同组,2008年高考均分超过上组。

对学科学习薄弱的同学,我注重学科引导与情感教育同时进行。2005年我任高三X科教学,李燕婷和林丽婷两位同学的生物成绩处于班级末尾。面对这样的学生,我没有放弃。经过多次谈心,她们改变了自我放弃的学习态度,积极学习和探讨生物学知识,李燕婷由原来的486分提高至高考生物X科597分,林丽婷由原来的497分提高至高考生物X科584分,都提高了约一百分。

此外,我还承担国家重点课题"信息技术与生物学科课堂教学整合的研究"

工作，如分析课题研究内容，做好课题研究项目的准备；负责本课题"探究性学习"研究项目，担任项目负责人；负责制作本课题研究相关课件，指导老师和学生完成课题"探究性学习"的研究；负责组织开展本课题研究汇报会，并汇报负责项目的研究内容和成果；撰写课题中期研究报告和结题报告（部分）。成果发表：论文《运用信息技术与高中生物图形建构教学思路整合的思考》发表于国家刊物《今日科苑》2009年2月刊；我将研究性学习与信息技术巧妙结合，指导学生完成《天河区绿化建设的调查与研究》《珍珠奶茶"奶成分"调查报告》等多媒体作品，2009年9月荣获广东省中学生物学生多媒体作品竞赛一等奖，并荣获多媒体作品竞赛"最佳组织奖"，我校成为天河区获此荣誉的唯一一所学校。我还承担天河区教育科学规划课题，任"高三生物第一轮复习以概念图整合必修三知识点模块的应用研究"课题负责人，组织研究，撰写的研究报告《高三生物第一轮复习以构建图形提高教学有效性的应用》获广州市论文评比二等奖。

在教学教研中，我不断反思自己的教学，总结教学经验，积极撰写论文，发表7篇论文于《广州教学研究》《中学生物学》等国家刊物，十余篇参与省、市、区论文评奖。发表和评奖的论文见下表。

发表论文汇总

序号	教学成果	发表刊物	成果形式	时间
1	以"层层递进构建图形"策略提高生物复习有效性	《广州教学研究》2010年第8期第21页	发表	2010年8月
2	提高高中生物新授课课堂教学有效性的几点策略	《中学生物学》2009年第8期第25页	发表	2009年8月
3	新课标下提高高中生物实验教学有效性的探讨	《中学生物学》2011年第3期第12页	发表	2011年3月
4	"积木式构建图形"整合知识点在高三生物复习的应用	《生命世界》2010年第8期第109页	发表	2010年8月
5	浅谈在生物教学中进行素质教育	《基础教育研究》2009年第1期第24页	发表	2009年1月
6	新课标生物教学的课堂实验设计的思考	《天河》2008年第1期	发表	2008年5月

续上表

序号	教学成果	发表刊物	成果形式	时间
7	基因指导蛋白质的合成教学设计	人民教育出版社主办的"人教网"高中生物栏目	发表	2005年12月
8	生物摄影作品"大翅蓟"	《生物学教学》2010年4月封底	发表	2010年4月

评奖论文汇总

序号	论文名称/教学成果	获奖名称	奖项	时间
1	《珍珠奶茶"奶"成分调查的综合实践案例》	2011年广州教育学会中小学综合实践活动论文评选	一等奖	2011年12月
2	生物课堂上以导学构建、提升能力方式提高教学有效性——"人体的特异性免疫"高三复习案例	2011学年广州市新课标课堂教学有效性研究论文评比	二等奖	2012年6月
2		2012年广东省生物教学优秀论文评比	二等奖	2012年7月
3	《高三生物第一轮复习以构建图形提高教学有效性的应用》研究报告	2010学年广州市新课标课堂教学有效性研究论文评比	二等奖	2011年6月
3		2011年广东省生物教学优秀论文评比	二等奖	2011年7月
4	新课标下提高高中生物实验教学有效性的探讨	2008学年广州市新课标课堂教学有效性研究论文评比	二等奖	2009年6月
4		2009年广东省生物教学优秀论文评比	二等奖	2009年7月
5	"积木式构建图形"整合知识点在高三生物复习的应用	2009学年广州市新课标课堂教学有效性研究论文评比	二等奖	2010年6月
5		2010年广东省生物教学优秀论文评比	三等奖	2010年7月

续上表

序号	论文名称/教学成果	获奖名称	奖项	时间
6	"伴性遗传"中进行探究性学习的教学案例	2008学年广州市新课标课堂教学有效性研究论文评比	二等奖	2009年6月
7	高三复习以建构概念图方式整合知识点的应用	2009学年广州市新课标课堂教学有效性研究论文评比	三等奖	2010年6月
8	"生态系统的物质循环"一节积木式构建图形的高三复习案例	2008学年广州市新课标课堂教学有效性研究论文评比	三等奖	2009年6月
9	提高高中生物新授课课堂教学有效性的几点策略	2008学年广州市新课标课堂教学有效性研究论文评比	三等奖	2009年6月
10	高中生物新课程学生学业评价设计及实施	2005学年广州市生物新课程实施青年教师大赛	二等奖	2006年6月
11	高中生物青年教师解题大赛	2008学年广州市高中生物青年教师解题大赛	三等奖	2009年4月
12	"探究维持pH值稳定"实验设计（案例）	2009学年天河区高中生物教师实验技能大赛	二等奖	2009年12月
13	多媒体教育课例"光合作用过程"（案例）	2009天河区中小学多媒体教育软件、优秀课例评奖活动	二等奖	2009年12月

三、突破瓶颈，自我提升

逐渐地，我积累了一定的教学成果和经验，这些年，也是我收获颇丰的几年。如2011年天河区政府个人嘉奖，2011年天河区普通高中毕业班先进工作者（天河区教育局），2011年度广州市优秀中小学班主任（广州市教育局），2012年广州市评课一等奖、广州市说课二等奖，2012年广州市生物学科（高中）优秀青年教师（广州市生物教研室），2013年天河区优秀科技辅导员（天河区教育局）。

但时代在变，教育也在变。教育理念的改变和教学方法的日新月异，使我在教学中遇到了一些困惑和瓶颈，感觉自己没有前进。前面的路该怎么走？自己的教学怎样可以提高？但是，教学的理念在不断转变，如"翻转课堂"教学模式，还有更有效率的教学方法也在不断涌现，如"电子书包"等新颖的教学方法。

在与科组老师的交流中，他们鼓励我向高一级的教学水平冲刺。因此，我参加了天河区名师的甄选和培养。在这里，经过了第一阶段的名师素养培训，我的教育理念得到了拓展；而在第二阶段的杭州名师名校的跟岗学习中，在杭州名师的座谈沙龙中，我更是找到了自己前进的方向；还有第三阶段的名师评课，我得到了胡继飞教授的评课，对自己教学特点的巧妙设疑有了清晰的认识。我的教学水平得到了提高，我的教学再次充满了能量，等待新一次飞跃。

我的教学实录

"生态系统的物质循环"
——一节积木式构建图形的高三复习

在生物教材中往往大量呈现各种图解，在试题中图形题也是一个重要的题型，如何帮助学生更好地理解和辨识生物图解，提高解题能力，是每位教师在教学中必须突破的瓶颈。在高中生物必修三"生态系统的物质循环"的高三综合复习教学中，我尝试在教师引导下，让学生自己根据知识要点构建出图形，把各个知识点融会贯通，使学生增强对图解的理解与辨识，提高学生分析和解答图形题的能力。

1. **教学内容的三维目标**

（1）知识性目标：①识记生态系统物质循环的概念；②以碳循环为例，分析生态系统中的物质循环；③理解能量流动和物质循环的关系；④关注碳循环平衡失调与温室效应的关系。

（2）能力性目标：尝试运用系统方法分析生物学上的问题。

（3）情感目标：①认同生物与环境是一个统一的整体；②初步形成生态学的观点，确定辩证唯物主义自然观和科学的世界观。

2. **教学重点**

以碳循环为例，分析生态系统中的物质循环。

3. **教学难点**

理解能量流动和物质循环之间的关系。

4. **教学思路**

尝试让学生自主构建图形，"积木式"指的就是通过一步步的加深和拓展，像搭积木似的，由概念文段演变为图形，再把图形由浅变深，结合多个知识点由深变广，经过一步步的拓展，由基础概念和要点演变出深而广的整合图解。学生通过一步步自主地构建图形，把各个知识要点联系贯穿起来，增强了识记和理解图的能力，充分掌握本节重、难点，课堂的图形复习效果也更为显著。

5. **学生情况分析**

本教学设计面向的学生为C、D组学校学生，该类别学校的学生学习基础较为薄弱，理解和分析能力较差，因此，在本教学设计的教学过程中，注重基础知识由浅入深，通过由简单到复杂的图形构建，使学生最终理解和掌握本节的重、难点。

6. 教学准备

根据教学策略精心编制课堂学习卷，列出复习要点，并由每个复习要点带出知识点进行复习；另外，精心选择题目，编制"物质循环"强化训练题。在课件制作方面，根据教学思路，使用 PowerPoint 中"自定义动画"功能，生动、形象地展示图解的演变过程。

7. 教学过程

（1）导入

该节为高三文基复习归纳课，在引入复习"生态系统的物质循环"概念时，教师通过设问引导学生抓住该概念中的要点。

教师设问：

物质循环中的"物质"指的是什么？"循环"是指在什么区域往返的出现呢？循环的范围是哪里？循环的特点是什么？

学生活动：根据"物质循环"概念的要点画出简单图示。简图把抽象的文段文字演变为更为直观形象的图解，使学生更易理解和识记。

$$\text{无机环境} \xrightleftharpoons[\text{反复循环、全球性}]{\text{C、H、O、N、P、S 等基本元素}} \text{生物群落}$$

物质循环的简图

（2）延伸简图

在构建"物质循环"的简图后，进一步以碳元素为例进行分析，研究碳元素在无机环境和生物群落中往返循环的过程。引导学生回顾"碳循环"的知识要点。

教师设问：

①碳在无机环境中的主要存在形式？

②碳在生物群落中存在的形式？

③碳在生物群落和无机环境之间的循环主要以什么形式循环？

④碳从无机环境进入到生物群落的途径？

⑤碳在生物群落的各种生物成员之间的传递是通过什么流动渠道？

⑥碳从生物群落返回无机环境的途径有哪三个？

学生活动：

思考，分组讨论，并回答。

教师再设问：

如何根据"碳循环"的要点，把"物质循环"简图演变为"碳循环"简图？

学生活动：

给予足够思考的时间，自主构建图示。在碳循环简图中已包含碳循环过程的基础知识要点，在构建图解的基础上识记知识点。

$$无机环境\ CO_2 \underset{呼吸作用、分解作用、燃烧}{\overset{光合作用、化能合成作用}{\rightleftarrows}} 生物群落\ 含碳有机物$$

碳循环的简图

(3) 加深理解，构建详图

在"碳循环"简图中，有一个缺陷不能呈现出碳元素在生物群落中的传递，因此教师再次设问：是否能进一步完善该图？

学生活动：

根据碳循环简图，进行思考。

①碳从大气进入生物群落，首先是通过生物群落的哪个"门户"？

②碳在生物群落三种成分中的传递过程是什么？

③碳从生物群落返回大气分别是什么方式？根据思考的要点，让学生自主完善和构建碳循环的详图。

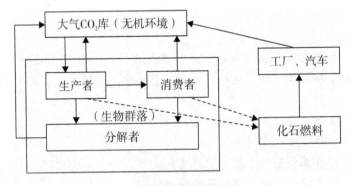

碳循环的详图

(4) 拓展、整合思路

学生活动：

观察课本图解：95页赛达伯格湖能量流动图解、101页碳循环模式图，物质循环和能量流动是生态系统的两个重要功能，把碳循环详图进行进一步的拓展。思考以下问题。

①课本两幅图解有什么相同的成分和生命活动？又有什么不同之处？

②生态系统能量的源头？生态系统物质（如碳元素）的来源？
③进入生物群落后能量与物质的形式？
④在生物群落中能量流动和物质循环的渠道？
⑤能量流动与物质循环有什么不同？

学生活动：

经过初步分析和讨论后，对两幅图解有深入的辨识能力。

教师小结：

对物质循环和能量流动两个功能进行列表比较，两者的不同：能量流动和物质循环在形式、范围、特点上的区分。此外，能量流动和物质循环两者的联系：是同时进行，相互依存的；物质是能量流动的载体；能量是物质循环的动力；物质循环和能量流动都以食物链和食物网为流动渠道，使生态系统各成分形成一个统一的整体。

学生活动：

根据能量流动和物质循环的图解和要点，尝试把两个功能的图解进行整合，用实线代表物质循环，用虚线代表能量流动，把生态系统的四个成分：无机环境、生产者、消费者和分解者联系起来。

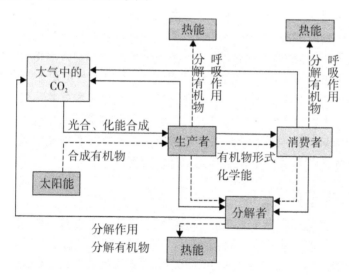

碳循环与能量流动整合

教师引导：

图形构建整合后，引导学生观察图中实线与虚线的变化。

学生活动：

学生思考，并小结。

①在物质与能量进入生物群落和在生物群落的传递过程中，实线与虚线是平列进行的，说明物质循环和能量流动在该过程中同时进行、相互依存。

②能量在生物群落中最终以热能形式散失，热能不再被生产者所利用，能量流动呈现单方向流动；而物质碳元素返回大气，能再度被生产者所用，物质循环呈现循环流动。

通过构建图示，使学生对物质循环和能量流动两者的联系与区别有清晰的认识，在脑海中形成的知识网络更深、更广。

这样通过一步步加深和拓展，像搭积木似的，由基础概念和要点演变出深而广的整合图解。学生通过一步步自主地构建图形，把各个知识要点联系贯穿起来，增强了识记和理解图的能力，充分掌握了本节的重、难点。学生通过强化训练，进一步巩固和掌握知识要点，提高了辨图解题能力。

(5) 典型题提升巩固

学生活动：

典型题的综合练习，使学生可以检验已掌握的知识，并提升和巩固。

8. 教学反思

学生在构建过程中，始终处于积极的、主动的思考与学习中，充分发挥学生的自主能动性，通过对文字概念的提炼，组建成基础图形，从基础图形演变成完整图形，再从完整图形加深和拓展到整合图形，每一步的构建，学生都对知识点有进一步的理解，通过不断地延伸、不断地组织、不断地分析与探索，最终在脑海中形成属于自己的知识网络体系。与常规图形教学相比，"积木式构建图形"教学能使学生对图形的理解加深，因此，在遇到图形题目时，学生分析和解答图形题的能力也更强。在这个过程中，老师只起到组织教学材料，引导学生思考和讨论，帮助学生整合和归纳所学知识点的作用。学生在不断构建中，一方面巩固知识要点，另一方面又锻炼了理解和分析图解能力，学习能力得到提高。

我的教学主张

在学校里，往往会遇到学生不听教、不服教、不遵守学校规章制度，什么事情都以自己为中心的情况。我们的老师就会说："说了也不听，教育真不是万能的。"其实我们环顾四周，现在的社会环境已经改变了很多，教育是使人能融入社会的指引，也应该随之改变。因此，在教学过程中，我不断地思考"现代的学科教育应该赋予学生怎样的教育"。

教师和学生在学校中只是相处短短的几年，其实我们能教导的东西是有限的。但是，我们所教导的某种观念和习惯可能会影响学生的终身。好的观念和习惯，以及言行谈吐是能使人受益终身的。

一、教书，首要是育人

教师是对待人的工作，是为社会培养符合社会要求、能适应社会变化的社会人。因此，在教学中，首要的还是育人。教师应引导学生遵循学校和社会的公约，做一名合格的国家公民。

第一，对待学生时给予足够的爱和关心。高中的学生还处于心理状态不成熟，遇到困难容易有畏惧和依赖的心理，学习成绩不佳时也可能对自我否定，遇到青春期的异性吸引也会有情感困惑，并且高中学生遇到问题一般倾向于向同龄人询问，往往使他们的问题得不到及时解决。因此，老师应时常关注学生的思想动态，给予足够的爱和耐心，注意发现问题，及时帮助他们，为他们指明方向、做出引导。

第二，督促其养成良好的社会品行。教育是使人成为适应社会需要的人才，除了必要的专业技能之外，学生应具备良好的社会品行，如诚信。诚信是国家社会良好、高效运作的重要品行。养成言出必行的习惯，是学生对自身状态和现实状态的正确判断，也是一种执行力的表现。试想，如果学生嘴上答应你会准时交作业，实际上并不这么做的，这说明他的学习状态已经出现问题，老师要及时给予引导和帮助。如果学生养成了诚信的品行，他的表里是一致的，他自身是有一定能力去解决问题，并承担事情发展的结果的。这样的人，才是成熟的、健康的。我们相信他未来的人生也是光明的。

第三，懂得分辨大是大非，遇到问题能机敏应变。曾经看过一篇报道，一名重点大学的研究生出卖了国家的机密信息而被判刑，只是为了几万元。在对待自身的荣誉和国家的法规上，他轻易地被一时的金钱所蒙蔽，令人惋惜。因此，教学生法律底线不能逾越，做事要有大局意识。这样的人，日后才能成大器。另外，遇到问题应灵活处理。多设情景，让学生多思考，学生遇到相似问题时，更懂得如何处理，既能保护自己，同时也能帮助别人。

第四，懂得学习是终身的，并运用科学了解世界。学校的学习是短暂的，在日后工作技能提高上遇到的问题，人生境遇遇到的问题，都需要不断学习才能解决。这些学习，可能出现在书本上，也可能在前辈教导中，可能在身边或周围发生的事件中，人只有不断学习才会进步，才会成长。并且，遇到问题应用科学的方法去解决，而不是凭主观认识去盲目判断。这样，做事才更有效率，人生才会少走弯路。

二、学科教育也转型

在本学科的教育上，要适应社会的变化，适时地改变教学方法。现在国家正在转型之际，需要的人才是更为高、精、尖的，教学已不再是死记硬背，以生为本，更要懂得分析和灵活解决问题。因此，学科教学上，我有一些想法。

（一）巧妙设疑，引导分析和思考

教师深挖教材，启发学生思考和联想，同时根据学生的知识结构（包括社会知识），调动学生的学习积极性，使学生发挥想象力、创造力和思辨能力，引导学生运用已掌握的知识自主地分析和解决问题。教师设疑时，应该是大多数学生都可回答一两点，但是要全面并说到点子上，则必须要认真深刻的到位分析和全面思考。教师须把握好教材和学生的学习情况，才能设计好疑问。而当学生解决了这样的疑问时，他们便对容易混淆而模糊的知识点有更深刻和更清晰的认识。

（二）注重实验实操，注重探究

生物学是一门实验性很强的学科，生物现象和生命活动的认识都是从实验中得来的，其发展和提高经历了不断的实践—理论—再实践—再理论的过程。在培养学生的实验能力上，对学生的创新、思考、动手、分析等多方面的能力提出了更高的要求。充分锻炼学生设计实验、收集和分析资料并得出结论的能力，使学生认识、经历科学研究的过程，并训练其使用有关的具体方法完成每一个步骤，是培养学生发现问题、分析问题、解决问题能力的有效方法。中学生物学课应注重动手实践而非单纯的理论学习。

应多与生活联系，激发学生思考日常生活中与生物知识相联系的现象和问题，并尝试设计实验去验证。例如，蛋白质与双缩脲试剂反应生成紫色，豆浆和牛奶富含蛋白质，因此可与双缩脲试剂反应生成紫色，那同学们喜欢喝的珍珠奶茶呢？是否同样富含蛋白质？这样提出问题，并鼓励学生做实验验证。学生通过亲自参与这些简单的科学研究，学习和应用科学方法，不仅懂得了如何发现问题和解决问题，更重要的是锻炼了科学研究的基本思维，提高了科学素质。

（三）有效构建网络和模型，系统辨析，不断拓展

知识网络的构建可以使学生加深对基础知识的理解和巩固，加强学科内知识的综合，建立较为系统的学科知识体系，同时也有利于提高学生梳理课本知识和分析、归纳、综合的能力。按照教学思路将知识循着一条主线贯穿在一起，有助于学生基于宏观角度把握知识点，同时正确理解知识点之间的联系与区别，达到事半功倍的教学效果。例如，复习物质循环的构建网络，通过对概念要点的提炼，组建成基础图形，从基础图形演变成碳循环完整图形，再从完整图形加深和拓展到与能量流动整合的图形。通过每一步构建，学生都对知识点有进一步理解，通过不断延伸、不断组织、不断探索，最终在脑海中形成属于自己的知识网络体系。这种积木式构建能使学生对图形的理解加深，使学生辨析的能力也更强。

综上所述，教书育人，是老师的天职。而教育，是把一个生物体培养成一个有灵魂的人。因为有了教育的亮光，学生的人生才得以点亮，从而变得更精彩，而这一切源于他们受到良好的教育。因此，好的教育，是教师能赋予学生最宝贵的财富。

▶▶▶ 他人眼中的我 ▶

（一）专家和同行眼中的我

徐穗茸老师热爱教育事业，勤奋刻苦，钻研教材，吃透教材，授课抓住重点，突破难点。从学生的实际出发，精讲精练。实行启发式教学，做到因材施教，讲授清晰、表达准确，调动学生学习的积极性，特别是巧妙设疑，运用多种教学方法来激发学生的创造性思维，使学生能举一反三。并且她多次承担区公开课和区期末统一考试的命题任务及做好学科竞赛辅导，组织学生参加生物竞赛和区内各项特色生物学兴趣活动，开阔学生视野。徐穗茸老师开展课题研究教育教学，有多篇教学论文公开发表，是区里中心组老师。

——广州市天河区教育局教研室　王玉龙

徐穗茸老师具有强烈的事业心和高度的责任感，专业知识扎实，业务素质好，有多年的高三教学经验，成绩突出。作为一名优秀的教师，她以行动珍惜着每一次提升自己的机会，积极参加市区的课题研究，撰写论文，有多篇论文发表在《中学生物教学》《广州教研》等刊物上。作为学校生物科组的学科带头人，徐老师找准定位，认清责任，"带头与引领"作用明显，在科组活动的教学研讨中，充分发挥了学科带头人的作用。并且，她有心、用心、且有一颗巧心，及时根据不同学生的需要，采取不同的教学方式，适当整合教学内容，深受学生的欢迎。

——广州市天河中学高级教师、南粤优秀教师、天河区核心组成员　魏穗华

徐穗茸老师敬业爱岗，关爱学生。与同事团结协作，共同探讨教学业务，十分虚心学习他人的长处。她在工作上积极肯干、任劳任怨，在多种竞赛和教研活动中取得好成绩。她的教学经验丰富，能准确地把握教材的重点、难点，并因材施教，教学成绩佳。

——广州市天河中学高级教师、生物学科带头人　周贵龙

（二）学生眼中的我

徐老师是位高度负责的好老师。她兢兢业业、对待事情认真严谨的态度值得我们每位同学学习。徐老师对每位学生用心负责并有着高要求。她课上的教学目标明确，教学内容条理清晰，罗列的知识点详细周到。对同学提出的疑问，她会进行认真思考并给予严谨的回答。她课下因材施教，针对每位学生的不同情况来进行相应的补差或培优。她关心每位学生的学习状况，课下常会找学生谈心，引导学生自我反思、树立学习目标。徐老师是我们的良师益友。她课上严肃，但课下蔼然可亲，常跟学生谈心，并关心学生的身体情况。她是名好教师。

——张祉萦

徐老师是一个认真负责、活泼可爱的老师。她对教学常持以严谨、一丝不苟的

态度。她对学生的每一个疑难问题都细致耐心地解答。在课堂上，她会用不同的方法授课，使每节课都格外有趣，让我们在学习的过程中倍感轻松。除了在课上，徐老师在课下也主动辅导同学，与我们一起讨论。她是我们的良师，亦是益友。

——杨韵怡

徐老师看起来很严肃，但内心很温暖。我不开心或遇到困难时，总喜欢找她倾诉，她会安慰我，并给我一些很好的建议，慢慢地，我就觉得困难也不再是困难了。另外，我总记不住生物的一些知识点，她会教我一些生动、有趣的方法，让我更容易记住。因此，我特别喜欢上徐老师的生物课。

——廖蕴琦

动静相融　学练相促

● 广州市天河区昌乐小学　梁韶军（小学体育）

● **个人简介**

梁韶军，男，1994年参加工作，中共党员，小学体育高级教师，广东省南粤优秀教师，现任昌乐小学副校长。

社会兼职：广州市手球学会理事，广州市体育教育中心组成员，广州市天河区教育学会委员，广州市天河区体育学科核心组成员，广州市天河区区青年科技学会理事。

荣誉：1996年荣获"广州市优秀教师"称号；2002年荣获天河区人民政府嘉奖；2004年荣获"广州市优秀教师"称号；2004年荣获"广西百色市支教先进个人"称号；2004年被评为"田林县支教先进个人"；2005年荣获天河区人民政府嘉奖；2007年荣获"广东省南粤优秀教师"称号；2010年荣获天河区人民政府嘉奖；等等。

▶ 我的教学风格解读 ◀

我的教学风格关键词是"动静相融、学练相促"。

在传统的观念中，讲到体育，脑海中呈现的便是各种跑、跳、投的画面。"运动"，似乎早已成为体育课堂的代名词。然而，从教23年，在我眼中，体育课堂是"动"与"静"两种形态和谐共存的。"静中学，动中练——动静相融，学练相促"是我的课堂教学主张与风格。

何谓"动""静"？从哲学观来说，"动"有行动、变动、运动的含义；"静"有安静、静止、不变的含义。

好动是孩子的天性。因学科性质的独特性，体育课堂为孩子提供了动的时间、动的空间、动的素材、动的方式……老师的每一声口令，教学中的每一个动作要领，从练习到巩固到掌握，都在"动"中完成。然而，现实课堂教学中屡见不鲜的"堂上热热闹闹，课后一无所获"现象，却令人担忧。

《大学》中说，"定而后能静，静而后能安"。其实，体育课堂离不了"静"的活动——教师对运动技能的讲解，需要学生专心地听；教师的示范，需要学生专注地看；技术问题，需要学生用心地思考；动作要领，需要学生细细品味。

在体育课堂教学中，"动"与"静"是相辅相成、相促相生的。"静"，是学会学习，养成不断求知的习惯，形成终身学习必备素质的前提；"动"，是将知识转化为技能，由知其然到知其所以然，从而获得运动乐趣和成功体验。

在"静"中学，在"动"中练，学练结合，课堂实效才能凸显。

▶▶ 我的成长历程 ▶

一、从意气风发到茫然无措（1994年）

记得就读于韶关大学时，我一直担任班级学习委员，成绩优秀，位列年级前三名。然而，临近毕业，眼看着其他同学纷纷找到工作，唯有自己和班里几个同学还在徘徊时，我彷徨不已。我曾到过南海应聘，也到过顺德找工作，还曾想过留在韶关市第一中学或者报考韶关公务员。然而，面对一次次的"碰壁"，失落与迷茫顿生。

1994年7月，可以说是我人生的转折点，广州市天河区教育局直接到韶关大学体育系招聘三名国家任务招收的应届体育毕业生，系里前六名都有面试资格。当时，我对天河基本一无所知，仅知道它刚开完全国六运会，应该是个十分繁华的地方。面试通过后，我顺利地签订了就业合同，抱着美好的愿景、踌躇满怀地准备从粤北山区走向大都市。

1994年8月26日，我带着当年在大学用过的生活用品以及爸妈给的路费兴高采烈地来到广州市天河区教育局报到。东圃教办的体育专干周老师热情地接待我，骑上摩托车说要把我送到位于天河区东部的东圃镇去。当时已是下午6点多，摩托车在一条狭窄的公路上奔驰，越往东走，越感觉到荒凉，农田渐多，四周的建筑物基本都是低矮、陈旧的楼房，乡间小路纵横交错。周老师客气地招呼我和几个同一批分配来的青年老师共进晚餐，然后安顿我们住在教育办的办公室里，说第二天一早带我们到学校报到。

那一夜，我彻夜未眠，印象中大都市的繁华和自己所见到的萧条形成了巨大的反差，想象着第二天会是怎样的情景，猜测着城里的学校和我们乡下的学校有什么区别，校长、老师、学生又会怎么样……

二、从迷茫到坚定（1994—1999年）

开学后，学校开展"青蓝工程"，很幸运，学校给我分配了一位好师傅——东圃小学体育学科科组长龙国均老师。在龙老师的关心和指导下，我以最短的时间适应了新环境的生活和学校的教育教学。师傅教导我"多做奉献，不计得失，为人踏实，敢于承担"。秉承师傅的教诲，不论寒冬、酷暑，我都坚持带队训练。但更多的困惑是：我要如何上好每节体育课？一方面，我每周坚持听师傅的一节课，通过观课，学习如何组织课堂，做到有序、有效。另一方面，请师傅来听课指导，我坚持写课后反思，在不断反思中提升自己，体育课既要完成学会技能的目标，又要培养学生良好的体育学德，体育技能内容包括了跑、爬、钻、绕、跳、跨等动作。有时在活动练习中，由于组织不当，学生为了追求"快"而忽略了动作的本质要求，出现了场面热闹、效果不佳的现象。在一次次的磨课中，在师傅的指点下，在老师们的帮助下，我逐渐领悟到如何在体育课中有序地组织活动，在活动中让每个学生都"动"起来，不仅能"动"得有技巧，还要"动"得秩序井然，最终还能达到本节课的体能目标。以赛促研，参加各级各类赛课是锻炼与学习的最好途径，因此在接下来的几年里，我在师傅龙老师的指导下，每学期都坚持上区里的公开课。1995年，我参加区里的体育课比赛荣获了一等奖；同年，又在广州市体育异地教学评比中获二等奖。1996年，我参加天河区青年教师基本功比赛，一举获得一等奖；1998年，我执教的"正面屈腿跳高"获天河区体育教学评比二等奖，教学设计获一等奖。

一年后，学校田径运动队在区比赛中取得了优异的成绩，学校"两操"比赛获得了市、区的一等奖。辛勤付出得到的收获坚定了我继续好好干的信念。

三、从坚守到静待花开（1999—2005 年）

静待花开，是最美的教育情怀。五年磨一剑，我在东圃小学锻炼了五年，逐步形成了自己的教学风格，调到了黄村小学以后，我就担任体育科组长。调到黄村小学的第一件事，就是把学校的"两操"和各个运行项目的训练抓起来。一年后，学校的"两操"在区、市比赛中均获一等奖。与此同时，田径、游泳、篮球、足球、比赛、射击等项目也在比赛中满载而归，一年内获得了十几个奖杯，在东圃镇里名列第一。

在黄村小学，我一直没有忘记师傅的教导，扎根于课堂教学，积极参加赛课，在赛课中学习、感悟与提升。2000年，我执教的"四年级背越式跳高"获天河区体育教学评比一等奖，撰写的教学设计《分腿腾越山羊》获广州市与天河区评比一等奖。

成为区体育学科中心组成员之后，我有了更广阔的平台，也开阔了视野，发挥自己骨干教师的示范引领作用。2002年，我响应省、市、区的号召，前往广西百色支教一年。在广西的历练，让我的课堂教学更沉稳、更注重实效性。回到广州后，在区教研员的指导下，我带领学校体育、音乐、美术、信息技术四个学科的老师一起开展了"学校大课间文体活动课外资源的研究"。功夫不负有心人，通过两年的努力，我们研发的大课间活动等模式得到了各方的关注与肯定，时任教育部体育卫生与艺术教育司司长杨贵仁到访观摩，广州体育学院、华南师范大学的专家与周边市、区兄弟学校纷纷组团到学校学习，各大媒体也争相报道，以黄村小学为代表的天河区的大课间一时间引发了轰动效应。

四、聆听花开的声音（2006—2017 年）

教育与成长原本都是一种慢艺术，需要有水滴石穿的耐性，需要有麦田守望的情怀。怀抱着一颗静待花开的心，我一步一个脚印地行走在教育的征途上。2006年1月，我通过天河区副校级干部海选，成了一名副校长。角色虽然有所改变，但不变的是一颗持之以恒的学习之心。我努力向书本学习、向身边的老师学习。广泛的阅读使我获益良多。我把每天的学习当成工作、生活的一部分，经典名著、教学理论、儿童文学、报纸杂志……对我而言散发着无穷的魅力。与学习同行的，是用心耕耘；与耕耘同行的，则是满满的收获。

薪火相传，生生不息。通过传帮带活动，我也成为了师傅，先后带出了三位老师，他们的赛课分别获得了省、市、区级的奖项。我非常欣慰，看着年轻人不断成长和进步，一个个都成为愿意守望教育的工作者，共同撑起教育的蓝天。

实践与思考，让我的课堂教学风格——"动静相融，学练相促"逐步定型，课堂教学特色更为鲜明。我的4个课例分别在全国及广东省录像课评比、广州市小学异地教学评比中获一等奖；6篇论文在全国及省、市评比中获奖；我带领的手球队包揽了天河区、广州市、广东省及全国比赛的第一名并扬威意大利赛场；我主持的3个课题"新课程课外体育资源的开发与应用——学校大课间文体活动研究""体育课程资源的开发和利用研究""城中村小学生健康行为习惯养成的研究"顺利结题，并相继获得广东教育"十五"科研课题成果二等奖、广东教育"十一五"科研课题成果一等奖。

▶▶ 我的教学实录 ▶

天河区小学体育（体育与健康）水平二（四年级）"耐久跑"课时设计（第四课）

一、指导思想

本课以"健康第一"为指导思想，结合多元智能理论，充分调动学生听、视、动等各种感觉协同合作。本课以百米定向的游戏为载体，将耐久跑合理分配体力的方法有机渗透其中，通过学生亲身的参与和体验，改变耐久跑教材联系枯燥、学生情绪紧张的状况，提高学生心肺耐力。通过教学，不仅能发展学生百米定向的运动技能，还能引导学生形成健康行为，塑造其优秀的运动品德。

二、教材分析

耐久跑是人体在氧气充足的情况下，以中小强度用较长时间跑完较长距离，发展耐久力的一项周期性运动。它简单易行，锻炼价值高，对学生的心肺系统机能的锻炼具有其他运动不可比的作用，是一项很有锻炼价值的运动。四年级耐久跑教学是在一、二年级走跑交替运动的基础上发展起来的，在自然跑动与呼吸配合的基础上，学习调节跑进速度，合理分配体力，为"水平三"进一步学习耐久跑打好基础。

三、学情分析

四年级学生通过三年多系统的体育学习，对耐久跑有了初步的了解和体验，具备一定的耐久基础，但心肺功能还相对较弱。学生身心发展还不成熟，意志力有待提高，对枯燥乏味、周期性强的耐久跑心存畏惧，因此，在教学中要让学生把动体与动脑有机结合起来，增加耐久跑练习的趣味性和知识容量，从而增强教学效果。练习中需要注意既要适应个体差异，又要注重差异间的"相互作用"，在平等、安全、互助的氛围中，力争让每个孩子都得到发展。

四、教学目标

（1）运动参与目标：运用游戏法使学生在耐久跑活动中情绪饱满，乐于与同伴共同完成游戏任务。

（2）运动技能目标：学生学习耐久自然跑动与呼吸配合的方法，合理控制跑速，分配体力。

（3）情感目标：培养学生的自信心、团队互助能力及在团队挑战中建立责任感，体验运动带来的成功和快乐。

五、教学重、难点

重点：合理分配体力。

难点：合理调节跑进速度（出现疲劳时主动调整，再坚持运动一段时间）。

天河区昌乐小学耐久跑（水平二）单元设计

单元教学目标	1. 学生知道耐久跑的健身价值，了解与之相关的运动补水知识；学习耐久跑动与呼吸配合的方法，合理控制跑速，分配体力 2. 发展跑步的能力，学生能坚持完成300～400米耐久跑。了解体能的构成，通过各种跑步的练习与游戏发展心肺耐力，提高学生适应自然环境的能力 3. 培养学生坚强的意志品质，在身体略显疲劳时能坚持完成任务，体验运动带来的成果和快乐 4. 学生在耐久跑活动中情绪饱满，乐于与同伴完成游戏任务		
教材内容	耐久跑	教学课时	五课时

续上表

课次	达成目标的教法与措施	学习内容与要求	教学重点、难点
1	1. 教师讲解练习方法；（路线、步伐节奏与呼吸的配合） 2. 学生分组，在组长带领下听指令进行练习	1. 内容：走跑交替600～800米 2. 要求：发展学生跑步的一般耐力，养成正确的姿势。培养吃苦耐劳，坚持到底的意志品质	重点：勇敢地完成任务 难点：跑步中保持正确的身体姿势
2	1. 教师示范跑步的步伐节奏与呼吸的配合 2. 学生分组（快、慢）自主3分钟练习	1. 内容：定时跑 2. 要求：在上次课的基础上有所提高，保持速度，能坚持更长时间。培养学生不怕困难、坚持不懈的精神	重点：跑步中加深呼吸 难点：能在一定速度下坚持3分钟
3	1. 两人一起完成一圈，5人一组，小组任务8圈 2. 能力强的多完成几圈	1. 内容：合作跑 2. 要求：体现相互帮助的精神。培养学生"我能行，我能坚持到底"的良好意志品质	重点：上下肢协调配合 难点：相互帮助
4	1. 游戏法，讲解示范法 2. 分若干组完成游戏任务，结合音乐控制跑速	1. 内容：耐久跑 2. 要求：发展能力素质和跑步的能力。培养吃苦耐劳、勇于克服困难的精神	重点：合理分配体力 难点：合理调节跑进速度（出现疲劳时主动调整，再坚持运动一段时间）
5	1. 强调跑步的步伐节奏与呼吸的配合 2. 提醒跑步节奏和体力的合理分配 3. 总结与考核	1. 内容：400米考核 2. 要求：了解学生的知识掌握情况与身体体质状况，为以后更好地改进教学方法和手段，提高教学质量，为今后的教学积累经验	重点：树立顽强拼搏的精神

广州市天河区小学体育（体育与健康）水平二（四年级）耐久跑教案（第四课时）

学校：昌乐小学　　授课教师：梁韶军　　班级：四年级

教学目标	1. 认知目标：学生体验在耐久跑中调节跑进速度，合理控制跑速、分配体力；尝试在运动中合理补水 2. 技能目标：发展学生一般耐力素质与心肺功能，能与同伴一起完成20米×20次折返跑 3. 情感目标：培养学生坚强的意志品质，运动中出现疲劳时能主动调整再坚持运动一段时间	场地器材	音响1套 场地1个
教学内容	1. 耐久跑；2. 对抗赛		
重点难点	重点：合理分配体力 难点：合理调节跑进速度（出现疲劳时主动调整再坚持运动一段时间）	安全措施	1. 充分做好热身 2. 场地平整，无杂物 3. 在练习中提醒学生要关心同伴，听从指挥，不做危害对方的危险动作
教学流程	队形队列→徒手操→游戏导入课题→游戏：耐久跑→挑战赛→放松舞蹈		

课的结构	达成目标		学习内容	组织形式	学生学习		教师活动
	参与、技能、身体形态	心理、社会适应能力			学生活动	学习方式	
开始部分3分钟	1. 引导学生积极参与学习 2. 提高学生上课的形体姿态	1. 培养学生良好的纪律意识 2. 养成良好的行为规范	1. 开课常规 2. 队列常规练习	○○○○　○○ ○○○○　○○ ○○○○　○○ ○○○○　○○ △	1. 快、静、齐的集合队伍 2. 认真听讲 3. 快速地融入课堂	集体练习	1. 师生问好 2. 集合队伍，检查人数，安排见习生 3. 宣布本课上课内容及要求 4. 检查安全隐患

续上表

课的结构	达成目标		学习内容	组织形式	学生学习		教师活动
	参与、技能、身体形态	心理、社会适应能力			学生活动	学习方式	
准备部分 7分钟	1. 激发学生的运动兴趣。 2. 充分活动学生各关节及韧带	享受运动带来的快乐	1. 热身操 2. 请跟我做	○○○○ ○○ ○○○○ ○○ ○○○○ ○○ ○○○○ △	1. 做到听、看、学 2. 认真做操，认真完成每一个动作 3. 充分地活动身体的各关节及韧带	集体练习	1. 讲解动作示范 2. 在前面领导引学生
基本部分 18分钟	1. 学习在快速走时如何避让 2. 学习在耐久跑时如何呼吸 3. 学习在耐久跑时如何呼吸与补水 4. 学习在耐久跑时吸如何呼吸与补水 5. 学习在耐久跑时如何呼吸	1. 通过练习，培养学生遵守游戏规则的好习惯 2. 通过练习，培养学生遵守游戏规则的好习惯 3. 通过练习，培养学生遵守游戏规则的好习惯 4. 通过活动，培养学生不怕苦、不怕累的精神 5. 通过活动，培养学生不怕苦、不怕累的精神	1. 木头人不许动，听哨声快速停止 2. 对号入座，寻找补水点（30秒） 3. 藏与找水瓶（2次）（补水原则：少量多次） 4. 定时找补水点（单、双补水点各一次） 5. 定向找补水点（2~3次）（补水原则：少量多次）	○○○○ ○○○○ ○○○○ △ ○○○○ ○○○○ △ ○○○○ ○○○○ △ ○○○○ ○○○○ △ ○○○○ ○○○○ △	1. 在规定时间内尽可能多地到达补水点 2. 找到自己学号，将自己水瓶垂直放在自己学号上 3. 学生将其他同学的水瓶藏到别的水点上，再找自己放的回自水瓶补己水点 4. 学生在音乐伴奏下按要求尽可能多地找水点 5. 个人定向找已补水点后的3~8个补水点	1. 听练问帮 2. 听练问帮 3. 听练问帮 4. 听练问帮 5. 听练问帮	1. 讲解，提出练习要求，用激励的语言 2. 讲解、示范，提出练习要求 3. ①讲解游戏规则 ②指导学生进行游戏 4. ①讲解示范，提出练习要求 ②指导学生进行练习 5. ①讲解示范，提出练习要求 ②指导学生进行练习

续上表

课的结构	达成目标		学习内容	组织形式	学生学习		教师活动
	参与、技能、身体形态	心理、社会适应能力			学生活动	学习方式	
基本部分7分钟	6. 学习在耐久跑时如何呼吸 7. 学习在耐久跑时如何呼吸 8. 学习在耐久跑时如何呼吸与补水	6. 通过活动培养学生不怕苦、不怕累及团结协助的精神 7. 体验成功的乐趣；在游戏中体现争取胜利的信心 8. 体验成功的乐趣；在游戏中体现争取胜利的信心	6. 小组定向找补水点 7. 接力（可以自由补水） 8. 挑战赛20米×20～25次往返跑	oooo oooo oooo oooo △ oooo oooo oooo oooo △ oooo ↓↑↓↑↓↑ ↓↑↓↑↓↑ ↓↑↓↑↓↑ oooo △	6. ①找队友及补水点 ②按地图找补水点（2～3次） 7. 认真听讲，积极参与到游戏中 8. 认真听讲，积极参与到游戏中	6. 听练问帮 7. 听练合作 8. 听练	6. ①讲解示范，提出练习要求 ②指导学生进行练习 7. 讲解示范，提出练习要求，激励学生积极参与 8. 讲解示范，提出练习要求，激励学生积极参与
结束部分5分钟	1. 放松、恢复体力 2. 小结	乐于参与、快乐享受	放松操"多来咪"；小结	oooo oooo oooo oooo △	1. 与老师一起放松 2. 小结	师生齐做	1. 语言引导、示范 2. 小结

续上表

预计运动负荷：中上	平均心率：140～160次/分钟	预计练习密度：50%～60%
课后反思		

我的教学主张

在我眼里，体育教学最有价值的研究，莫过于对"应该教什么""为什么教""怎么教"的研究。27年的从教生涯里，我始终如一的就是坚持研究课堂，坚持"在课堂中健体炼德"的教学实践。"静中思，动中练"的教学主张就是在不断的实践、探索、反思、研究中生成、生根、生长的。

"静中思，动中练"的目标是"享受乐趣，增强体质，健全人格，锤炼意志"。"静中思"，指向体质健康教育，是引导学生在静心聆听与思考中学习和理解体育运动健康的知识与方法。"动中练"，指向体育运动技能的练习与巩固，是指导学生从掌握技能原理走向掌握运动技能，在循序渐进中实现体育品德、健康行为的双提升。

基于自己的教学主张，我探索并确立了以其为名的体育课堂教学模式——"静中思，动中练"体育教学模式。该模式遵循三个原则。原则一是明确目标、四个一致。确立运动技能、身体锻炼目标，体现内容、方法、课内外锻炼、评价与目标的一致。原则二是目标坚定、五个坚持。围绕目标，坚持全面发展、持之以恒、因地制宜、因人而异、手段不拘。原则三是紧扣目标、两个自主。学练有机结合，促进学生整体体质健康发展、学生个体体质健康薄弱项目的自主化提升。

经过多年的教学模式探究实践，"动静相融，学练相促"的教学风格逐步形成。

"动静相融"，是指重技能，严常规，善组织，有纪律，追求内容、教法、学法、评价与目标相一致。其实施关键点在于：①静中学，学知识，育素养。体育课堂的特殊性在于讲求身体力行，运动技能的习得、核心素养的提升均在课堂参与中得以实现的。因此，"学什么"很重要。在我看来，教学常规组织中，应该注重培养学生听指挥、讲文明、有秩序的良好习惯；教学内容主体部分，应该注重通过体能动态热身、运动技能学习、体能练习、拉伸放松等环节，加强学生对"技能习得来自反复练习与巩固"的认识，进而培养果敢自制、意志坚毅、吃苦耐劳的精神品质。②动中练，提技能，固习惯。运动、练习与巩固是体育课堂的焦点所在。作为课堂组织者，老师要做到目标清晰、环节设计合理、指令准确、调动有度。只有这样，才能达到收放自如、井然有序的效果。

"学练相促"，是指重学法，激趣味，求创新，看发展，倡导把有意义的体育，变成有意思的健身。小组合作学习是新课程理念下的一种重要学习方式，是实现"学练相促"的有效途径之一，指向于"怎样学""学得怎样"。其实施关键点在于：①精心设计小组合作内容。游戏，是学生最喜闻乐见的学习方式。教师可以将各类活动与练习匠心独运地转化为游戏的呈现方式，让重复、机械、枯燥的练习因动与静、快与慢、张与弛的有机结合而趣味重生，使学生一直保持在身心愉悦的状态，并因乐在其中而乐此不疲。②悉心指导小组合作方法。教师要不失时机地激起学生在小组合作中的求知冲突，让学生带着问题进入学习状态，鼓励各小组成为学习研究中的"小小共同体"，并通过强化小组内的组织管理，形成合作学习、互助互促、大胆创新的氛围。当个体所隶属的小组真正成为每个学生心理上、技能习得上的坚强后盾时，小组合作学习之花必将绚丽绽放。

多年来，"静中思，动中练"的教学主张在我的教学摸索中生成，在实践探寻中生根，在提炼升华中生长。我期待，自己的教学主张能因持续地生长而焕发生命的活力，成为提高学校体育教学工作针对性、实效性，点亮学生终身体育意识的星星之火。我愿为此而不懈求索！

他人眼中的我

（一）专家眼中的我

梁韶军老师的成长我都看在眼里，从初出茅庐的稚嫩与青涩，到历经艰辛的探索与努力，再到现在的平和与成熟，其"动静相融，学练相促"的风格日益凸显，并在不断的调整中日趋稳定。

梁老师的体育课充分体现出对学生的尊重，对学生核心素养培养的重视。他善于从教材的内容和学生的年龄特点出发，通过有趣的问题、深入浅出的讲解，唤醒学生乐学的内在动力；通过准确的示范、有针对性的指导，让学生在宽松快乐的互动环境中，学到知识，掌握技能。在他的课堂教学中，学生静而有序，动而有度。学与练的有机、有效结合，凸显着朴实的风格，彰显着简约之美，在润物细无声中促进着学生的和谐发展。

——广州市教研室体育教研员、中学高级教师　钟卫东

（二）同事眼中的我

与梁韶军老师共事，总能从他身上感受到满满的教育激情。他扎实的基本功，他的虚心好学，他的勤于钻研，他的勇于改革，成就了他的不断进步。

听梁韶军老师的课，你会发现，"动与静""学与练""师与生""教与学"之间是那样的和谐共存，那样的转换自然。在梁老师的体育课上，他能将最简单的物品——一张纸、一根绳子转变成体育器材，让学生始终都兴致盎然；他能将最平实的语言转换成幽默风趣的说法，让学生乐此不疲，又专注倾听。

巴尔扎克说："一个能思想的人，才真是一个力量无边的人。"梁老师的课能吸引学生的原因就在于老师有思想，善思考，会创造。他的课堂，不仅传授给学生知识和技能，而且是引导学生通过静心学习，探究知识与技能获得的过程；他的课堂，总处在一种变化的状态，处处闪烁着教育的智慧。他把学生体育意识和习惯的培养放在最重要的位置，每一节课都让学生快乐地、有滋有味地体会着体育锻炼的价值，这将潜移默化地影响着每一个孩子终身体育观念的形成。

——广州市天河区员村小学语文副高级教师　黄艳钏

（三）学生眼中的我

如果问咱们班上的同学，最喜欢哪个学科，我想，80%以上都会首选梁老师的体育课。在我们眼里，梁老师平易近人，幽默风趣，上他的课特别轻松，特别有意思。同学们最欣赏的是梁老师标准的动作示范，再高难度的动作，经过他的分步讲解和示范，都能让我们学起来不吃力。因此，每年学校的田径运动会，我们班的成绩总在年级里排第一。

[广州市天河区车陂小学2014届六（3）班学生　李清]

（四）家长眼中的我

家长开放日上，曾经听过梁老师的体育课，才发现原来体育课这么有意思。

课堂上，梁老师话不多，但是感觉每一个同学都听得特别认真。练习时，井然有序，看得出孩子们都训练有素。我的孩子在学校的手球队、田径队，每天的训练很辛苦，但是在梁老师的带领下，他却乐此不疲，拿回了不少证书，还以特长生的身份考上了东圃中学。

[广州市天河区车陂小学2014届六（3）班学生苏志德家长]

精细设计 润物无声

• 广州市天河中学 钟子英（初中信息技术）

• **个人简介**

钟子英，女，毕业于华南师范大学计算机科学教育专业，中学信息技术一级教师。广州市第四批中小学骨干教师，天河区基础教育第二批"名教师"，曾获天河区政府嘉奖、天河区第八届青年教师教学基本功大赛"教坛新秀"称号。被聘为广州市、天河区中心组、核心组成员共计13年，曾担任广州市第一批、第二批农村地区义务教育阶段信息技术学科骨干教师培训工作。1篇教学设计发表于国家级刊物《中国信息技术教育》，1篇论文发表于广东省刊物《教育信息技术》，2篇论文发表于天河区期刊《天河教育科研》。1个课例被纳入卫星电视远程师范教育培训教材，并入选广州市中小学教师继续教育网网络课程的精选案例，1个课例获"一师一优课，一课一名师"活动省级"优课"。曾主持1个广州市课题、1个天河区建设项目，参与2个广州市课题、1个天河区课题、1个天河区小课题，均已结题。获得广州市课比赛一等奖1次、天河区说课比赛一等奖2次，参加教学论文、教学设计、教学资源、教学技能等比赛，荣获省级奖励7次、市级奖励8次、区级奖励6次。指导学生竞赛，获国家级奖励2个、省级奖励7个、市级奖励14个、区级奖励51个，被评为"科技教育活动先进工作者"1次，"优秀指导教师"6次。

▶ 我的教学风格解读 ◀

我的教学风格关键词是"精细设计、润物无声"。

"信息技术"是管理和处理信息所采用的各种技术的总称，其中技术是为管理和处理信息服务的。但在一直以来的信息技术教学中，很多教师没有摆正"信息"与"技术"的位置，一味追求技术而忽视了信息的本质和管理信息、处理信息的重要性，本末倒置的结果就是让技术成为初中信息技术教学的束缚，导致师生都痛苦不堪。

信息素养（information literacy）这一概念是美国信息产业协会（AIIL）主席保罗·泽考斯基（Paul Zurkowski）于1974年提出的。如今，信息素养已经成为全球信息化进程中人们必须具备的一种综合能力。新课程改革顺应时代发展，提出了信息素养的要求，包括信息意识、计算思维、数字化学习与创新、信息社会的责任四个方面。

信息素养的培养比技术的掌握更具现实意义和长远价值，在知识与技能的基础上，注重情感态度与价值观方面的培养，这是一项由量变到质变的长期工程。信息技术教师要在教学中实现知识、技能和信息素养齐头并进，必须对教学进行精细设计。

精细，不是单纯的详细和面面俱到，而是精准和优化。

（一）在课程结构上追求精细设计

教材的编排虽然有其合理性，但教学实践讲求"天时，地利，人和"，不同时期、不同的执教者和学习者对教学内容的结构、次序和呈现方式有不同的要求，须根据学情整合教学内容，优化教学流程，为乐学和有效教学服务。

（二）在教学策略上追求精细设计

如果把一节课的教学内容比作一个人的躯干，那么教学策略就是这个人的思想和灵魂，每个人都有其独特的思想和灵魂。新授课、练习课、复习课、讲评课等不同课型分别有其适合的教学策略；理论课与实践课之间具有不同的教学目标，也应采用相应的教学策略；混合型的课堂更讲究教学策略的有机融合和运用，让每一节课都展现其应有的魅力和效益。

教学中没有一成不变的套路和模式，但有一点是肯定的：紧扣教学内容和学情，精细设计每一节课，在教学实践中潜移默化地渗透知识、技能和素养，像春雨般徐徐而绵长，润物细无声，才能最大限度地提高课堂效率。

综上所述，我将教学风格定位为"精细设计，润物无声"，希望通过自己的努力和坚持，让学生在知识、技能与信息素养上都能得到发展，在未来的信息社会中游刃有余地学习、工作、生活。

▶▶ 我的成长历程 ▶

保持赤子之心，坚持专业化发展

我出生于20世纪70年代，在当时的大型国有企业——梅隆铁路局中生活、成长。作为当年的国企职工，我父母和铁路局其他叔叔、阿姨一样，思想忠诚朴实，作风朴素正派，工作认真肯干，待人真诚热情，是那个时代典型的革命建设工作者。

读高中时，喜爱数学的我经常跟任教数学的毛巨方老师探讨问题。毛老师瘦小的身材和强大的个人魅力形成强烈的对比，他严谨细致的治学态度、严密的数学逻辑思想深深吸引了我，是我求学阶段最崇拜、最尊敬的偶像。

不论是父母、梅隆铁路局的叔叔、阿姨，还是毛巨方老师，他们的思想、品德和行为潜移默化地影响着我，对我后来形成积极、正确的人生观和价值观起到非常重要的作用，也促使我后来报读华南师范大学的计算机教育专业，踏上人民教师这一平凡、光荣而艰巨的工作岗位。

一、顾全大局，总是出现在学校最需要我的地方

大学毕业后我一直在天河中学工作，先后三次无条件服从学校工作安排，在不同的岗位上踏踏实实、尽心尽力完成好工作，并都取得了比较明显的效果。

1999年是我毕业的第一年，学校急缺数学老师，我被临时安排任教两个班数学和担任一个班的班主任。我带着新教师的青涩，努力克服心理和专业知识的双重障碍，在初一数学这个陌生的工作岗位上全身心地付出着。半年后成绩开始凸显，不仅树立了良好的班风和学风，而且所带两个班的数学成绩均领先于其他班，这些优势一直保持到该学年结束。一年后，我被调回信息技术科，并担任科组长工作。

2008年年底，学校成立了初中综合实践活动科组，让刚休完产假的我担任科组长，同时兼任信息技术、综合实践活动的跨科教学工作。还在哺乳期的我咬牙接受了新的工作安排，并通过两年的努力，基本形成了具有我校特色的主题探究活动课程雏形，也为现在开展的"综合实践活动走班"课程提供了理念和经验参考。

2012年9月，学校领导将全校出名的"问题班级"初二（7）班班主任的工作交给了我。面对艰难的班级管理，我调整心态，将班级管理的重心放在转差上，加强行为规范，端正学习态度。经过努力，我成功引导学生顺利度过初二分化期，班风和学风呈良性发展趋势，得到学校领导和老师的充分肯定和表扬。

二、脚踏实地，在教师专业化道路上不断发展

在一个人的发展历程中，总少不了恩师的指点，我也不例外，得到了不少专家、领导的指导，对我影响最大的是以下两位好老师。

初为人师的第一年我任教数学，由当时的周小立校长亲自指导。周校长是早年推行分层教学的先驱者，她带领备课组老师按照难易程度递进的规律，将课堂练习卷分为A、B、C组，A组题是基础知识，B组题是巩固练习，C组题是选做的拓展练习。在这里，我初步接触分层教学，深深为其以生为本的思想和巧妙的出题技巧所折服，为我后来在信息技术课堂教学中熟练开展梯度学习任务设计奠定了基础。

任教信息技术的17年来，我还遇到了另一位好老师：天河区教育局教研室的教研员杨磊老师。杨老师很少将博大精深的教育理论挂在嘴边，更注重的是在教学过程中脚踏实地的钻研、实践和反思。在杨老师的指导下，我受益良多，最明显的进步是懂得了如何规范地进行教学设计，尽可能准确地预估学生的学习困惑，并提前设计好解决的策略。杨老师还鼓励我参加各种教学教研培训和学科竞赛，鞭策我

在教师专业化发展的道路上不断成长。

（一）积极参加市、区教研活动和业务培训

教研活动是由市、区教育行政部门主办的，除了能及时了解最新的教育教学政策外，还能观摩到许多同行的精彩讲座和研讨课，从理论和实践层面都能得到提高。我先后被聘为广州市初中信息技术中心组成员，天河区初中信息技术中心组、核心组成员，让我在协助各级教研员组织教研活动的过程中得到更多锻炼和进步。作为中心组、核心组成员，我先后负责广州市第一批、第二批农村地区义务教育阶段信息技术学科骨干教师培训工作，在与白云区骨干教师的交流和培训中，我自身的教学理念和方法也得到了提高。

我参加过众多培训，近几年来对我帮助最大的培训活动有：

（1）2013年11月至12月，参加由中国人民大学书报资料中心基础教育期刊社和天河区教育局教研室联合举办的"教研论文写作高级研修班"培训。

（2）2015年3月至6月，参加由华南师范大学教育信息技术学院胡小勇教授与他带领下的信息化教学创新团队举办的《走进新课堂：有效翻转教学的五把金钥匙》培训。

（3）2016年至2017年，参加由天河区教育局举办的"天河区第二批基础教育名教师培训班"。

教研活动和业务培训开拓了我的视野，让我从多角度接触到优秀的教学案例和先进的教学方法。渐渐地，随着教学方法、教学资源的不断累积和优化，我在课堂教学中运用到越来越多的教学技巧，组织教学活动越来越淳熟，教学效果得到明显提高。

（二）积极开设研讨课，积极参加各种学科竞赛

有了先进的教学理念和教学方法，还要进行"内化—实践—反思"的钻研，才能理论联系实际，不断提高教学水平。

每一次研讨课前的磨课过程都是"设计—实践—反思—设计—实践"的单曲循环，首先根据教学设计进行教学实践，然后对教学实践进行反思，再用反思的结果优化教学设计，并继续在教学实践中检验其合理性和可操作性。周而复始，很磨人，但也很锻炼人。在反复实践和反思的过程中，我的教学设计、实施和反思能力得到长足的进步，变得越来越淳熟。

在我开设的天河区研讨课中，"PowerPoint的综合应用"在强调多媒体制作软件的综合应用能力的同时，注重培养信息意识和素养；"视频的采集和简单制作"在强调多媒体素材的采集和多媒体作品的集成的同时，注重培养数字化学习与创新素养；"程序的分支结构"则注重编程理论知识和编程技巧的结合，融合了一定的计算思维素养。其中，"PowerPoint作品制作"一课被纳入中国电视师范学院的卫

星电视远程师范教育培训教材《新课程理念下的初中信息技术教学案例》中，并入选广州市中小学教师继续教育网的计算机学科专业类网络课程"课程标准下的信息技术教学案例精选（远程教育）"；课例"视频文件的采集与加工"荣获教育部2015—2016年度"一师一优课、一课一名师"活动的"省优"奖励和天河区一等奖。

我还开设了"Excel初识与初探""认识多媒体""网上信息交流的友好使者——电子邮件""信息安全与信息道德"等16节校级公开课，是科组老师当中开设校级公开课最多的一个。

同时，我也是科组老师当中参加学科竞赛最多的一个。其中，在"天河区第八届青年教师基本功大赛"中获"教坛新秀"称号，并在说课、教学技能、论文、教学设计、教学课例、多媒体软件等评比中获得省、市、区级多项奖励。

撰写论文主要是总结教育教学经验，为了检验教育教学经验的正确性和科学性，我积极投稿，其中，《魅力广州——PowerPoint作品制作教学设计》发表在教育部主管的《中国信息技术教育》上；《"For – Next循环语句"课堂有效教学的探索与反思》发表在广东省教育厅主管的《教育信息技术》、广州市天河区教育局主管的《天河教育科研》上，并在天河区信息技术教研活动上被宣读；《天河区初中信息技术课程资源建设现状的调查与分析》发表在广州市天河区教育局主管的《天河教育科研》上。

此外，我还利用课余时间积极指导学生竞赛，先后获得国家级奖励2个、省级奖励3个、市级奖励13个、区级奖励33个。

不管是开设研讨课，还是我自己参加学科竞赛，或者指导学生参加竞赛，其积极作用都是殊途同归的，就是在准备和实践的过程中不断反思、优化，促使我的业务能力和水平得到提高，心智也得到进一步发展。

（三）积极开展教育教学课题研究

教育现代化的进程中，一成不变的教学模式必将被打破。在教育教学理论不断更新的今天，参与课题研究是学习先进理念、提高教育教学能力的最好途径。

我先后主持了广州市课题"优化初中信息技术学习活动的Moodle课程建设及其有效应用的探讨"、天河区建设项目"优化初中信息技术学习活动的Moodle课程建设"等课题研究；参与了广州市课题"初中信息技术课程教学资源建设与实践研究"、广州市课题"'信息处理与计算机'专题教学有效性研究"、天河区课题"初中信息技术课程教学资源建设与实践研究"、天河区小课题"'For – Next循环语句'课堂教学的有效性研究"等课题研究。在我和团队老师们的共同钻研和实践下，以上课题均已顺利结题。

新课改提倡以科研带教研、以教研促教改，这是一个良性循环过程。以上课题研究帮助我解决了教学资源不够丰富的问题，也帮助我开拓视野、提高教学开放性和有效性,而课题研究本身的规范性和严密性也促使我的教育教学工作更加科学、系统,对提高我的自身素质和业务能力大有裨益。

有付出就一定会有收获,付出越多收获越大,正如时下流行的那句话:"越努力,越幸运!"在付出大量时间、精力和心血的同时,我的教学和教研能力得到了明显提高,内心也收获了自信、成长与快乐,更加坚定了我走专业化发展道路的决心。

我的教学实录

程序的分支结构

课型: 新授课

教学内容: 本课选自广州市信息技术教材初中第二册第2章《程序设计初步》。分支结构分为2个课时,本课是第1课时。

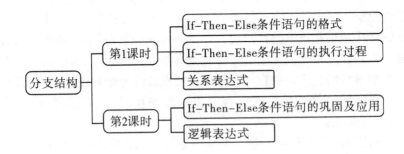

教学策略: 根据"先学后教、以学定教"的教学理念,开展"学为中心"的课堂教学。

本课在多媒体网络室授课,主要采用以下教学方法:
- 自主学习法
- 微视频教学法
- 任务驱动教学法
- 练习法
- 讲授法

授课班级: 广州市天河中学初二(5)班

评课专家: 要志东(广东省教育研究院主任)

（一）教学引入：跑操比赛

（广播 PPT 课件，响起鸣哨声）

师：大家猜猜，发生什么事了？

生：（会意地笑）大课间跑操了！

师：猜对了！我们每天都跑操，于是学校准备在初一、初二年级举行 5 分钟跑操比赛，比赛方案很简单：比较跑操圈数。如果初一的跑操圈数比初二多，那么初一胜出，否则初二胜出。最近我们正在学 VB 程序设计，我们能否编写程序，比较出初一、初二跑操圈数的多少呢？

生1：（思考，沉默）

生2：用 Print 语句？

生3：好像编不出来……

师：是的，我们已学的 VB 知识还无法进行比较和判断，这节课就让我们弥补这个知识空白，学习程序的分支结构。先考考大家：这三个词用英语怎么表达？

（课件突出显示"如果""那么""否则"）

生：（七嘴八舌）if，then，so，or，else……

师：英语的表达比较多样，在此我们选择 if，then，else 来表示，这对分支结构很重要哦！下面让我们开始学习新知识，为判定跑操比赛结果做准备吧！

设计意图：

通过设计贴近学生的校园活动引入本课学习，激发学生的探究欲望，同时增强学生利用计算机解决实际问题的意识。

评析：

情境创设得好，学生被牢牢吸引，对学习分支结构解决跑操比赛问题的学习活动跃跃欲试。

（二）自主学习：程序的分支结构

师：（停止广播，发放"学习任务单"和微视频）请大家打开"学习任务单"，进入第一阶段的学习——自学微视频。

第一阶段：自学微视频	学法指导
目的：学习 If – Then – Else 语句的格式和执行过程 方法：打开 D 盘的微视频"程序的分支结构"，自学本课内容	可以暂停或重看微视频。 建议：第一遍完整观看，之后重点看难理解之处

（学生阅读"学习任务单"，在其指引下自学微视频）

师：请注意"学法指导"的指引，遇到疑问可以暂停微视频，或者重复观看微视频。

（部分学生重复观看微视频）

师：（广播PPT课件）下面请同学来归纳一下微视频中的知识要点，谁来？

生1：（举手）我从微视频中学习了 If – Then – Else 条件语句的格式。

师：你能说出 If – Then – Else 条件语句的格式吗？

生1：它的格式是……

师：很好！此格式中有了哪些新的VB保留字呢？

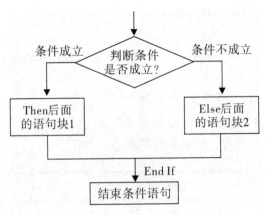

生1：（思考）有 If、Then、Else 三个保留字。

师：答对了！If – Then – Else 条件语句以什么结束呢？

生1：以 End If 结束。

师：非常好！奖励一张豆豆卡！除了 If – Then – Else 条件语句的格式之外，大家从微视频中还学习了什么？

生2：（举手）我还学习了 If – Then – Else 条件语句的执行过程。

师：没错，你能按照你的理解描述一下它是怎么执行的吗？

生2：（思考）如果条件成立，就执行 Then 的语句块；如果条件不成立，就执行 Else 的语句块。

师：（一边播放流程图的PPT动画，一边讲）正确！首先判断条件是否成立，如果条件成立，就执行 Then 的语句块1；如果条件不成立，就执行 Else 的语句块2。不管执行了哪一部分，都结束条件语句的执行了。请问这个"End If"体现在流程图的哪个位置？

生2：在"结束条件语句"那里。

师：非常正确！奖励一张豆豆卡！

设计意图：

通过"学习任务单"指引学生自主学习微视频，自主掌握学习进度，开展个性化学习。学习完微视频后,引导学生梳理知识要点,突出本课的教学重点:If – Then – Else 条件语句的格式和执行过程。

评析:

采用了微视频教学法,注重培养学生的自主学习能力。微视频在设计上简洁明了,该呈现的都呈现了,而且没有多余的信息,看得出来花了不少工夫。学习完微视频后,通过问答的形式帮助学生梳理知识要点,有放有收,及时归纳总结,教学流程设计得好。

(三) 实践与内化:编写程序判定跑操比赛结果

师:(停止广播,发放 VB 程序文件)我们刚刚学习了 If – Then – Else 条件语句,下面我们可以运用新知识编写程序判定跑操比赛的结果了。请大家打开学习任务单,进入第二阶段的学习。

第二阶段:编程实践	学法指导
目的:利用 If – Then – Else 语句判定跑操比赛结果 方法:打开 F 盘的"程序填空"文件夹中的"程序填空.vbp",完成程序填空	直接保存,不用另存
<u>基础任务</u> C1、C2 分别代表初一、初二跑操圈数。双击"方法一"按钮,在 ### 处正确填写 If 条件语句的条件,使条件成立时输出"初一胜出",不成立时输出"初二胜出"	绿色提示信息不影响程序运行。<u>只需在 ### 处填空,并删掉 ###</u>
<u>巩固任务</u> 双击"方法二"按钮,在三个 ### 处填空(其中:条件不能与方法一相同),使程序的运行效果不变	提示:换一种方式填写条件,后面的输出内容也要相应改变(前五名奖励豆豆卡)
<u>拓展任务(选做)</u>学校规定:跑操不超过 6 圈时每圈得 10 分;超过 6 圈时,前 6 圈每圈得 10 分,从第 7 圈开始每圈得 15 分。在 ### 处填空,使输入圈数后,点击"跑操积分"按钮,能计算并显示出相应的积分。	选做任务,提前完成以上任务的同学完成本题(奖励豆豆卡)

(学生阅读"学习任务单",在其指引下进入编程实践活动)

师:(强调)我们只需要打开程序将其填充完整即可,不用新建程序。如果有疑问请注意看"学法指导"。

（巡堂观察学生的实践情况）

师：（广播PPT课件，一边播放动画一边讲）一部分同学不知道如何表达If条件语句中的条件，我们一起明确一下。条件语句中的条件通常是比较两数的大小关系，使用这些符号：＞、＞＝、＜、＜＝、＝、＜＞。比较大小的条件叫作"关系表达式"，运算结果只有"True"和"False"两种可能。下面，请几个同学判断这几个关系表达式的运算结果。

（学生纷纷举手回答）

生1：3＞2的运算结果是True。

生2：3＞＝2的运算结果是True。

师：（追问）＞＝是大于或等于，3大于2是对的，但3等于2是错的，为何结果是True？

生2：大于或等于，有个"或"字，满足其中一个就行了。

生3：5＜5的运算结果是False。

生4：5＜＝4的运算结果是False。

生5：6＝6的运算结果是True。

生6：7＜＞7的运算结果是False。

师：回答正确！归纳一下：If条件语句中的条件运算结果为True（正确，为"真"）时，表示条件成立，执行Then后面的语句；相反，条件运算结果为False（错误，为"假"）时，表示条件不成立，执行Else后面的语句。同学们明确了如何表达条件和判断条件结果，请继续完成实践任务。（停止广播）

（学生继续编程实践，教师继续巡堂观察学生的实践情况）

师：（广播屏幕，请一位学生上讲台演示）请演示你的基础任务的程序。

（该学生双击"方法一"按钮，删掉###，在该处输入"C1＞C2"，运行程序）

师：运行结果正确，谢谢你！下面请完善基础任务，然后进入巩固任务。（停止广播）

（学生鼓掌，继续完成实践任务，教师继续巡堂观察学生的实践情况，完成巩固任务的前五名学生奖励一张豆豆卡）

师：（广播屏幕，请一位学生上讲台演示）请演示你的巩固任务的程序。

（该学生双击"方法二"按钮，删掉三个###，依次输入"C2＞C1""初二胜出""初一胜出"，运行程序）

师：运行结果正确，谢谢你！下面请完善巩固任务，然后挑战一下拓展任务。（停止广播）

（学生鼓掌，继续完成实践任务，教师继续巡堂观察学生的实践情况，完成拓展任务的学生奖励一张豆豆卡）

师：（广播屏幕，请一位学生上讲台演示）请演示你的拓展任务的程序。
（该学生双击"跑操积分"按钮，删掉三个###，依次输入"A<=6""QS*10""6*10+（QS-6）*15"，运行程序）

师：运行结果正确，太棒了！不过这道题答案不唯一，谁能给出不同的方法？

生：（举手）条件改为"A>6"，Then 后面改为"6*10+（QS-6）*15"，Else 后面改为"QS*10"。

师：非常好！奖励一张豆豆卡！解决问题的方法往往不是唯一的，可以从"大于"方面考虑，也可以从"小于"方面考虑，实现殊途同归！希望这道题可以帮助大家拓展思路，更好地理解 If 条件语句的执行过程。

设计意图：

通过"学习任务单"指引学生开展实践探究，在任务驱动的过程中开展有梯度的分层教学，并通过程序填空降低学习门槛，便于学生循序渐进地开展探究。在学生编写 If 条件语句的条件有困难时讲授关系表达式，让师生互动适时、高效。基础任务和巩固任务引导学生正确理解条件语句的执行过程，逐步突破教学难点。拓展任务为学有余力的学生提供更大的探究空间。

评析：

能把握学生的学习特点和学习难点，能预见到学生在条件表达上的困难，及时解惑。教学设计比较精准，面向全体学生开展分层教学，教学过程非常流畅。知识点落实得好，能注重逻辑思维的培养，引导学生从"大于"和"小于"两种思维方向解决问题，实现殊途同归，开拓了学生的思维。

建议：VB 编程相对比较枯燥，可以在范例的选择上更丰富有趣些。

（四）检测与巩固：课堂测评

师：（停止广播，在"易学系统"发放课堂小测题）以上我们通过微视频和实践任务学习了程序的分支结构 If 条件语句，下面检测一下我们的学习效果。请大家打开学习任务单，进入第三阶段的学习。

第三阶段：课堂小测	学法指导
目的：自我检测本课的学习效果 方法：在易学系统完成课堂小测	细心审题 难题最后解决

（学生登录"易学系统"，完成课堂小测，提交作业）
（全体广播，展示"易学系统"的小测统计结果，讲评错误较集中的题目）

设计意图：

利用"易学系统"的测统功能实时把握学生的学习情况。通过有针对性的讲评，帮助学生解决疑难，巩固条件语句的格式及其执行过程。

评析：

利用"易学系统"对学生学习效果进行实时评价和讲评，切实落实学生对知识点的掌握。从小测统计结果看，绝大部分学生对分支结构、If条件语句都掌握得不错，下节课可以在巩固的基础上提升创意发挥的空间，让学生自由发挥，利用条件语句编写程序。

（五）课堂小结

师：（广播PPT课件）这节课主要学习了程序的分支结构、If条件语句的格式及其执行过程。格式要注意三个保留字（If、Then、Else）、关系表达式的正确表示和结束标志End If。对执行过程一定要明确：关系表达式为真则执行Then后面的语句块，为假则执行Else后面的语句块，两者二选一，然后结束If语句。最后布置课后探究活动：比较两数大小会出现三种情况（＞、＜、＝），如何利用条件语句分别加以判断？提示：嵌套使用If条件语句。

▶▶ 我的教学主张 ▶

精细设计，向40分钟索取最大效益

任教信息技术17年，我深刻感受科技的飞跃和时代的进步，也深刻感受信息技术教学比其他学科更需要与时俱进，无论是在教学内容上，还是在教学态度、教学理念、教学方法上。

新课标下的初中信息技术课程涉及的知识面非常广，既要让学生理解、记忆大量的理论知识，又要让学生掌握大量的操作技能，同时知识与技能之间的结合度非常紧密，更重要的是在长期的学习中培养信息技术学科核心素养。

初中信息技术的教学时间只有两年加10周左右，每周只有一个课时，每课时只有短短的40分钟。要在有限的时间完成好教学工作，必须向有限的40分钟要效益，要精细设计每一节课、每一个教学环节、每一个学习任务，只有精细化设计，才能最大限度地提高课堂效率。

一、注重情景设计，引发问题意识和探究欲望

实施有效教学，首先要引发学生的学习兴趣和学习意向，使学生产生"想学""愿学""乐学"心理。兴趣是最好的老师，联系热点、贴近生活实际的情境导入能引发学生的共鸣和兴趣，在最短时间内让学生产生问题意识和探究欲望，并在探究过程中学到知识和技能，促进信息素养的养成。

在广州市信息技术教材初中第一册第3章"制作多媒体作品"的"视频的采

集与简单加工"一课中,我通过展示本校师生参加"2014年广爱社区公益节"的照片和短小视频作为情境导入教学,并抛出"能否制作一个公益节的宣传片,让更多人参与到公益活动中来?"的问题。当看到自己和同学、老师的影像资料时,学生立刻产生浓厚的亲切感,拉近了与本课的距离;在我抛出的问题后,浓厚的亲切感自然而然地转化成学生制作宣传片视频的强大动力,自主、自愿地完成学习任务。这种高涨的热情和动力一直保持到下课后,还有学生在完善视频、进行创意制作或者互相交流和欣赏。

广州市信息技术教材初中第二册第2章"程序设计初步"的"程序的分支结构"属于程序的三种基本结构之一,功能是根据条件判断的不同结果,选择性地执行一部分操作,另一部分将不被执行。程序设计本来就比较枯燥,与顺序结构相比,分支结构又体现出相对复杂的算法和逻辑性,我不愿意看到学生在此产生畏难情绪。我设计、对比了好几个教学范例,最终选用学校的大课间跑操音乐创设情境,通过提出编写程序比较跑操圈数多少、判定跑操比赛结果的比赛方案导入本课教学。学生听到跑操音乐都会意地笑了,并在领会老师抛出的问题后获得了"生活中本就充满各种比较和选择问题,编程比较跑操圈数多少也是其中一种,也许并不难"的心理暗示。该情境设计变抽象为具体、形象,为学生领会分支结构的思想、顺利完成编程实践做了铺垫。这也是一节天河区研讨课,教学流程和教学效果同样获得了教研员和同行的高度好评。

二、注重问题设计,抓住本质开展有效设问,突破重、难点

实现有效的课堂教学,一个很重要的条件是能够采用学生易于理解和接受的教学方式。在课堂教学中,问题是师生沟通的重要纽带,有生命力的课堂少不了高质量问题的"神助攻",常常能以有效设问驱动学生开展有效思考,找到解决教学重点、突破教学难点的捷径。

设计课堂教学中的问题,首先要分析教学目标,抓住想要设问的对应知识点的本质;其次选择恰当的问题类型、问题层次、提问的角度和问题的表达方式进行问题设计;最后完善问题,从问题的内容、数量、语言表达和层次上进行优化,便于学生理解和思考。

广州市信息技术教材初中第二册第2章"程序设计初步"的"程序的循环结构"是程序的三种基本结构中最抽象、逻辑性最强的一个,是整个初中信息技术课程最大的难点之一。理解、掌握 For 循环语句的格式和执行过程对初二孩子来说并非易事,常常让他们产生较严重的畏难情绪。为了打破这个魔咒,我针对 For 循环语句的格式和执行过程精心设计了6个问题,引导学生思考、分析、回答,逐步理解 For 循环语句的格式和执行过程。

第一步 让学生带着6个问题(见表1中的"问题")解读以下 For – Next 循环语句,并尝试回答问题。

```
For k =1 To 10 Step 1
    Print k
Next k
```

For 循环语句范例

For 循环语句范例的执行结果

第二步　分析 6 个问题的答案（见表 1 中的"答案"）。
第三步　归纳出 For – Next 循环语句中的主要概念（见表 1 中的"对应概念"）。
第四步　归纳出 For – Next 循环语句的一般格式。

```
For  ＜循环变量＞ ＝ ＜初值＞ To ＜终值＞ Step ＜步长＞
     ＜循环体＞
Next ＜循环变量＞
```

表 1　利用问题引导学生解读 For – Next 循环语句

问题	答案	对应概念
1. 哪个变量的值在变？	k	循环变量
2. 由多少变到多少？	1　10	初值、终值
3. 每次增加多少？	1	步长
4. 每次循环做什么操作？	Print k	循环体
5. 一共做了几次输出？	10	循环次数
6. 何时停止循环？	k 的值超出 10	

在上述 6 个问题的导学下，学生基本了解了 For 循环语句的格式，也基本理解了 For 循环语句的执行过程，为后面的编程实践进行了知识储备，同时，也可以通过编程实践加深对 For 循环语句的理解和掌握。

三、同时注重知识、技能层面和情感态度、价值观层面的设计，双管齐下，促进信息素养的养成

新一轮的课改以"立德树人"为根本任务，用核心素养融合知识与技能、过程与方法、情感态度和价值观。信息技术学科的核心素养帮助学生逐步形成信息社

会成员应具备的品格和关键能力，对学生的成长和终身发展具有独特贡献。

（一）培养学生在信息意识方面的素养

新课标中的信息意识是指个体对信息的敏感度和对信息价值的判断力。信息技术学科通常借助大量信息开展教学，要善于对信息进行精细设计，使其体现一定的复杂性、差异性或者变化性，引导学生捕捉信息的差异或变化，对信息进行分析、判断，从而产生合理解决问题的想法。

例一：在信息安全、信息道德修养和法律问题上，结合各种信息安全、信息道德的相关案例开展教学，提供案例给学生阅读、分析和总结，在学习知识的同时，既可以培养学生在信息意识方面的素养，增强信息筛选和信息获取的能力，又可以培养学生在信息社会责任方面的素养，一举数得。

例二：在进行"西关美食"的多媒体作品制作时，可以建议学生查阅、获取不同形式的素材，比如西关美食的文本、图像、音频、视频、动画等，目的是引导学生根据想表达的作品思想进行比较和筛选，选择合适的素材类型制作作品。学生在制作多媒体作品的同时，可以提高信息获取的能力，还能收获如何更好地表达思想的经验，也是一举数得。

（二）培养学生在计算思维方面的素养

新课标中的计算思维是指个体在运用计算机科学领域的思想方法形成问题解决方案的过程中产生的一系列思维活动。在很多人看来，计算思维非常高深难懂，其实不然。

以VB程序设计"计算圆面积"为例，根据给定的圆半径，要实现计算并显示出相应的圆面积。如果直接使用赋值语句用一个固定数值定义圆半径，那么每次运行程序只能计算并显示一次相应的圆面积。我建议学生解决这一局限问题，于是学生开始思考：使用什么VB编程方法或者手段，可以实现对任意给定的半径都能计算并显示出相应的圆面积。最终学生利用对象文本框解决了这一问题。其实，学生上述的思考过程就是计算思维的体现，其中经历了一个提出疑问、罗列可能的方法或手段、发现文本框可以被反复赋值的特点、最终确定使用文本框的大致过程，从而实现了对任意给定的半径都能计算并显示出相应的圆面积。培养学生的计算思维，对未来信息社会的学习和生活而言具有很高的实用价值。

相比高深的算法设计，以上例子中的计算思维虽然不高大上，但胜在简单、可操作，更具普遍性。在教学中，只要善于思考和总结，就能抓住计算思维的规律，设计出思维层面的高阶教学活动。

（三）培养学生在数字化学习与创新素养方面的素养

苏联心理学家维果斯基的"最近发展区理论"认为学生的发展有两种水平：一种是学生现有的水平，另一种是学生可能的发展水平。两者之间的差距就是最近

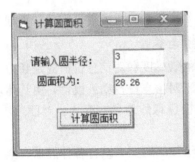 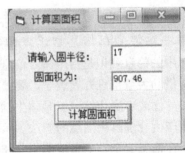

发展区。他还提出了"搭建脚手架"这一重要的概念,为后来产生新型建构主义教学模式"支架式教学"奠定了强大的理论基础。

我认为如果能将"最近发展区"理论与"搭建脚手架"概念结合起来,以"最近发展区"为目标、以"搭建脚手架"为途径开展教学,将有力促进学生的认知发展与心理发展。因此,我在信息技术课堂教学中坚持对学习支架进行精细设计,以便更好地帮助学生开展学习和创新。

(1) 对于简单的操作技能,提供简单的文字提示给学生学习。

(2) 对于稍微复杂一点的操作界面或操作技能,提供图文并茂的指示文件给学生学习。

(3) 对于操作过程相对复杂、难以用图文方式描述清楚的操作技能或技巧,提供形象直观的微视频给学生学习。

(4) 对于典型的教学难点,或者面对水平较弱的学生时,借助"演示—模仿"的模式降低学习门槛,帮助学生顺利地突破难点。

(5) 对于学生差异较大或者比较开放的教学内容,可以利用类似网络课程的形式开展教学。

我主持的广州市中小学信息技术学科教学领域进一步深化素质教育立项课题"优化初中信息技术学习活动的 Moodle 课程建设及其有效应用的探讨"已顺利结题,我的团队建立了比较完整的初中信息技术的 Moodle 课程。对于开放性较高的教学,Moodle 无疑是一个理想的平台,学生在此平台上可以较好地发挥自主性,开展个性化学习和创新。

实践表明:适合学生"最近发展区"的学习支架对学生的发展才是最有效的。

(四) 培养学生在信息社会责任方面的素养

近年来,信息安全、道德问题日益严重,更凸显了信息安全防范、信息道德修养与法律意识等教育的重要性。

还是上面那个例子:在信息安全、信息道德修养和法律问题上,可以结合国内外有关信息安全和道德的各种案例开展教学,提供案例给学生阅读、分析和总结,使学生认识到信息社会中每个成员既有保障自身信息安全的权利，又有践行信息道德修养与行为的责任与义务。在学习知识的同时，增强信息筛选和信息获取能力，提高在信息意识方面、信息社会责任方面的素养，一举数得。

他人眼中的我

（一）专家、领导眼中的我

钟子英老师是一位很认真、很有责任心的老师。在信息技术课堂教学中主要遵循"做中学"的教学理念，采用任务驱动的教学方法，合理有效地使用信息技术提升教学质量。她讲课深入浅出，条理清楚，层层剖析，环环相扣，论证严密，结构严谨，用思维的逻辑力量吸引学生的注意力，用智慧控制课堂教学过程。学生通过听钟老师的讲授，不仅学到知识，而且还受到思维训练，同时被她严谨治学的态度所熏陶和感染，学会冷静、独立地去思考问题。

钟老师曾是我区第八届青年教师基本功大赛的"教坛新秀"，目前为天河区核心组老师，工作积极性高，能主动完成市、区各类教研工作，组织教师开展教学研究，具有很强的组织管理能力。

——广州市天河区教育局教研室信息技术教研员　杨磊

钟子英老师工作严谨、细致、有序，工作思路灵活，注重问题解决。其教学风格也如此，面向全体学生，关注学生的全面发展，预设精准、环节合理、步步推进、节奏紧凑、指导明确、一气呵成！

——广州市天河中学副校长　谭小霞

（二）同行眼中的我

钟老师讲课亲切自然，朴实无华，师生之间在一种平等、协作、和谐的气氛下进行知识的传授和情感的交流，虽没有江海的波澜壮阔，却不乏山涧流水之清新，犹如春雨渗入学生的心田，润物细无声。

钟老师具备较高的教学技巧和教学机智，擅长运用各种教学方法、手段、技巧优化教学活动，而且恰到好处，丝毫不带有雕琢的痕迹；课堂教学组织严密，过渡自然，有条不紊，教学效果有目共睹。

——广州市第四十七中学汇景实验学校信息技术教师　邢飞军

钟子英老师的课堂让我体会到信息技术课程的科学之美。她的课堂结构严谨，条理清晰。首先，她关注基础知识和技能的学习，通过置疑、启发、猜想、验证等有序高效的教学环节，让学生在实践中感知、领悟、构建知识。其次，她关注逻辑思维的培养，善于通过设问引导学生思考，善于设计梯度合理的学习任务开拓学生思维，引导学生循序渐进地学习。在钟老师的课堂上，学生不仅能学到知识和技能，还能受到科学思维的训练。

——广州市长兴中学信息技术教师　何赛平

钟子英老师有扎实的基本功，教学经验丰富，根据学生的特点开展分层教学，任务设置层次分明、落实到位，特别关注后进生的学习。她热爱学生，热爱教育，对教育教学有很强的责任心。她讲课情绪饱满，条理清楚，环环相扣，结构严谨，善于在课堂教学中渗透德育教育，用个人魅力吸引学生的注意力，灵活机智地控制课堂教学进程，教学效果很好。

——广州市天河中学信息技术教师　周磊

（三）学生眼中的我

我眼中的钟老师是个上课一丝不苟，但又非常生动有趣的老师，常常用幽默的语言与我们对话，使原本枯燥的课堂充满了笑声，令人感到勃勃生机。在课堂外，她是个乐于关心、帮助学生的好老师，在参加每一次绘画比赛前，她尽可能利用课内外时间给我的作品提建议，告诉我如何做才能进程快、效果好。这就是我眼中的钟老师，一个温柔和蔼的老师。

——广州市天河中学初二学生　陈霖妍

钟老师是一个很和蔼、对学生很友善的人。上课的时候她总是那么地吸引我，生动的神情、幽默的语言，适当的调笑，让我轻松地学习电脑知识，对电脑产生了浓厚的兴趣。为了让我们更好地学习，她花了很多工夫录制微视频、制作指示文档和在"易学系统"上出题，而且为了调动我们的积极性，她还专门设置了抽奖环节，给大家很多惊喜。钟老师既是我们的老师，也是我们的朋友！

——广州市天河中学初二学生　陈倩宁

钟子英老师是一个和蔼、有趣的老师。上课的时候她总是认真却又不乏幽默，用生动的语言和"豆豆卡"奖励等方式吸引我们认真上课，让我们喜欢上信息技术。如果问我们的信息技术为什么学得好，那么一定要感谢我们可爱的钟老师！上课时她会发自制的微视频给我们学习，我们自学完后，她再给我们讲解或演示重点知识，帮助我们把基础知识记得更牢。在平时，钟老师会关心我们的身体和生活，还会请我们吃办公室里的小零食、水果，她是我们最喜欢的老师。至今，她的教导仿佛还在我的耳畔响起："空白关键帧跟关键帧的区别，只在于它还没有画面内容……"

——广州市天河中学初二学生　龚若岚

规范、活力并举，营造有效课堂

● 广州市天河中学　洪江（中学体育）

● **个人简介**

洪江，男，1992年毕业于华中师范大学体育系，现任教于广州市天河中学体育科，天河区入库评委，广州市体育教研中心组成员。曾任湖北省恩施州职业技术学院体育部主任，副教授职称，获州级"骨干教师"称号；获广州市天河区嘉奖；板球国际一级裁判员及教练员资格获得者。近年来参加过多项课题研究，参与编写、拍摄《广东省体育与健康教程》配套光碟工作；带领天河中学课题小组完成了广州市体育教学模式研究子课题"支架式教学模式在高中田径实心球项目教学中的应用研究"的工作；指导校女子篮球队获区四连冠，广州市第五名，获"优秀教练员"称号；带领学校足球队于2017年5月摘得广州市"富力杯"足球高中超级联赛第六名，获"优秀教练员"称号；2017年7月，指导天河区青年教师参加广州市教师基本功大赛，荣获集体一等奖，获优秀指导教师奖。

▶ 我的教学风格解读 ◀

我的教学风格关键词是"规范、活力、有效"。

规范：体育教学是提高学生身体素质的重要一环，因此，必须把握科学的体育教学规律，坚持严谨求实、活泼有序的教学方针，着力为学生提供科学的教学课程，坚持定量化、模型化的教学原则，以科学的系统理论与严谨而高效的方法指导学生在体育学习方面取得进步，促进个体素质的可持续发展。

活力：活力是充分调动学生参与体育活动积极性的重要保证。在课堂中，应善于自我接纳、自我认识，积极贯彻"快乐体育"的理念，将快乐体育、活力教学的教学理念落实到每一堂课，并以饱满的激情活跃课堂气氛，致力于提高学生的体育课堂参与度，打造出富有活力的体育课堂。

有效：通过教学，学生能提高体能和运动技能水平，加深对体育与健康知识和技能的理解；学会体育学习及其评价，增强体育实践能力和创新能力；形成运动爱好和专长，培养终身运动的意识和习惯；发展良好的心理品质，增强人际交往技能和团队意识；具有健康素养，塑造健康体魄，提高对个人健康和群体健康的社会责任感，逐步形成健康的生活方式和积极进取、充满活力的人生态度。课程总目标可以从运动参与、运动技能、身体健康、心理健康和社会适应五个方面具体描述和体现。这些都是评价体育课堂教学是否有效的重要标准。

我的成长历程

循环中出活力

法国的大思想家伏尔泰说过"生命在于运动"。运动是保持活力的妙方。我有幸从事了一项以运动为手段，以塑造健康生命为目标的美好事业——体育教育。从教25年，我的教学履历刚好完成了一个大的教学循环：技校体育教学—中专体育教学—大学体育教学—体育教育专业教学—中学体育教学。在每个教学环节中，尽管教学对象、教学目标以及教学要求不断变化，我都毫不懈怠，努力促使自己的教学方法也随之变化，经历了各种各样的历练后，逐步形成了自己的教学风格。

一、八年中职教学，夯实基本功

1992年7月，我从华中师范大学毕业，被分配至湖北恩施州工校工作，直至2000年。任职期间，我既承担教学工作，又担任技校电工班、中专文秘班班主任工作，还有校运动队训练工作，每年都超额完成核定工作量。但我从来没有因工作任务重而放宽对自己的教学要求。我认真落实每个教学环节，不论是教学管理工作，还是自己的教学工作都是高标准、严要求。其间，我将在大学中学到的理论结合实际，认真摸索教学方法，逐步总结了有自己特点的教学风格。教学中，我充分准备、精心组织、耐心讲授、热心帮助每个同学，因材施教；课堂上，我精讲多练，尽可能多地把时间留给学生，充分发挥学生的能力。教学气氛活跃、秩序井然、效果良好，深受学生欢迎。在此期间，我参编教材《中专体育教程》一书，任副主编，发表论文多篇。

二、五载高校教学，提升专业水平

2000年至2005年，随着中专学校联合升级，恩施州成立恩施职业技术学院，教学对象转变为"五年一贯制"学生。教学周期长是一个突出特点，这就要求自己的教学在每个教学模块更加细化。在教学管理中，要明确教学目标，并能紧紧围绕目标开展教学、科研活动；密切追踪本学科教研信息，掌握现代教育的发展动态，积极参加各种教科研活动，教学中有意识地提高学生的创造力和创新思维，把新课标理念切实贯彻到教学中去。为了适应当时职业技术学校的教学特点，身为体育科主任的我投入大量精力，组织全科室教师积极展开讨论、调查、研究，主编了一套具有自己特色、符合本院教学特点的《恩施职院体育教学大纲》；并主持完成了高职体育教学的分层教学改革工作及体育课程考核改革工作，此项工作极大地提高了学生的学习积极性以及对学生体育成绩评价的客观性，得到了学校的充分肯定；为了谋求发展，扩大体育课部的规模，我积极争取学校的支持，精心策划招收体育教育专业学生。为了申办体育教育专业，我受学校指派，主持编写了《体育教育专业申报材料》，编写期间，我大量查阅资料，到处考察请教，组织专班研讨，反复修改方案，历时两年，终于申报成功，取得了体育教育专业的办学资格。科研方面，我先后在《广东教育》《体育函授通讯》《湖北民族学校学报》《经贸职教》等国家级、省级刊物上发表论文8篇，撰写交流论文多篇，承接湖北省体育局关于体育运动场地的调查课题1项等。我的运动训练竞赛成绩骄人，我带领校田径队参加省高校运动会，取得了团体总分第六名的成绩，民族传统体育项目蹴球队取得全国比赛两金两银的好成绩。此外，我还曾担任湖北省民族传统体育项目运动会副总裁判长，组委会副主任等裁判工作，为少数民族地区的体育运动的普及和推广做出了应有的贡献。

三、初、高中四轮循环教学，检验能力，锻造风格

2005年，天河区面向全国招聘骨干教师，通过考核，我进入天河中学工作。在中学任教期间，我从初一年级干到初三年级，从备课组长干到级长，完成了一个小的教学循环；然后又从高一年级干到高三年级，完成了两个高中循环。刚刚接触中学教学时，自己十分注重业务学习，由于工作环境的变化，教育对象的改变，教学面临新的挑战。我平时虚心向同行请教，认真学习，研究新课标，积极参加教研活动，严格执行教学计划，认真落实教学各个环节，精心组织每堂课，切实把新课标的理念贯彻到体育教学之中。为此，我还撰写了一篇题为《立体教育与中学体育教学新探》的论文。特别是作为备课组长，我不仅以身作则，认真钻研教材，尽量科学合理地安排教学计划，而且还积极帮助同级组的同事文严老师，督促其认真备课，严格执行教学计划，使其工作态度及效率都有了较大提高，起到了一名骨干教师应有的作用。在教学中，我积极推行快乐教学，倡导"探究教学""分层教学"，同时将传统的教学方法融入其中，让课堂气氛既活跃又秩序井然，收到了极好的教学效果。在教学时，我也十分注重培优补差。2006年，我参加了中国体育总局小球管理中心和亚洲板联在广州组织的板球国际一级教练员、裁判员培训班。经过两次脱产集中培训学习，我通过考试，获得了板球国际一级教练员和板球国际一级裁判员资格证书；在培养帮助青年教师方面，自己也尽了力所能及的努力，帮助指导本科室王军老师积极准备材料，参加天河区青年教师基本功大赛，并获得一等奖第二名；参加区教师招聘考核工作及职称评审工作，考核工作中能做到公正、公平、公开，严守机密，为天河区教育事业的发展尽了微薄之力。本人所带领的男子足球队夺得广州市"富力杯"高中足球超级联赛第六名，女子篮球队广州市第五名的好成绩。

回顾自己的从教之路，我只是完成了两个小的教学循环：一个是职业教育的教

学循环（从技校到高校），另一个是基础教育的教学循环（从初一到高三）；这两个小循环刚好构成了一个大循环，为此，我花了25年的时间。但每个循环，每个阶段的经历，都是我这辈子难得的积累和财富。在其中我收获良多，增长了阅历，丰富了知识，更重要的是我明白了如何用自己的方法去上好每堂课。

▶▶ 我的教学实录 ▶

发展有氧耐力
——耐久跑运动时的呼吸方法及节奏

一、学情分析

中学生已经初步了解过耐久跑的锻炼价值和跑步技术，体验到耐久跑过程中呼吸的重要性，但是由于呼吸方法和呼吸节奏的问题，很多学生不能主动地调整呼吸，导致身体、心理负担过重，不愿意坚持耐久跑，本节课是学习耐久跑途中的呼吸方法及呼吸节奏。

二、指导思想

树立以学生发展为本的理念，突出学生的主体地位，以耐久跑练习过程中呼吸方法和呼吸节奏的掌握为技术主线，运用匀速跑、变速跑等多种方式，让学生体验发展有氧耐力的方法，同时利用心率监测指标来提示学生调整运动强度，设置问题、启发引导学生理解、掌握和应用跑步节奏和呼吸节奏的配合方法，通过"跳绳＋变速跑"，创造积极、愉快的课堂氛围；合理利用有限的场地，简单的器械及练习方法，使学生能够坚持有氧耐力锻炼，从而提高学生的有氧耐力水平。

三、教学目标

（1）知识目标：学生可以说出2～3种发展有氧耐力的方法，初步体验耐久跑过程中的呼吸方法和呼吸节奏，说出有氧耐力跑的适宜心率。

（2）技能目标：使学生通过改善呼吸自主调节呼吸节奏，学会在日常体育锻炼中根据心率变化调整运动负荷，发展学生的有氧耐力素质。

（3）情感目标：培养学生小组合作、自主学习的能力和顽强坚持的意志品质，逐步养成利用有氧耐力跑来提高身体素质的习惯。

四、教学方法

讲解法、示范法、纠正错误法、练习法。

五、教学策略

分组、轮换练习，师生互动。

教学内容	耐久跑运动时的呼吸方法和呼吸节奏				
重点难点	重点：耐久跑运动中平稳、持续、深层次的腹式呼吸方法 难点：耐久跑过程中呼吸节奏和跑步节奏的协调配合				
教学流程	课堂常规—基本队列队形练习—准备活动—学习体验呼吸方法—有氧耐力练习（单人跳绳3分钟—变速跑3分钟—小组跳大绳3分钟—匀速跑3分钟）分组循环×2组—调整—放松总结				

顺序	时间（分钟）	达成目标	学习内容	教师活动	组织与方法
二、基本部分	1 12 12	1. 总结高抬腿练习过程中呼吸节奏有什么问题 2. 分小组进行耐力训练并体验呼吸节奏 3. 总结适合的呼吸节奏 4. 拓展练习：变速跑，让学生体验速度由慢到快过程中呼吸节奏的调整	1. 呼吸的节奏 2. 小组长带领，体验适合自己的呼吸节奏，认真完成各组训练内容（每组练习2分钟，调整1分钟） 3. 根据刚才的体验，总结出适合自己的呼吸节奏 4. 每组每项练2分30秒，调整30秒	1. 提问学生刚才深呼、吸跑步时可以坚持跑几步才换气 2. 适时观测和提醒学生注意呼吸方法和呼吸节奏（学生跑步之前和跑步后，及时测脉搏） 3. 引导学生总结出自己的呼吸节奏 4. 讲解变速跑规则：小组排头将小旗往后传，传到最后一名同学时，该同学加速超越到排头，然后依次将红旗往后传，以此类推	1. 总结学生回答的呼吸节奏，（1）原地踏步4个八拍，两步一呼两步一吸；（2）原地踏步，三步一呼三步一吸，然后在慢跑中练习 2. 配合口令，分小组体验呼吸节奏，各小组采用不同的练习方式分组轮换； 跑动跳大绳—单人跳绳—匀速跑—变速跑 3. 表扬各个小组在刚才练习过程中不同的表现 4. 第一组跳大绳，第二组单人跳绳，第三组匀速跑，第四组变速跑。听口令交换练习内容。1-2-3-4依次轮换。注意：不能坚持的同学可以先退出调整

我的教学主张

规范、活力并举，营造有效课堂

我热衷体育教学，体育于我而言有不可言状的吸引力。我希望自己的体育课堂充满激情的活力，我认为，建设一个富有活力的有效体育课堂，至少要从能动性、科学性、趣味性等方面入手。

一、设计有趣的体育游戏，激发学生兴趣

我的教学对象是高中生，他们喜欢有趣、有活力的体育课堂，厌倦呆板无趣的课堂。生动活泼的体育课堂，能提高学生参与体育课的积极性，是打造活力体育课堂的前提。

（一）采取多样化的教学手段

体育老师在教学中应扮演主角，充分发挥学生的主体作用。在教学过程中，坚持发挥学生的主体性，根据同学们的需求，采用多种教学手段，积极调动学生的运动兴趣，创设一个有利的体育活动课堂。课堂中，小组合作，师生协作等是我上课常选用的教学手段，比如在学习足球脚背正面颠球时，让学生根据教学录像先分析技术要领，再进行实际练习，两人一组相互观察其技术上存在的漏洞，同时，我在一旁进行指导。学生的兴趣被调动起来，注意力变得高度集中。

（二）将课堂真正还给学生

课堂是不是高效，教师的工夫应该花在课外，体育老师应该花更多的时间了解学生真正的需求。设置最佳的教学方案，思考怎样将有限的时间发挥无限的作用，达到课堂教学的最优化。

二、优化资源，力求体育教学充满科学性

（一）选择适当的时间

所谓选择适当的时间，即抓住学生们文化课后的时间。在夏季时，要尽量避免在正午时段或在室内开展体育教学，同时冬季也要让学生克服懒惰的心理，积极开展体育活动。

（二）采用科学的方法

科学方法是使体育教学正确进行的理论、原则、方法和手段。最本质的特征是要保证体育教学的正确进行，也就是使同学在体育课上有所收获，得以强身健体。决定科学方法的要素有物质手段和理论工具两者。物质手段重在为学生提供必要的体育器材，多样化的体育活动，使学生有多种选择。理论工具重在对体育学科专业术语的理解，其中包括对"安全第一"概念的理解。作为一名教师，需要时刻谨记这一概念，并且反复告诫学生，使体育活动开展得井然有序。

三、因材施教，激发学生潜能

我一直认为体育教育是要因人而异的，要根据每个学生的具体情况来制定教学方案，因为只有这样才能最大化地激发学生的潜能，从而实现"为每一个学生提供适合其发展的教育"的办学理念，以达到增强学生体质的目标。

（一）开展多样化、人性化的课堂（模块教学）

有的学生喜欢打篮球，有的学生喜欢踢足球，每个学生都有自己喜欢的运动项目。因此我们要开展多样化的课堂，满足每个学生的运动需求，从而达到调动学生积极性的目的，例如，我们为喜欢打篮球的学生开展篮球课，为喜欢踢足球的学生开展足球课，开展因人而异的课程，满足学生们多样化的需求。

（二）提高学生兴趣，激发学生潜能

我们采用因材施教的方法来对学生进行体育教育，通过这种方法，学生参与体育的积极性将得到提高。只有学生参与体育运动的积极性提高，学生的体质才能真正得以提高。因此，我们应通过因材施教的教育方式来提高学生对体育运动的兴趣，促进学生积极参与体育运动，从而最大化地激发学生的潜能。

打造有效体育教学过程要落实好如下要点：

（1）创设宽松、和谐、平等、充满活力的教学氛围。
（2）使学生明确每节课、每个单元的学习目标。
（3）鼓励学生在达成目标的过程中挖掘自己的潜能。
（4）帮助学生发展学习经验，给学生提供相互交流的机会。
（5）鼓励学生积极与教师对话。
（6）启发学生积极思考完成学习任务的不同途径，学会学习。
（7）当学生提出的假设与事实有矛盾时，鼓励学生相互探讨。
（8）鼓励学生大胆地表现自我，展示自我。
（9）在保证安全的前提下，鼓励学生挑战自我，并具有一定的冒险精神。
（10）在活动中引导学生运用已有的运动经验，进行动作组合与创新练习方法。
（11）给学生在相关媒体中寻找答案的时间，并创造自己的想法。
（12）无论学生成绩如何，都要让学生感到教师在关心他，并用富有感情的方式对待学生的每一点进步。

他人眼中的我

（一）学生眼中的我

洪老师是一位上课非常认真负责的老师，他经常为我们准备有趣丰富的体育活

动内容，我们也乐在其中。

[2017届高三（2）班　李博文]

您时常让我们分小组活动，这无形之中就提高了我们的团队协作能力，更让我们班级在校运会上取得了优异的成绩，增强了我们班的凝聚力！

[2017届高三（9）班　陈仁迅]

足球场上，总有你和我们一同竞技的身影。正是这一次次的共同活动，拉近了我们师生间的距离，让我们亦师亦友。

[2018届高三（13）班　池伟鸿]

（二）同事眼中的我

洪老师具有丰富的教学经验，教学风格既科学又富有活力，注重关注学生的个性化需求，善于激发学生的积极性。

——广州市天河中学　李洁老师

洪老师作为我的同事，在工作中敢于突破不符合实际的训练方式，善于创新课堂理念和课堂内容，注重理论和实践的有机结合，促进学生全面发展。

——广州市天河中学　刘春乾老师

（三）专家眼中的我

洪江老师具有系统、坚实的基础理论和专业知识，并具有一定广度的相关学科知识；教育教学水平高、能力强，胜任体育学科的循环教学；积极实施素质教育，重视培养学生的创新精神和实践能力；学生在各方面得到良好发展，整体素质明显提高；辅导学生竞赛硕果累累；积极参与继续教育，不断追踪教育教研信息，具有良好的教育教学课题研究和试验能力，承担了多项省级、市级课题，积极撰写论文，勇于承担公开课任务，效果良好；指导、培养青年教师卓有成效，是我区该学科的骨干教师。

——广州市天河区教研员　黄伟

真实、轻松、有效的语文课堂

● 广州市天河区汇景实验学校　肖天旭（小学语文）

● 个人简介

肖天旭，女，从教29年，小学高级教师（小副高），任教于广州市汇景实验学校小学部。广州市首批"百千万人才工程"名教师培养对象，广东二师中文系特聘小学语文骨干教师培训班专家团队成员，广州市第二批小学语文骨干教师，天河区语文中心组成员，曾荣获"广州市优秀教师"、天河区政府记三等功、"天河区小学语文教坛新秀"等荣誉称号。先后在《班主任之友》《小学语文教师》等期刊发表优秀文章18篇，参编校本教材《读书乐》11册，《写字教材》12册。主持区级课题两项，参与国家、省、市、区级子课题的研究共8项。

▶ 我的教学风格解读 ▶

我的教学风格关键词是"真实、轻松、有效"。

真实：陶行知先生曾经说过，"千教万教，教人求真，千学万学，学做真人。"从教29年，我所追求的真实是指老师在课堂上能根据学生的反馈作出选择，并且能根据学生的需求临时调整，在预设的方案中开放地纳入弹性灵活的成分，以学定教，而不是以案定教。课堂上老师能够敏捷地捕捉学生听课时稍纵即逝的变化，不断捕捉、判断、重组从学生那里涌现出来的各种信息，见机而作，适时调整教学进程和教学内容，形成新的教学步骤，使课堂教学更贴近每个学生的实际状态，使教学过程呈现出动态生成的创新性质。真实的课堂是建立在教师真诚的心理之上的，是一种自然生成的课堂，是师生真实交往的课堂，是暴露学生错误的课堂，也是允许教师犯错的课堂。有句话说得好，"教学是一门永远遗憾的艺术"，所以，我们宁可要真实的遗憾，也不要虚假的完美。

轻松：轻松的课堂是师生心灵融通、情感共振的绿洲。现代语文课堂教学将师生关系理解为"愉快的合作，而不是意志间的冲突，对权威、尊严的威胁"。老师要教得轻松，学生要学得轻松，要求教师要充分尊重、信任、包容学生，用欣赏激励的态度，机智幽默的表达，建立民主、平等、合作的教学氛围。在真诚、愉悦的氛围中，唤醒学生的灵性。叶澜教授说："课堂是一种生活，怎样在这段时间里积极地、主动地展示生命活力，是我们的研究重点。"轻松的课堂，学生不再如履薄冰、小心翼翼地去"揣摩"教师的想法；轻松的课堂，学生不再唯师是从，成为没有思想的"克隆"人；轻松的课堂，学生能自由"放牧"，让独立的思想不受约束，一个个活蹦乱跳的想法唾手可得；轻松的课堂，学生能"胸藏万江凭吞吐，'话'有千钧任翕张"；轻松的课堂，不再晦涩难懂、繁杂琐碎，它是一种追求简单的课堂！让每个孩子都能感受到幸福的课堂！

有效：我觉得有效的课堂是指在预设的基础上、有效的时间内，一个班级不同层次的学生都能完成课标最基本的内容，并且在课堂上达到不同层次的学生都有不同层次的能力提升。强调学生的认知过程，不强调课堂的完整性，关注课堂的生成，也更关注每一个学生的收获。这种有效性又可以按照不同层次的学生分为不同层次的有效性，针对认知层次较强的班级，在完成课标基本要求的基础上，可根据课堂生成的方向让学生形成新的知识和能力（本部分不必要求所有的学生都能掌握），认知能力较高的学生又能最大限度地张扬个性；而对认知能力较弱的班级来说，如在某一个问题上遇到困难，就可停下来让学生体悟到位，这样也能把基本的问题理解清楚，认知能力较弱的学生个体也能在不同的层次产生成就感。

有效课堂不仅可以针对一个班级，也可以针对一个学生。要保证有效课堂在日常教学中得到贯彻，只能在教学设计中依据课程标准的基本要求，坚持用减法的原则去设计课堂。美国心理学一份测试结果显示：以讲授方式听完一节课后，学生能留下的东西只有5%，但学生通过教师引导而自己讲出一节课，留下东西可以达到85%。从这份调查结果来看，用减法去设计的课堂才有可能让一个班达到有效课堂的目标，这样对每一个学生而言，有效才是高效，对一个班级来说，永远不可能有高效课堂的笼统概念。如果一定要设一个课堂评价标准，我认为"有效课堂"更符合"育人"的过程。

▶▶ 我的成长历程 ▶

一、初出茅庐，困惑当中求发展

1988年，我从师范毕业，虽然成绩优秀，但是在农村缺乏教师的年代，我还是被分配到农村小学担任教师。

当时像我们这种正规师范毕业的学生在乡下是特别受欢迎的，因为学校里还有许多老师是民办老师转正，自身的业务能力并不强，学校总将我们这些师范生当成宝贝"万金油"，就像革命的一块砖，哪里需要哪里搬，所以校长给我们的任务就特别多、特别重。但是由于封闭和缺乏引领，我基本上没有太多学习的机会。那时候没有电脑和网络，相对闭塞，对于独学而无友的我来说，是多么可怕的事情，自己觉得专业发展没有前途，因此下定决心一定要在三年内拿到大专的毕业证。

挑灯夜战，废寝忘食，三年以后，我顺利地拿到了大专文凭。我以为这样就可以改变自己的命运，但是我错了，我依旧找不到当老师的幸福和快乐。教了三年书，我没有感受到自己教学上有任何进步，反而增添了许多无奈的职业倦怠。

那个时候，我觉得自己怀才不遇，不开心，不快乐，也不知道怎么和身边的领导和同事相处，因此书没教好，还总是抱怨环境不好。因为抱怨，我跟身边的人相处得也不好，但是我没从自己身上找原因，反而觉得身边的人素质太低，无法为伍。现在想来，我是多么的幼稚和无知。

二、加盟英豪，群英荟萃练技能

1994年，广东省首家民办学校面向全国招聘教师，我有幸加入了英豪这个集体。英豪，是我在各方面真正成长和成熟起来的地方。

第一周上岗，我没有正式带班，当时有一个老师临时请假回家一周，就让我帮她上课，管班。每个年级十个班，每个班都要上同一篇课文。英豪是全寄宿的学校，因此只有晚上九点下了晚自习，老师们才汇集在大办公室里评课。评课还分成几个小组，每个小组成员都要轮流成为指定的主评人，听课就够让我眼花缭乱的了，我真的不知道怎么来评课。刚开始听那些老师的介绍就把我吓了一大跳，这些老师来自全国各地，有特级教师、有校长、有报社的记者，还有编辑部的编辑，甚至还有教育局的领导，有些老师还是全国人大代表。有的老师的课还得到过国家领导人的高度评价。但是在这里评课，大家各有各的观点，争得是不亦乐乎，公说公有理，婆说婆有理，有时候弄到凌晨两三点钟，第二天六点又起来接着干活。

更重要的是一种团队的精神。第二周就轮到我当小组里的评课主讲人，我们的组长是全国优秀教师，下午放学的时候他交给我一叠厚厚的稿纸，足足十几页，写得密密麻麻，他说："你先看看，实在不会说，你就照着念。"我想他肯定是担心我说不好会影响整个小组的形象，又或者他是好心想帮帮我，但是他写的一叠东西本身就把我镇住了——让我写半个月我也写不出来。

接下来是上课，同一篇课文，参考书大家都有，就看你怎么灵活处理。每一次听老师的课，我都发现他们对教材有自己的解读，没有人完全照着参考书上课，这让我敬佩不已！当时我们的组长给了我好多教学参考书，一次又一次听课，帮助我把教学流程背熟。我对着镜子练了一遍又一遍，还把要说的每一句话都用纸条写下来贴在书上，连从讲台上往下走几步路，往哪个方向走也标注得清清楚楚，明明白白。可是没过两天，还是觉得靠不住，万一我提出的问题学生回答不了，怎么办呢？为了保证万无一失，我在问题后面还把要请几个孩子发言，谁来发言也设计进来了。最后还是觉得不保险，于是干脆把他要回答的问题的答案写出来，提前让他们背好。到了上课那一天，我觉得要做的工作都已经做了，应该不会有什么问题了。

上课刚开始的情况推进得跟我的意料还是差不多的。孩子们积极举手，大声发言，站起来回答问题有板有眼，听课的老师们也流露出赞许的目光，课堂进行到快要结束的环节,我说:"请同学们闭上眼睛听老师读一读,说说当你坐在弯弯的月亮上,你看到了什么?又想到了什么呢?"为了上好这节课,我还精心准备了一台录音机,为朗读课文配上了优美的乐曲。本以为这是课堂的高潮,可是当我读完课文的时候,全班同学齐刷刷举起了左手。其实我们事先有约定,会的、不会的全要举手,会的举右手,不会的举左手。这一下可把我难住了,听课的老师看到这样的课堂气氛也觉得有些诡异。于是,我只好硬着头皮,随便找了一个孩子来回答,这个孩子一站起来居然说:"老师,你不是说不会就举左手吗?我举的是左手。"弄得我尴尬万分,真的是恨不得有条地缝让我钻进去。

当时英豪学校科研办的支玉恒老师说的话我倒是记得非常清楚。当着所有老师的面,他说我是个非常聪明的老师,也有较强的语文教学能力,对自己要求高,点子也多,那天的课不论从设计到落实,环节还是非常严谨、科学的。他还说我是个爱学习,也有前途的老师,但是当老师们散去的时候,他把我留下了,他告诉我:真实的课堂是孩子们生命成长的基石。我们的课堂,不仅仅是孩子们学习知识的地方,更是孩子们认识世界、体验生活、享受成长的地方,如果我们的课堂脱离了真实走向虚假,给孩子们留下的不仅仅是一次公开的谎言,更是在孩子们的心中种下了一颗制造谎言的种子,未来结出的必然是满树的虚假与不实。我记得他说这些话的时候是那样的郑重其事,严肃认真。

我很感激自己在人生的道路上能遇到这么好的老师,从此以后不管上什么样的公开课,我都牢牢地记住要秉承"真实"这个信条。于是,因为真实,我的课总是有着些许遗憾,因为真实,也常常让我有招架不住的时候,甚至因为真实,让我当堂出丑。

还是支老师,他告诉我:教师应该对学生的提问给予鼓励和支持,一定要保护他们的求知欲和主动思维的积极性。在课堂上,遇到自己不能当堂解决的问题,完全可以鼓励学生集思广益,讨论解决,孩子们看问题的角度往往和成人是不一样的。如果确实解答不出来,一定要真诚地告诉学生,老师一时回答不上来,等课后查找有关资料,或请教一下别的教师,下节课再给学生解答,切忌不懂装懂、胡乱回答。

我很幸运英豪学校给了我一个良好的学习成长环境,让我遇上了支玉恒老师,遇到了许多在自己成长过程中的良师益友。以后用这样的方法和心态去教书,自己越来越轻松,孩子们也越来越大气。课上的从容,我想这应该得益于自己追求真实的课堂的本质。

感谢英豪学校,它是练就我教学技艺的摇篮。

三、融入天河,博采众长凝风格

2001年,天河区面向全国招聘骨干教师,我很荣幸地加入了天河教育的队伍,被分配到天河区珠村小学担任语文教师。当时东圃镇教育办的教研员冯小冰老师听完我的课之后，觉得我的课因为真实，所以让她感动，因此她没事就来我们学校听我的课，每周还让我交习字练习，简笔画练习，带我去听课，让我写听课笔记，评课感言，有时候我都烦了，但是她不烦，天天跟着我要这些东西，我都觉得自己像个小学生似的。

后来我们参加广州市阅读教学大赛，我们小组以天河区第一名的好成绩获得了一等奖，也因此获得了参加市比赛的资格，在市的比赛中也拿到了一等奖。在一次次的磨砺中，我眼界大开，受益良多，也让我深深地感觉到，遇到冯小冰这位"爱折腾"的教研员是我多么大的福气。

2002年，我参加天河区第八届青年教师基本功大赛，初赛要考英语、电脑。英语我就是初中三年级的水平，还是当时没有考上高中的代课老师教的。电脑我更是一窍不通，打字的速度就像蜗牛，更不要说做课件了。当时我已经三十多岁了，我对自己没有信心，但是冯老师根本就不允许我偷懒。真是功夫不负有心人，在初赛中我终于以最后一名入围了。

课堂教学比赛之后，我获得了第一名。出色的课堂教学得益于自己在英豪的积淀，在感谢英豪的同时，我又非常庆幸自己遇到了冯小冰老师这样的贵人，我最终以综合成绩第一名的成绩获得天河区小学语文课的"教坛新秀"的光荣称号，之后成了区中心组的成员。区中心组的周卫华老师、蔡小白老师，她们一路引领、一路呵护，我上过不少教研课，也多次为区里的老师做教材分析、课例点评，还成了与农村教师结对帮扶的指导教师，一次次的历练让我慢慢地成熟。

2004年，我调到现在任教的学校——广州市第四十七中学汇景实验学校，校长高晓玲是全国小学语文特级教师，她的指点和鼓励，让我有了更大的进步，我开始跟着校长做科研课题，明白了教师不应该仅仅做一个教书匠，而应该成为一个科研型、专家型，有思想的教师。除了做课堂研究，高校长还给我提出了明确的目标，要争取评上小副高，要争取每年有一篇文章公开发表，要有自己立项主持的课题，甚至要争取评特级教师（当然这只是理想，我现在还觉得很遥远）。但是，在成长的路上，有这样的导师督促你、推动你，那是一件多么幸福的事啊！

一路成长到现在，我能成为市"百千万人才工程"广州市名教师培养对象都离不开她的帮助。在这个学习班里，我又遇到了美丽博学的何莹娟老师、功底厚实的桑志军教授，我们先后参加了许多培训，每年都有到外地听课、上课、交流的机会，从城市到农村，从一门学科到多门学科的整合，各种课型都让我大开眼界，还有那么多优秀的学习伙伴，我是多么的幸福和快乐！即便自己已年过不惑，但学习、进步和成长是自己一辈子的事情，我还是不敢说自己已经形成了自己的教学风格，但是"真实、轻松、有效"是我课堂教学永远的追求。

我的教学实录

"日记评改"课堂实录

一、导入新课

师：记得有一位非常有名的老师说过这样一句话：上课举手发言、读书、回答问题都是锻炼自己极好的机会，但这个机会是自己积极争取到的，稍微一犹豫、稍微一迟疑，没有举手，就等于放弃了一次锻炼和展示自己的机会，对人的一生来说，放弃的越多，你的损失就越大。同学们都同意吗？

生：同意。

师：那么今天这节课，有这么多老师和我们一起上，心里难免有点紧张，但是你还敢举手，不管老师提什么问题，你都敢于抓住这次锻炼的机会，有勇气举手的同学是——

师：请你来说，每次上日记评点课，你的心情是怎样的？

生：紧张。

生：激动。

师：那就让我们正式进入今天的学习，请看大屏幕：这是你们当中一个同学写的日记片段，读完了，你有什么话要说？

二、评点日记

出示：

那一次我发烧了，妈妈非常着急，背着我就往医院跑，路上把高跟鞋也跑掉了，可是她也顾不上捡回来，一口气把我背到了医院。

生：老师，她家没有车吗？就算没有车，也可以打个车去呀。

生：她家离医院远不远？光着脚根本就跑不动，穿着鞋还跑得快一点，再说一口气也跑不到医院呀。

师：所以说，写好日记首先要——

生：要写真话。

生：要是写假话会给别人笑话的。

师：选择的素材要真实是写好日记的基础。（板书"真实"）

师：再看下一篇。

出示：

2014年12月5日星期五
好一个现场表演
廖樾

　　肖老师让我们背课文《狼牙山五壮士》的最后几段，就在今天下午抽查。这一查不要紧，却把我们笑翻了天。

　　老师让我们同学互相背课文，可是因为马上就要下课了，同学们情绪激动极了：有的手舞足蹈，有的大声得简直就像嘶喊，还有人在做动作呢！

　　我们背完了之后，肖老师点起林俊林，叫起解绍菁："林俊林，你来背。解绍菁，你就一边做动作！"我们都知道，有好戏看了。

　　"狼牙山五壮士屹立在狼牙山顶峰……"林俊林开始背了。这时，解绍菁摆出一个超人的姿势站在教室里。"……脸上露出胜利的喜悦……"解绍菁赶紧摆出一个皮笑肉不笑的夸张表情。"……纵身跳下悬崖……"解绍菁"嘣"的一声，跳起来，然后重重地落地。

　　"五位壮士昂首挺胸……"解绍菁马上双手叉腰，真的就"昂首挺胸"起来。只见她奋力把头往上抬，然后尽量让自己看起来很神勇，但是却忍不住露出了笑脸。我们哪里还忍得住？班里面哄堂大笑。

　　林俊林背完之后，我们已经直不起腰了。

　　好一个现场表演啊！而且还是即兴表演！真是精彩！我忍不住拍了拍手。解绍菁这才缓缓坐下。我还忍不住呢，不停地笑着。

　　师：看到同学们又笑了，我想问问大家，喜欢这篇日记吗？
　　生：好像又到了那天上课的现场。有一种再次身临其境的感觉。
　　生：写得很生动，很有意思。
　　生：写得很具体，抓住了人物的动作、语言，还有神态来写。
　　师：这些描写就是细节描写。有时候日记更多的是用一种内心独白式的语言。大家请看看解绍菁同学的这篇日记。

2015年1月4日　　　星期日　　　解绍菁　　　晴
肖老师今天到底是高兴还是有气

　　我，大名鼎鼎的解绍菁，一向是以"神机妙算"闻名"世界"的。而观察肖老师的心情更是我的特长。当我的第六感告诉我肖老师今天有气憋在肚子里的话，我就会遇事小心，千万不意气用事。当我的第六感告诉我肖老师今天很高兴的时候，我也很高兴，因为我不用干什么都瞻前顾后的了，我可以为所欲为。

　　每天下午，没有睡醒的肖老师都会脾气差一点点。假如你上午见到的肖老师是略微生气的，那你下午就自求多福吧。假如你上午见到的肖老师是阳光灿烂的，那么下午，肖老师的起床气很快就会烟消云散。没错，肖老师就是这么的变化莫测。你猜都猜不着。

但是今天，我就好像感官失灵了一样（不过我更加认为是肖老师今天比以往更加喜怒无常了），怎么也分辨不出肖老师今天到底是高兴还是有气。所以，我今天都不知道如何自处了。你说如果太谨慎吧，万一肖老师很高兴，我岂不是委屈了自己？但如果太放肆，万一肖老师心情不好，我岂不是又要和讨厌的反思打交道了？唉，我到底是该谨慎还是该放肆呢？

下午的时候，我看肖老师脸上挂着笑容，就以多年的经验认为肖老师今天心情很好。于是乎，我就没那么谨慎了。在中午写字时间结束的时候，老师在讲话，我还在写字，我想：反正肖老师今天心情好，不如就再写一会儿吧。

但是悲剧来了。我突然听到一声："解绍菁，我在说话你都不听，站到后面去！"我猛地一抬头，映入眼帘的是肖老师那张严肃的脸。之前的笑容已不再。我想原来肖老师是憋了一肚子的气，所以我只好乖乖地站到后面去了。

但是肖老师在讲课的时候，严肃又不在了。

你说肖老师今天到底是高兴还是不高兴？以后出现喜怒无常的情况就不要再上星期五的课吧。（今天星期日，补上星期五的课）要知道星期五可是有四节语文课的！

生：这篇日记也写得很好。特别注意了心理活动的描写。

生：她的语言也很搞笑。

生：我觉得她原来是看肖老师的脸色来上课的，她写得很真实。虽然她学习成绩很好，但是也有调皮捣蛋的时候。

师：真实地写出了她自己的心理活动，抓住心理活动来描写同样可以把日记写具体。真实是前提，那么写具体就是评价一篇日记好坏的重要依据。日记要写具体，需要注意哪些细节描写呢？

生：外貌描写、语言描写、神态描写、动作描写，还有心理活动的描写。

师：是的，注意细节描写才能把日记写得生动具体。接着再看一篇，请张梓健同学来读给大家听。

2014 年 9 月 4 日　　天气晴　　张梓健
中午那些事

今天早上，我吃完饭后正要坐爸爸的车去学校。突然，我看见柜子上有昨天买 2 元钱的绿豆冰沙省下来的 3 元钱，我想：我正好可以在中午回姥姥家的路上买一杯，这样就再也不用怕那火辣辣的太阳了，但是学校不给带钱，就算是 1 分钱也不给，除非有特殊情况，但我还是把钱放进了裤兜里。

到了学校后我突然想起今天邱阅要给我 5 元钱，那 5 + 3 = 8，也就是说我今天我会有 8 块钱，突然我的钱从我的裤兜里滑了出来，我想：这下惨了，肯定会被同学发现的。

就在这时，谷新研发现了我掉在地上的钱，于是用 100 分贝的音量大声喊："啊！张梓健带钱！"我想："这下惨了，不行我得找个借口。"就在这时，我看见了我身上那破旧不堪的胸卡套，于是我对谷新研说："不是不是，这钱是我买胸卡套的。"我看谷新研姑且相信了我，于是我就没再跟他说了。

中午，我和邱阅一起走出了校门，到对面的小卖部买了一杯绿豆冰沙和两包留香展翅。就在我回去的路上，我遇见了谷新研，她看见我拿着几包零食，于是就抢走了 1 包，我想：谷新研他肯定会告老师的，我得想个法子才行呀！于是我对他说："这包给你，但你不要告老师呀！"于是谷新研毫不犹豫地说了声："好！"但是我还是担心谷新研不守信用。

下午，果真那不守信的谷新研还是告诉了老师！

谷新研不守信用。

师：你有什么话要说？

生：张梓健说得不对，这件事不是谷新研不对，谷新研是为了麻痹张梓健，告诉老师是为了帮助他，这是善意的谎言。

生：这件事首先是谁对谁错的问题，张梓健买零食本来就不对，还用零食去收买谷新研，这更是错上加错。谷新研故意骗张梓健也不对，不过在想撒谎的人面前撒谎是无罪的。

生：如果你有错误，故意不让人知道，不让老师来帮助你，那你就会越来越糟糕，迟早有一天会走上犯罪的道路。要知道纸是包不住火的，到时你就会引火上身，自取灭亡。

师：同学们都挺有正义感的，其实我们写日记应该是一个明辨是非、自我教育的过程，因此我们的日记——

生：观点要正确。

生：我觉得应该传递正能量。

师：正能量这个词用得好，请你写到黑板上。

师：老师每天都要阅读大量的日记，有时候实在读不过来，你们认为老师会怎么读？

生：一篇一篇地读。

生：不对，老师都讲了，读不过来，老师会先看看题目，谁的题目有意思、有吸引力，就读谁的。

师：你们平时读书是不是也是这样，先看看目录，喜欢的题目一定会先翻到那一页来读一读呢？

生：是的。

师：这是你们昨天的日记目录截图。

3. 曾熙雅	报仇找错了时机
4. 曾熙雅	奇葩的一天
5. 曾思皓	2米6，哈哈哈
6. 陈晓佳	奇葩的回答
7. 陈昱江	就差那三分钟
8. 杜锟洋	这本来就是我们的错！
9. 冯琬淇	就差那么一点点
10. 龚迪那	用得着那么夸张吗
11. 黄海平	没听讲的后果
12. 黄海平	无意间酿成大祸
13. 黄哲铭	黄海平你惨了
14. 解绍菁	我得罪老爹了
15. 李昊原	看来黄海平家今天要破费了
16. 李堃鹏	学会调节心情
17. 李 熙	偷鸡不成反蚀一把米
18. 廖 撤	回去路上的趣事
19. 林俊霖	为什么会发错
20. 林俊霖	耶稣的女儿沈思源
21. 林 铱	人生第一次的骨折
22. 林姿吟	错过了一次订书的机会
23. 刘宇豪	神经兮兮的张子键
24. 刘子晗	为什么说让沈思源帮菁菁抄日记
25. 罗 毅	谷新研，你不要欺人太甚！

师：从题目上看，你们对谁的日记感兴趣？为什么？

生：我对李熙的日记感兴趣，我想知道《偷鸡不成反蚀一把米》到底是怎么回事。

生：我喜欢《学会调节心情》，我想知道调节心情有什么好方法。

师：不管你喜欢哪一个，都有你自己的理由。因此，我们还应该给我们的日记加上一个——

生：吸引人的题目。

三、总结方法

师：说得真好。我们来总结一下，这节课我们学到的评改日记的方法。（大屏幕显示）读一读：

评改日记方法总结

一、日记的素材要真实。

二、日记的内容要具体。

三、日记的立意要积极。

四、日记的题目要有趣。

师：运用这样的方法，拿出自己昨天写的日记，读一读，改一改，除了在文中用上常用的修改符号之外，对照今天的评改方法修改，并且写上一段简单的评语。

四、学以致用

学生自己修改自己的日记。

师：同学们改得差不多了。谁愿意来展示一下？这么多同学举手，选一个读书最好听的同学来吧。

生：李堃鹏。

李堃鹏：2015/1/6

学会调节心情 李堃鹏

今天我有个重大收获：那就是我学到了一种新的技能——调节心情！虽然我以前也有过类似的尝试，但是屡屡失败。今天我在肖老师的批评下意外地收获了这一个技能。所以说这一次的收获，还是要归功于肖老师。下面，我就来说说是怎么回事吧！

今天上午，我被肖老师批评了。批评了我什么地方呢？那就是我对作业的"完成度"不够高。还记得昨天有一个作业叫作"打印评价手册上的第17页评语，并发给沈泽浩"，而粗心的我却把日记给发过去了，以至于沈泽浩没有收到我的日记，被肖老师发现了。跟我同病相怜的还有林俊霖本人，肖老师让我们这些人写反思。我很高兴，高兴些什么呢？因为我昨天的打印稿终于派上用场了！我兴奋地举起手，以为只要老师看过打印稿就会放过我，谁知肖老师一句冷冷的"我不用打印稿"使我的希望破灭了。我有些生气，甚至有些激动，为什么肖老师就是不看我的稿子呢？我心急如焚。回到座位上，我发现这种感觉不好受：心里痒痒的，读书没精神，画线画错了，实在没法集中注意力。我闭上眼睛，试图解释老师的行为：

我想，老师不看我的打印稿是因为她想让我知道，我发错东西是我自己的事，只因为我粗心大意，所以这是理所当然的。想到这里，我豁然开朗，读书倍儿精神，注意力也集中起来了。

这种技能多好啊，它能帮助我们在想不通的时候一扫心灵的阴霾，是自己能够接受别人、理解别人。讲到这，我还是得谢谢肖老师！

我给自己的评语是：我选择的素材是真实的，事情的经过也比较具体，特别抓住了心理描写，虽然语言描写不够，但是我的日记充满了正能量，知道凡事要站在别人的角度思考，从而调节自己，题目我觉得揭示出我要表达的意思。

师：能不能再让这个题目有趣点呢？

生：调节情绪，快乐自己。

师：更有意思了。只要不断修改，你一定能把自己的日记变得更加出色。

师：这节课即将结束，老师要送给同学们两句话。（大屏幕出示）大家读一读。

生：滴水能把石穿透，万事功到自然成。

师：为什么老师要把这两句话送给你们呢？

生：老师希望我们能够把写日记这件事情坚持做下去。

生：写日记对提高写作能力不是一两天的事，效果要时间长才能看出来。

生：只有坚持写日记才能把我们成长的故事变成永远抹不去的历史。当有一天我们成了名人，那些日记还可以成为博物馆的展品。

师：同学们理解得都很好。一两天写日记，不难，难的在于坚持，现在日记是我们每天的作业，如果有一天老师不再布置这项作业，你们还愿意坚持写下去吗？

生：愿意。

师：如果肖老师不教你们，别的老师也没有这个作业要求，你还能坚持写下去吗？

生：能。

师：说起来容易，做起来却不一定。老师相信，只要你们坚持写日记，不仅能够提高写作水平，锻炼自己的毅力，而且你还会体会到更多美妙的事情，同时也祝愿大家在日记中不断进行自我教育，让自己健康快乐地成长。

我的教学主张

课堂教学：真实令人感动　轻松成就有效

29年的小学语文教学，从僻远的仅有一盏孤灯陪伴的乡村小学，到广东省首家私立民办学校，再到今天任职的全国一线城市的省级学校，在众多名师言传身教的熏陶感染中，我深深地感受到，无论何时何地，不管面对什么样的学生，只有真实的课堂才是打动人心的课堂，只有轻松愉悦的课堂才能成就有效的课堂。

一、课堂因真实而令人感动

陶行知先生曾提出"生活教育"的理论。他指出"生活即教育"。而生活要看过程，且是不经粉饰的真实的过程，课堂教学也要看过程，看教师怎样启发、怎样引入、怎样过渡、怎样激趣、怎样使学生从不懂到懂、从不理解到理解、从不掌握到掌握、从不会到会。

（一）真实的课堂，是"以学定教"的课堂

一般上过公开课的老师都有这样的体验，在众多大师、专家同伴的帮助下，课备得是精致巧妙，精益求精，难以挑剔。于是我们为了完整地展示我们精巧的教学设计，课堂结构组织得非常严密，一环扣一环，似乎无可挑剔，偶尔有学生"出轨"，教师也会巧妙地将其"拉回来"，课上得可以说是顺顺畅畅、波澜不惊，且按时按量地完成了教学任务，板书工整得像一首小诗，格外好看，课件的使用恰到好处，教师刚讲完结束语，正好下课的铃声就响起了。我曾经以为那就是教学的最高境界。

细细研究一下，总觉得学生既然学得这么好了，还有上这节课的必要吗？我常常想起在英豪学校时，刘淑贤校长常说的一句话："在学校里，校长是为教师服务的，教师是为学生服务的。既然是服务就应该把学生真正当成一个个具有鲜活生命、具有独特个性的人对待。"那么在课堂上，我们就应该密切关注学生的学习要求，要尊重他们，把他们真正当成学习的主人，要为他们营造一种平等、民主、宽松的学习环境，让他们敢说话，敢说真话。

记得一次公开课，讲的内容是《乌鸦和狐狸》——为了乌鸦嘴里的一块肉，狐狸一次又一次地哄骗乌鸦，乌鸦被狐狸的花言巧语所迷惑，上当受骗了。在即将结束的时候，老师问孩子们，你们喜欢狐狸吗？孩子们都说不喜欢，狐狸太喜欢骗人了。老师觉得课讲完了，教学目标完成了，情感体验也到位了，老师准备下课了。可是这时候，有一只小手高高地举了起来，老师还来不及叫他，他就一下子站了起来，大声地说："老师，我喜欢狐狸，我认为狐狸很聪明，还有一种不怕困难、坚持不懈的精神。它骗乌鸦的时候，第一次没有骗到，它没有灰心，想一个更高明的办法来骗，第二次还没有骗到，它就再想一个更高明的办法，一直到把那块肉骗到手。所以我喜欢狐狸。"这位同学话音刚落，刚才不喜欢狐狸的孩子突然也举起手附和起来，说自己也喜欢狐狸了，这时候，下课铃正好不合时宜地响起来了。怎么办？拖堂纠缠肯定不行，问题不解决也不是个事，老师灵机一动，布置了一个作业：回去和爸爸、妈妈讨论一下这个问题，如果我们身边的人都像狐狸那样，会怎么样呢？

苏霍姆林斯基曾经指出："人的心灵深处，都有一种根深蒂固的需要，这就是希望感到自己是一个发现者、研究者、探索者。"他们不是一个被动地接受知识的容器，这就决定了在课堂教学中，不可能事事都按着教师提前的预设而发展，因此，我们要相信学生，努力去追求教学的本真，面对学生真实的认知起点，尊重学生的个性差异，展现学生真实的学习过程，让每个学生都有所发展，才能体现课堂生命的活力。

（二）真实的课堂，是动态生成的课堂

"动态生成"是新课程改革的核心理念之一。新的课程理念认为，课堂教学不是简单的知识学习过程，它是师生共同成长的生命历程，它五彩斑斓，生机勃勃，活力无限。叶澜教授在《面向21世纪的新基础教育报告》中强调："教育活动具有动态生成性，教学过程是生动可变的。课堂的活力来自学生动态的发展，教师必须紧紧抓住课堂教学中'动态生成'的因素，使之成为学生知识、能力、情感的催化剂。"

"生成"需要预设。体现在课前应充分了解学生、研读教材、制定教学目标、思索教学策略、设计教学程序，为教学设计一幅蓝图。同时预设必须是弹性的、灵动的，留有学生自主学习和动态生成的时间。例如上《曹冲称象》一课，孩子们都认为曹冲的办法非常巧妙，老师在课堂上又巧妙地提出了这样的一个问题，你们还有其他的办法来称象吗？结果有的孩子说：过磅（当时的条件肯定不允许）；有的孩子说用跷跷板的原理，一边是大象，一边站好多人（操作起来不现实）；结果有一个孩子说用人代替石头，只要把人的体重加起来，就不用搬石头了。多么了不起的方法呀，这应该就是窦桂梅老师说的超越课堂吧。

"生成"需要氛围。"语文课程必须根据学生身心发展和语文学习的特点，关注学生的个体差异和不同的学习要求，爱护学生的好奇心、求知欲，充分激发学生的主动意识和进取精神。"在平时的教学中，我们不难发现，学生的思维是最没有束缚的，最活跃的。当学生大胆质疑，发表自己的意见时，我们不能一味地加以遏制，要珍视学生，对他们这种敢于表现自我，积极思考的行为要加以认可甚至鼓励，从而使他们敢说、会说、乐说，课堂中的动态生成才会不断涌现。因此，在教学中，教师要积极地营造民主、平等、和谐的教学氛围，真诚地尊重学生的发现，巧妙地启迪学生的思维。

（三）"生成"需要引领的课堂

生成不是偶然、不是随意，也不是教师被学生牵着鼻子走。"如果真是那样，教学就不叫教学，课程也就不叫课程了。"如支玉恒老师在《西门豹》的教学中设计了五个指向学生情感的问题，其中有一个就是：读了这篇课文，你心中有没有同情？结果有一个孩子站起来说，我觉得巫婆就挺让人同情的，她年龄那么大，犯了错，西门豹有必要那么狠心，一下子就把她淹死吗？可不可以念在她年迈的份上，从轻处罚？这是令人没有想到的。支老师没有着急，而是让学生反复读课文，从课文中找到巫婆他们究竟做了什么事情，给百姓造成了哪些伤害，如果你生活在那样的年代，遇到了这样的事情，你还会觉得西门豹处罚太重吗？

教学中的动态生成，教师既要考虑学生的兴趣和需要，也必须考虑价值观的引领。要让学生更有效地学习，更健康地发展，那么，对教学生成的理解就不仅是形式上的跟从，而是要把握其实质，引领孩子健康成长。

二、课堂因轻松而成就高效

《语文课程标准》明确提出：提倡转变学生的学习方式，培养学生主动参与、乐于探究、交流合作的学习态度。美国心理学家罗杰斯认为："成功的教学依赖于一种真诚的理解和信赖的师生关系，依赖于一种和谐宽松的课堂气氛。"因此，我认为创设轻松的学习氛围，让学生愉快地学习，有利于提高语文课堂的效率。

（一）轻松的课堂需要教师富有激情和魅力

一副自然大方、亲切随和的教态，一身时尚端庄、搭配得当的衣着，一手龙飞凤舞、刚柔相济的书法，一口字正腔圆、抑扬顿挫的普通话，一段声情并茂、慷慨激昂的朗诵，一句委婉动听、相得益彰的轻唱，都会对学生的注意力具有无形的控制作用，对学生的审美情趣具有潜移默化的导向作用，从而激发起学习兴趣，焕发课堂活力。语文教师要将学生带入美妙的文学殿堂，最重要的还得用语文的真正学识去感染学生，使其受到熏陶——教师满腹经纶，才华横溢，妙语连珠，都会极大地激发学生的学习兴趣，很容易营造愉悦、和谐的学习气氛，当然就有利于教学了。比如我前不久上了一节习作教学课，写一个特点鲜明的人，老师先给孩子们表演了一个"白纸变钱"的游戏，再让学生来说说对老师的印象，课堂上一下子就充满了惊叹，学生都被老师吸引，有了这样的铺垫，学生一整节课都积极思考，大胆发言，课堂效果非常好。

（二）轻松的课堂需要教师尊重学生、信任学生、赞赏学生

学生是课堂学习的主人，因此营造轻松的课堂，教师一定要做到目中有人，心中有爱，设身处地，营造一个接纳性、宽容性的课堂气氛，尊重学生的学习体验，使学生无拘无束地大胆质疑、发表见解、与教师争论，以愉快的心情钻研问题、启动思维、驰骋想象。尊重学生与众不同的想法，特别是与老师不同的意见；鼓励学生敢于不屈从于教师，不迷信于权威，不盲从于教材，敢说"我认为"。学生在一种无拘无束、自由畅达的空间，尽情地自由参与、自由表达，往往能产生一种宽松、新奇、愉悦的心理体验，学习兴趣高涨，从而诱发潜在的创造智能，迸发出创造的火花，展现语文课堂的无限活力。

此外，教学实践中尝试了分层教学，即经常让一些学习有困难的学生回答一些很浅显的、在书本上很容易找到答案的问题，在不断的训练中获取点滴的长进，体验成功的快乐，并且对他们的体验做出一些激励性的评价。例如："其实你很聪明，只要多一些努力，你一定会学得很棒。""这个问题你说得很好，证明你是个爱动脑筋的学生，只要努力，你完全能学得好！""你的看法很独特！""你的分析很有道理！"诸如此类的评价，不但承认了学生的进步，而且强化了学生的进步，并使学生在心理上也感受到进步，使学困生不仅喜欢上语文老师，也喜欢上语文课。

他人眼中的我

肖老师的课堂，教师和孩子们的表现都很棒！课堂上学生始终以饱满的热情、高涨的兴趣参与到学习中。肖老师朗朗的诵读声犹如清凉的风，吹进孩子们的心田，使学生自觉不自觉地进入到言语的内化阶段，熟读成诵，积累语言，教学效率高，令人惊叹。尤其是当课堂上出现大量的信息资源时，肖老师能快速地用敏感的心灵去捕捉、用深刻的眼光去洞察、用灵活的教学机智去重组，在处理一个个棘手的问题中展现自己精湛的教育水平、教学功底和文化底蕴。在教学中，肖老师转变

观念，大胆放手，把自主学习的过程变成发现问题、提出问题、思考问题、初步解决问题的过程。"教育的任务不在于把知识灌输到灵魂中去，而在于使灵魂转向。"肖老师还学生以灵性，指导学生进行自主性的超前学习，充分发挥小组合作学习的作用，课堂生态精彩无限，真实、朴实、充实、丰实、扎实。尤其尊重孩子们的生命状态，与孩子们共同体验生命的自豪、幸福、快乐！有名家、大师风范，为孩子们有这样的老师感到骄傲，孩子能遇到这样的老师是多么幸福啊！

——广州市天河区汇景实验学校特级教师、副校长　高晓玲

你们一定不会想象得到，我们班的语文课多么有趣。有时候是故事会、有时候是相声课、有时候是表演话剧、有时候是辩论会——每次都有不同的惊喜，肖老师会根据我们当天的表现即兴安排不一样的课程。"课堂"就像一个魔法盒，你永远不知道下一秒会看到什么。

——学生　张贤悦

以灵魂之善　成教育之美

● 广州市第四十七中学　陈艳萍（高中生物）

● 个人简介

陈艳萍，女，中学高级教师，任教于广州市第四十七中学。广东省首批骨干教师，广州市中学生物十佳教师，广州市优秀教师，广州市及天河区生物中心组成员及广州市生物教研会理事。从教20年，一直担任校重点班班主任以及校创新班的生物把关教师。承担各类公开课，多次获全国、省、市说课大赛一等奖，多次参加教师技能大赛，荣获区教坛新秀，市首届教师技能大赛优秀奖。10余篇论文发表在省、市级教育刊物。目前作为主持人在研区级、市级各一项课题。

▶ 我的教学风格解读 ◀

我的教学风格关键词是"以灵魂之善，成教育之美"。

灵魂之善：教师作为人类灵魂的工程师，教师的灵魂首先要具有善。古希腊思想家亚里士多德认为"灵魂的善"是一种最高类型的善，它是从自己内心去追求快乐与善，而不因外在的事物影响自己对快乐和幸福的追求，其实就是如范仲淹所说"不以物喜，不以己悲"。因而，作为一名教师，本身要从内心深处去热爱教育事业，并且把教育当作人生最重要的事业去做，而不仅仅只是自己的职业，并且不因各种物质、名利影响自己对教育事业的热爱，然后才能成就"教育之美"。

教育之美：美是真和善的辩证统一，也是真善美的最高境界。在教育学生的过程中，既要教育学生真，即客观的知识，同时也要教育学生善，把客观的真理和主观的真理达到辩证统一，从而实现教育之美。在教育过程中真正贯彻这个思想，美就在这里了，真正教育之美就是实现真理与价值的辩证统一。真理即教育学生客观知识，价值就是给予学生一个道德上的领引，形成高尚的人格。只有将知识转变成一种价值观念，学生才能真正服务社会、服务他人。

作为一名高中生物教师，我一开始认为生物教学就是教好生物客观真理，但随着对教育的逐步理解，我领悟到了，教育除了教会学生知识，还要用自己的人格魅力去感染学生。只有追求内在的善，才能成就教育之美。

▶ 我的成长历程 ◀

1997 年大学毕业典礼上，校长带着我们在国旗下进行庄严的宣誓：为教育事业而奋斗终生。我清晰地记得，当时我热泪盈眶，而那短短 1 分钟的宣言一直引领着我这 20 年在教育事业上孜孜不倦地努力。

一、借鉴—学习—创造

教会学生半桶水，自己必须要有一桶水。1997 年分配到天河中学，我仍记得第一节生物课没有完成教学内容给了自己当头一棒，原来现实和理想差别这么远，之后我暗暗地给了自己一个目标，近 5 年内必须扎实自己的教学基本功，多学习、多借鉴，才能不愧"教师"这个响当当的称号。1997 年，天河区全面开展信息化教学，我也积极投入到课改中去。公开课和一系列参赛活动，促使我不断成长。短短几年，我承担大量区级、市级、省级、国家级公开课，并代表天河区参加各类比赛，如全国信息化说课比赛、市教师技能大赛等，并取得优异的成绩，自己也从当初连一节课都驾驭不了的年轻教师，成长为区教坛新秀、市优秀教师、十佳青年教师。

二、独立—反思—蜕变

2003 年顺利通过中学一级教师的评审后，我开始独立承担高中重点班生物教学以及班主任工作。工作重心也从教学转为从学生德育工作为主，这也开启了我连续 9 年的班主任教学生涯，烦琐的班主任工作，每天和学生斗智斗勇，都曾让我焦头烂额，难道我只能做一名只会"教"不会"育"的老师吗？于是，我又开始反思自己在工作中的方法和技巧，如何成为一名睿智的班主任？我不断看书并学习，尝试在师生之间建立一种平等、协作、和谐的气氛，多与学生进行情感交流，主动去向优秀的班主任学习，改进管理方法，为了做好学生的思想工作，我经常伏案工作到深夜。典礼那天，班里的孩子们抱着我哭了。十年后，在他们写给我的信中，读到"难忘师恩，引领多年不断努力"，那一刻，我也深深体会到了"育人"的幸福。2008 年，我班生物高考在全市排名遥遥领先，全市生物前 10 名中就有 3 名出于我班，那一刻我突然领悟到了"教师是灵魂工程师"这句话。教育不只是教书，更重要的是用灵魂之善来育学生之美，这也是善和美的最高追求、最高境界。接下来我又连续担任了 6 年的班主任工作，这 6 年我的确付出了比别人更多的苦与累，但我收获了比别人更多的喜与乐。这 9 年的班主任工作让我对"教育"有了更高的理解，教育需要用生命、心灵、智慧去经营。我的教育理念得到了升华，同时我也多次获得了区"优秀教育工作者"称号，同时被评为"广州市十佳青年教师"。

三、研习—扎根—凝练

2014 年是我 10 年来连续带完的第三届高中毕业生，自己在教学上已成长为一名教学扎实，受学生爱戴的"老"教师。这一年是我工作的第 17 个年头，也是我离开大学校园的第 17 个年头，我隐隐感觉到单靠经验来工作，自己永远只是一名教书匠，要想成长为一名教育工作者，必须要有先进的教育理论和科研实践。于是，2016 年我重新走进大学校园，开始向专家们学习，2014 年我成为省首批骨干教师培养对象。在这两年里，我不但订阅了《生物学教学》，还阅读了《教育研究方法导论》等多本书籍，在课堂教学研究中积极反思，撰写论文，其中有 3 篇文章在《广州师训》等杂志发表，同时申报的"基于核心素养的高中生物创新性合作实验的开发和研究"课题被立项为区重点课题和省课题，还申报了市青少年科技项目《天河区海绵城市湿地生态考察与保护》。

当自己成长起来后，我更加注重对同行承担的责任。近十年我一直担任市以及天河区中心组成员，今年被聘为广州市生物教研会理事，同时我更注重对年轻人的培养，2011 年以来一直担任华南师范大学生命科学学院的研究生教学与毕业论文的指导教师，培养了贺屹、陈春丽、莫春华等多位青年教师。

20 年的教学生涯，我一直在摸索中前进，无论跌倒也好，顺利也罢，我都努力使脚下的教育之路不断延伸。经过 20 年的教育历练，我更深刻地体会到了"以教师之善，成教育之美"的深刻含义，实践并思考着，它引领着我做一位幸福的教育者。

我的教学实录

选修三"现代生物科技专题"

一、教材分析

人教版高中生物学选修三"现代生物科技专题"模块以专题形式介绍了现代生物科学技术一些重要领域的研究热点、发展趋势和应用前景。近几年的全国高考试题中，主要以考察选修三的与现代生物科技相关的基础知识和基本原理，特别重视专有名词的考察，重点考察基因工程、细胞工程、胚胎工程。2016 年和 2017 年选修三的考纲对比见下图。

二、教学重、难点分析

高三生物学复习中，在经过对基础知识进行系统梳理、主干知识得到了一定的巩固和深化的一轮复习后，二轮复习应该注重知识间的纵横联系，使学生能从多重的角度和多维的层面接触知识，以提升学生在新情景中灵活提取知识、应用知识的能力，发展学生思维的全面性。

【选修三】2016 和 2017 考纲对比		
2016 年考纲	2017 年考纲	要求
6－1 基因工程	6－1 基因工程	
（1）基因工程的诞生	（1）基因工程的诞生	I
（2）基因工程的原理及技术	（2）基因工程的原理及技术（含PCR 技术）	II
（3）基因工程的应用	（3）基因工程的应用	II
（4）蛋白质工程	（4）蛋白质工程	I
6－2 克隆技术	6－2 克隆技术	
（1）植物的组织培养	（1）植物的组织培养	II
（2）动物细胞培养与体细胞克隆	（2）动物细胞培养与体细胞克隆	I—II
（3）细胞融合与单克隆抗体	（3）细胞融合与单克隆抗体	II
6－3 胚胎工程	6－3 胚胎工程	
（1）动物胚胎发育的基本过程与胚胎工程的理论基础	（1）动物胚胎发育的基本过程与胚胎工程的理论基础	I
（2）胚胎干细胞的移植	（2）胚胎干细胞的移植	I
（3）胚胎工程的应用	（3）胚胎工程的应用	II
6－4 生物技术的安全性和伦理问题	6－4 生物技术的安全性和伦理问题	
（1）转基因生物的安全性	（1）转基因生物的安全性	I
（2）生物武器对人类的威胁	（2）生物武器对人类的威胁	I
（3）生物技术中的伦理问题	（3）生物技术中的伦理问题	I
6－5 生态工程	6－5 生态工程	
（1）简述生态工程的原理	（1）简述生态工程的原理	II
（2）生态工程的实例	（2）生态工程的实例	I
实验	实验	
7－1 基因工程	7－1 基因工程	
DNA 的粗提取与鉴定	DNA 的粗提取与鉴定	掌握程度参考本考试大纲中的 1. 考试的能力要求 2. 实验与探究能力

从历年高考课标卷试题分析可以看出，考查的内容有几种，主要考查基因工程、细胞工程、胚胎工程，考点涵盖了各项工程的基本原理、操作步骤、生产应用，并与必修进行适当的综合。能力要求方面：主要考查学生是否能说出所学知识的要点，以及知识间的内在联系。从高考考察特点不难看出，基本概念和原理是选修三模块高三复习的核心目标。

三、本节课的教学目标

（一）培养学生规范答题的习惯

从学生的答题情况来看，部分学生在答题时粗心大意或审题不清，因此通过试卷讲评引导学生找出关键词，提取试题信息并结合知识点进行分析。

（二）立足基础知识，深化核心概念教学

形成生物学核心概念是理解生命的基础，高考也注重对核心概念的考查，在本节课中，引导学生立足基础知识，回归教材。

（三）研读考纲，培养学生能力

高考是依据《考试大纲》的要求来命制的，因此在教学中培养学生真正做到"依纲据本"。

四、解决重、难点的策略

（一）在选修三教学中穿插"微专题"

本节课，以高频考点的细化，核心概念的拓展，社会热点的转化，学科思想的应用四种方式构建"微专题"（基因工程、植物组织培养、动物干细胞培养、胚胎工程），以达成高三复习的有效教学。

（二）以核心概念为引领，构建知识网络

通过"微专题"的复习，将分散在教材中的有关信息传递的内容进行整合，集中时间进行比较和剖析，展现知识的深度和广度。

（三）通过"套卷—分析—对应知识点"的模式，规范答题习惯

高三二轮复习中，试卷的分析课尤其重要，在上课之前，学生完成试卷，教师批改，发现学生存在的问题，并在课堂上进行分析，及时回归课本，查漏补缺。通过"套卷—分析—对应知识点"这样的模式来加深记忆和提高解题能力。

五、教学过程

教学环节	教师活动	学生活动	设计意图
导入新课	引出本节课复习内容选修三《现代生物技术》的大纲，对前天完成的套卷练习一进行分析	回答投影问题，归纳几种现代生物技术	明确复习目的
复习微专题一：基因工程	1. 提出基因工程是近几年的高考热点 2. 根据试卷批改的情况，请学生相互讨论，先解决基本的错误问题 3. 介绍出题背景 4. 介绍高考考纲，通过试卷讲评引导学生找出关键词，提取试题信息并结合知识点构建知识网络系统，并进行分析，从而培养规范答题的习惯 5. 进一步引申，还能出什么相关的题目	1. 讨论错题的原因 2. 根据教师提出的问题，找出关键词，依托考纲构建知识网络系统	立足基础知识，深化核心概念教学，回归课本，并培养规范答题习惯
复习微专题二：细胞工程	1. 同上微专题一：请学生相互讨论解决基本的错误 2. 介绍出题背景 3. 请学生总结自己出错的原因 4. 进行错题总结，并分析解题规律：找关键词—结合知识点—发散思维	1. 讨论错题的原因 2. 根据教师提出的问题，找出关键词，依托考纲构建知识网络系统	通过识图比较，培养学生的观察能力和表达能力
复习微专题三、四	引导学生重视这两个方面的知识点	总结、归纳本节知识	培养学生的归纳能力
分析、总结	最后分析解释这几年的生物高考特点，给学生鼓励，加油	—	—

练习一：下图为"利用水稻生物反应器合成超级抗氧化类胡萝卜素"的部分转运人工染色体（TAC）的简化示意图，该工程共涉及四个目的基因：Crtl 基因、PSY 基因、BKT 基因和 BHY 基因。请根据图回答问题。

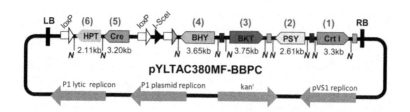

注：Crtl：八氢茄红素脱氢酶；PSY：八氢茄红素合成酶；BKT：β-胡萝卜素羧化酶；BHY：β-胡萝卜素酮化酶。

(1) 你认为要实现在水稻作为生物反应器合成类胡萝卜素，在基因的构建上应有哪些组成？_____

(2) 图中所示 HPT 部件为潮霉素抗性基因，可推断导入该基因的水稻细胞可在含有_____的培养基上生存。

(3) 若在水稻细胞中检测出_____，则说明 Ctrl 基因已成功表达。该检测过程需要用到_____技术。

(4) 该项目使用了农杆菌转化法，请简述方法_____
_____。

(5) BHY 基因的组成元素与下列哪个物质完全一致_____。（填序号）
① RNA 聚合酶 ②纤维素 ③磷脂 ④甲状腺激素 ⑤ATP

(6) 请简要写出，与动物反应器对比，你认为植物反应器的优点是什么？
_____

练习二：品种为"自由女神"的红玫瑰，此玫瑰茎干长达1.2米，比普通玫瑰的茎干更粗，刺更少，花朵是普通玫瑰的两倍大，颜色更加鲜艳、饱满，同时它的保质期能达到40天。下图为"自由女神"红玫瑰的三种组织培育方法。

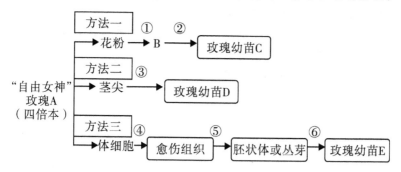

(1) 过程①的方法是_____，幼苗B为_____倍体植株。过程②需

要_____处理，才可获得四倍体幼苗C。比较基因型为AaBb的植株A和植株C的遗传物质是否相同？为什么？_____

(2) 采用茎尖组织培养的优点是_____。

(3) 方法三过程④⑤分别是_____，形成的愈伤组织特点是_____。与过程④不同的是，过程⑤⑥需要_____条件有利于胚状体或丛芽进一步发育成玫瑰幼苗。

(4) 长途运输中，"自由女神"玫瑰需在_____（零下低温，零上低温，常温，高温）条件下保存，主要目的是_____，从而延长"自由女神"玫瑰的保质期。

(5) 玫瑰进行瓶插寿命比较短，主要原因是各品系中乙烯敏感性存在很大差异。转入乙烯受体基因ETRI可以改变对乙烯的敏感性，从而延长瓶插寿命。现将乙烯受体基因ETRI成功导入一株国产月季"卡罗拉"，培养至开花后发现它的瓶插寿命并没有延长，请简要说明两种可能的原因以及相应的检验方法：_____

练习三：下图是通过动物纤维母细胞等获得单抗的实验研究。根据图中内容回答相关问题。

(1) X、Y、Z细胞的名称分别是_____、_____、_____。

(2) 动物细胞培养需要哪些条件？_____。与纤维母细胞相比，诱导干细胞的全能性较_____。②过程的实质是_____。

(3) ③过程中需用到的生物诱导剂是_____。

(4) ④处需要经过两次筛选，第一次筛选是在_____培养基中筛选出_____，第二次筛选出_____。

(5) 若用含放射性^{32}P标记的核苷酸的培养基培养Z细胞，能测到放射性^{32}P的细胞器有_____。

练习四：据报道，中山大学中山眼科中心主任任葛坚领导的研究小组将猴子的皮肤干细胞注射到小鼠的囊胚里，再将囊胚移入代孕鼠体内发育形成猴鼠嵌合体——猴鼠，用于角膜等器官的移植研究，请回答下列问题。

（1）胚胎干细胞体外培养诱导分化可形成大量皮肤干细胞，其原因是_____。根据胚胎干细胞的这种功能特性，当我们身体的某一类细胞功能出现异常或退化时，利用胚胎干细胞的治疗思路是_____。

（2）早期胚胎发育到_____期时，胚胎细胞开始出现分化，应将猴子的皮肤干细胞注射到小鼠囊胚的_____部位，以伴随其发育成某种组织。

（3）将囊胚移入代孕鼠体内属于_____技术，此技术对代孕受体的要求是_____。若想进一步提高胚胎的利用率，可采用_____技术。

六、教学反思

首先必须明确：高三市一模前的最后一节生物课到底要达到一个什么目标？高三，的确对于很多老师来说，似乎是与素质教育相违背的，很难实施素质教育，因此没有人愿意用高三上公开课。我想我不能脱离高考，否则那就是一堂对学生无用的课，而这节课我必须要解决的是：再次落实选修三的知识点以及答题技巧，通过这堂课提高学生的智慧，掌握容易失分点，这是我整节课必须贯彻落实的地方。

接着我再次思考解决问题的方法，难道高三的课就必须由老师满堂灌吗？难道高三的学习就不能体现学生的能力吗？其实高三不但是一个应试教育的过程，它教会了学生什么是严谨，高三更通过一些背景的训练，让学生们学会科学地思考各种问题，因此，我想我应该把课堂还给学生！

那如何还给学生？我发觉学生总是重复着之前的错误，那为何不让他们尝试和教师互换角色，由班里两位成绩好的同学开出两道题考学生，再由班里6位同学来批改卷子，总结他们的错误？让我欣慰的是，没想到这两位同学出的"高考题"不但难度更有趣味，并抓住了同学们的兴趣和兴奋点，一道是以生物反应器引出基因工程，一道以情人节的玫瑰引出组织培养。我更没有想到总结的同学能紧扣知识点，发现同学们的知识点的遗漏并及时补充，那么我所需要做的就是进一步升华和提升了！整堂课下来，我们做到了几点：（1）新型的题型吸引学生的兴趣；（2）题目的陷阱恰到好处地让学生发现了自己在答题过程审题中被扣分更多；（3）升华考纲，指明方向；（4）效率很高，不但掌握了题型、知识点，还掌握了答题技巧。

其次，这节课让我发现了高三的孩子们的能力比我们想象的要强，全程从设计题目，到题目反复修改，接着改卷子，总结错误……都是环环相扣。

最后，当离下课还有2分钟的时候，我提前结束了生物课，和同学们说："同学们，你们知道吗，9月份我们第四十七中学就将成为广州中学了，你们也许就是第四十七中学最后一届毕业生，让我们用优异的成绩为我们的母校点赞，让我们用优异的成绩为我们每一位同学加油！高三，一定会成为你人生中难忘的青春！"

▶▶ 我的教学主张 ▶

教育者，非为已往，非为现在，而专为将来

蔡元培曾说过：教育者，非为已往，非为现在，而专为将来。

教育只是教会当前的知识吗？18年的高中教学，我发现了一个现象，有的学生高考成绩考得很好，但进入大学后就不愿再学了，我们常会叹息浪费了一个好学生，我常常反思这样的教育是"成功"的吗？这无疑是"失败"的。追踪多年毕业学生的求学情况，我总结了，我们的教育不能立足于"现在"，而要展望未来，因此，我常以"教育者，专为将来"来鞭策并要求自己。

一、教书不仅教"知识"，更要教"兴趣"

生物教学既是一门科学，又是一门艺术，"兴趣"才是学生最好的老师，才是学生主动学习的最大动力。高中教学容易让教师进入一个误区——满堂灌。学生被动接受知识，最后学生的创造力被扼杀在应试教育中。在高中教学中，我主张用思维的逻辑力量吸引学生的注意力，只有教学思路的出新，教学设计的创意，课堂应变的灵动，才能使学生不仅学到知识，更重要的是进行了思维的训练。

高中生物可以上得很生动。转基因工程带给人类的利与弊，生态工程让人类对环境保护有一个新的思考，遗传病的预防和治疗给了学生一个全新的视野。我常以辩论课的形式、小组搜集汇报的形式，给学生展示生物科技前沿发展的电子报刊来进行教学，增强学生对生物学习的兴趣。

高中生物可以上得很创新。多年毕业的学生常和我说的就是："老师，上您的生物课真'累'，这边才开动大脑思考这个问题，那边又跳出一个个新的问题来了，但这真有一种'淋漓畅快'的感觉。"

高中生物必须上得很严谨。严谨的科学思维才能登上科学的殿堂。课堂中我常常感叹每一位生物科学家那种孜孜不倦追求真理，用生命去解开一个个科学奥秘的精神和人格魅力。因此，在教学中我要求学生认真掌握每一个知识点，每一次的实验设计、实验现象的分析我都必须严谨。

二、激发"内驱力"，建立"终身学习"的信念

多年担任高考毕业班的班主任，我总结出，真正的教育失败是学生厌学了。只有始终保持学习的兴趣和热忱，建立"终身学习"的信念，教育才是成功的。而驱动学生终身学习的动力不是"外力"，而是"内驱力"，因此在教育过程中，我一直重视"育人"，常以母亲般的耐心谈话点燃学生的自信心，积极开展课外活动，如徒步、野外求生、参观科研院校、户外生物考察等，树立多元化的成才观。3年的高中教育，我更关注的是学生的视野，学生获得的不仅仅是知识的训练价值，还包括人格、情感的陶冶价值，为此，我坚持担任10年的高中班主任，用我

的德和才去影响一批批学生。

从教20年，教学的执着让我一直坚守"一朝为人先生，一生做人先导"，我将一如既往用生命、心灵、智慧去经营所选择和钟爱的教育人生。

他人眼中的我

陈艳萍老师，作为我步入高中生物教学的启蒙老师，在教学中给予我很多指导和帮助，且不遗余力。在此，我要向陈老师表示最真心的感谢。在我们眼中，陈老师是这样的：①有强烈的事业心、责任感，教学经验丰富。从事教育工作近二十载，工作态度认真负责，对教学始终饱含激情，不断挑战自我、充实自我。教研能力及驾驭教育教学的能力强，是我们学习的榜样。②传授知识之余，关注学生的成长。爱学生、关心学生，发现每个学生的潜能，因材施教，经常不断鼓励学生，使其展现各自的才华，深受学生欢迎和尊敬。③工作生活中的良师益友。既是学生心目中的良师益友，也是我们心目中的良师益友。最后我想说：陈老师，很庆幸能遇到您，不仅乐意做您的同事，更愿意做您的学生，学习您的教学方法、教学态度。

——第四十七中学生物教师　贺屹

陈老师是我心中最具魅力与风采的老师。她体贴我们每一个人，那种体贴从来不是煞有介事的，而是细微且不动声色的。她尊重我们每一个人，将我们视如己出，不曾疾言厉色。课堂上，她不仅教会了我们丰富多彩的生物知识，还教会了我们对生活、生态、生命的敬畏。课堂外，她鼓励我们积极探索、勇于发现，使我们的独特潜能得到了深入发掘。亦师亦友的陈老师是我们的指路人，更是我们的守护神。

——2017届高三（1）班　王心仪

雅趣正行

● 广州市第四十七中学　江玉澜（小学音乐）

● 个人简介

　　江玉澜，女，教育硕士，中小学音乐高级教师，任教于广州市第四十七中学汇景实验学校。广东省"省级骨干教师"培养对象，广州市"百千万教育专家"培养对象，天河区"名教师"，广州市第十五届音乐教研会理事，广州市中小学综合艺术学科中心组成员，天河区音乐学科中心组成员，中国合唱协会会员，中国音乐家协会"奥尔夫"专业委员会会员，中国轻音乐协会会员，曾获"全国社团优秀辅导教师""广州市十佳少先队辅导员""广州市优秀少先队辅导员""广州市优秀音乐教师""区音乐教坛新秀""优秀教师""优秀少先队辅导员""社团优秀辅导老师""艺术节优秀辅导老师"等荣誉称号，主持省、市、区级课题4个，参与课题6个。其中，主持广东省级"十二五"规划课题"基于小学艺术教育育人功能的校本策略研究"正在研究中，主持广州市教育研究院"综合艺术课程教学案例研究"正在研究中，其余均已结题。10余篇论文发表在《中小学教育》《广东教育》《小学德育》《中小学音乐教育》等杂志；论文、教学设计等30余篇获国家、省、市、区级一、二、三等奖，录像课、优质课、专业技能等比赛获市、区级一等奖等20余次，辅导学生参赛多次获国家、市、区级奖励。

▶ 我的教学风格解读 ▶

　　"优雅"，是一个既古香古色又充满现代气息的词语。"优雅课堂"一直是我苦苦追寻的至真至美的课堂生态。多年来，我用音乐的优美和空灵，浸润、激动着孩子们的心灵，努力塑造他们优雅的气质。为此，我在音乐教学中大力践行教学语言人文化、形体姿态律动化、课堂常规音乐化、教学手段童趣化、情景设置艺术化等教学手段，以自己灵动的教学设计开启学生的智慧之门，让课堂教学充分展现音乐的优雅之美，从而把学生带入优雅的艺术之境和生活之界。

　　一、修炼"优雅"教师

　　优雅音乐课堂始于优雅教师。

优雅是一种自信，而自信则来源于一个人的底蕴；优雅是一种淡然，而淡然则来自内心的高贵。无论是迎接鲜花和掌声，还是面对批评和质疑，都能淡然处之。从以前"老师，你好凶！"到今天"老师，你真美！"——这是我从青涩走向成熟的蜕变。我知道，这种蜕变来自于书香的浸润，有赖于情感的陶冶，也得益于形象的塑造。

（一）优雅离不开书香的浸润

"腹有诗书气自华。"读书是人们重要的学习方式，是文化传承的通道，是人类进步的阶梯。读书可以让男人变得儒雅，女人变得优雅。做一个优雅的教师，就是离不开书香的浸润。为人师者，本应具有较为深厚的文化底蕴、专业化的理论素养、宽厚仁爱的人文精神、独具魅力的人格品质，这一切无不建立在广泛吸收优秀文化精髓和接受名家大师经典洗礼的基础上。我从小就喜欢读书，我读诸子百家，也读唐诗宋词；我走进苏霍姆林斯基，也走近陶行知……虽然我还读得不够精，也不够深，但我努力通过阅读来使自己的文化基础更加厚实，把握教育的真谛，努力不让自己被"搞艺术的是半文盲"这一文化意识给催眠了。有了一定宽度和深度的文化底蕴，才能口吐莲花、妙语连珠；才能让我们的课堂不仅仅是传授知识、培养技能的训练场，更是传递思想、启迪智慧、充满人文情怀和生命活力的大课堂；才能最大限度地实现教书育人的终极目标。常读书和常思考，使我勇于和善于对自己的教育教学作出严格的反省，让自己既不惮于正视自己之短，又要努力探究补救途径，更擅于总结自己的或同行的成功经验，从中提炼出可供借鉴的精华，为理论的突破夯实根基。我的职业要求我必须做一个爱读书的人。"书是优雅女人一生最好的知己"，醉人的书香伴我一路同行，我一直在努力做一个优雅的教书人！

（二）优雅离不开情感的陶冶

说到性情的修炼，那应该从我做妈妈那一阶段开始。因为对自己孩子的爱，我更能理解孩子、宽容孩子，特别是其他老师眼中的"问题"学生。面对优秀的孩子我欣赏、认同，面对胆小的孩子我激励、亲和，面对调皮的孩子我仁爱、宽容。因为我有了一双能时刻发现学生进步和变化的眼睛，哪怕是一瞬间，我都能及时捕捉到。渐渐地，我的课堂上没有了训斥和批评，课堂变得融洽、信赖、充满活力、温馨之美。因为在我看来，这个阶段的孩子出现任何情况都是正常的，因为他们还是孩子，假如这个让所有老师"头疼"的孩子就是我的孩子，我希望老师们怎样对待他？所以，我更能像关心自己的孩子一样去呵护每个学生、去包容每个学生。我的亲和和宽容换来了孩子们的信赖和崇敬，我的音乐课堂纪律从不输给"语数英"大家心中的所谓主科，我也没有了组织教学的烦恼，久而久之，形成了一种良性循环。对学校、同事、工作、生活，我也开始以一种平和的方式处之。

（三）优雅离不开形象的塑造

音乐是审美教育，让人受到美的熏陶。因此，音乐老师应该是"美"的代言人。当然，这里的美并不是说人的身材好和长相美才算美，而是指音乐老师比其他学科的老师更应该注重自身形象的塑造，努力做到服饰俏而不俗，谈吐悦耳动听，举止优雅得体，一颦一笑皆有情，一举一动都有意。作为音乐老师，我非常注重自身形象的内外兼修。

首先做到"服饰美"。音乐老师往往因为长期受艺术的熏陶，身上会自然而然地透出不一样的气质，这是孩子很喜欢也很向往的。服饰可以用心穿出属于自己的风格，让同行和孩子们感觉到我们音乐老师的气质。让孩子们在视觉上对老师产生美感和亲切感。除此之外，音乐课还应该有一定的仪式感，因此，音乐老师应该淡妆上讲台，让学生感受到音乐老师的美丽和音乐课堂的正式。

其次是"语言美"修炼。本·琼生说："语言最能表现一个人，你只要一张口，我就能了解你。"我在自己多年的教学实践中也深深体会到，教学的成功与否，很大程度上与教师的语言组织有很大的关系。"开言知肺腑，出口见精神。"锤炼教师课堂语言，必须不断强化自身的修养。因此，在课堂教学中我总是努力地修炼自己的语言艺术，尽力让自己具有较好的语言修养。音乐老师的教学语言一定是像音乐一样给人以美的享受，与语文老师的字正腔圆和数学老师的逻辑严密是不一样的风格，无论是在课内还是课外，我总是很轻柔地、美美地跟孩子们交谈，生成一种融洽的师生关系，这样才能让自己的课堂教学生动活泼，妙趣横生。

再次是"肢体美"修炼。柯汉琳在《美学原理》中指出："人作为感性的生命体，是有生命、有灵魂、有意识的对象，是精神与肉体的统一。因此，人作为感性对象的美包括形体的美和精神的美。人的形体美在自然界一切生命的载体中是最高的美。"① 作为音乐老师，我深谙老师在课堂上肢体语言的重要性，因此，长期以来，我一直坚持通过优雅的肢体语言来和学生交流，通过肢体语言传达出老师对学生在课中表现的评价，或赞许、或鼓励、或警示。在长期的互动交流中，师生形成默契，让自己无声的肢体语言具有乐队指挥般的魔力，并且努力让自己的肢体语言具有悦目悦耳，进而悦心悦情的功效。

最后是"心灵美"修炼。作为一名音乐教师，心灵美的修炼我重在修炼"五心"。一是"慈悲心"。"慈"是给予快乐，"悲"是拔出痛苦。教育是最需要慈悲之心的事业，慈悲之心是教师专业素养的根本，因此修炼自己美好的心灵，从心怀慈悲开始。以慈悲之心去善待学生，成就的不仅是学生，也是教师自己。二是"平等心"。教师的平等心对于学生有如太阳、雨露和大地，需要普照、遍施和共载，做到师生平等、生生平等。修炼自己的"心灵美"少不了修炼一颗平等心。三是"清静心"。在当今这样一个浮躁的社会，作为教师，清静心的修炼更为重要，因此在平常的教学生活中，我努力做到生活简单，心地单纯，强化事业心，淡

---

① 柯汉琳：《美学原理》，广东高等教育出版社2015年版，第74页。

泊名利心，追求超越明日的理想和兴趣，做到随缘而不攀缘。四是"喜欢心"。让自己善于体会平凡工作和生活的乐趣，树立正知正见，也就是正能量，保持一种阳光的心态。五是"智慧心"。智慧心就是觉悟心，努力做到觉而不迷，觉悟到教育的真谛，不被假象迷惑。当然，"五心"的修炼是个没有终结的过程，尽管自己多年来一直注重修炼"五心"，但还需继续努力。

二、建构"优雅"课堂

优雅音乐课堂的建设，应抓住教学内容、教学过程和教学效果几个关键点。

（一）凝练"丰润"的教学内容

"丰润"是"优雅"课堂的基点。我以课程标准为根本，以教材为依托，整合丰润的教学内容。教学内容的丰润首先体现在将育人目标、课程目标以及一节课的教学目标进行精致的组合。过程中始终牢记学科的核心素养，时刻不忘美育功能，精挑"达雅"的教学素材。在课例《蜗牛与黄鹂鸟》中，我用戏剧引导教学，在情景角色表演环节，通过师生示范，帮助孩子们深入分析各个角色的特点。比如蜗牛是执着的、坚持的……黄鹂鸟是有一点调皮的、刁蛮的……通过对歌词中"阿嘻阿嘻哈哈在笑她"中的"笑"字做深入地分析，对于"笑"字，有的同学说是嘲笑、讥讽，有的同学却说"是善意的提醒"，通过小组合作自由创编情景表演，孩子们用动作、用情景表现执着的蜗牛，刁蛮、嘲笑的黄鹂鸟，友好的、善意提醒的黄鹂鸟等，培养学生的合作能力、创造能力。小组展示让学生用音乐、动作再度创作，让戏剧情节回归到音乐中，对剧中的角色有更深的感受和体验，并在自评、互评、他评的过程中，提高学生的审美能力、评价能力、创新能力，从而提高孩子们对音乐课浓厚的兴趣，让每个孩子亲身体验歌舞剧表演给他们带来的快乐，感受各个角色的内心活动与心理特征，能用歌、舞、诵、奏等方式表现出来，让孩子懂得在面对困难时，要坚持不懈，积极进取，生活中多一些善意的提醒，少一些嘲讽。通过情角色扮演、情景再现，辅以道具、音乐的衬托，琳琅满目的艺术之美震撼孩子的心灵。以学生为本，以音乐为本，孩子们的一声吟唱、一个律动、一个笑靥、一点困惑都是我课堂的惊喜，教学的每一个环节、师生的每一次互动、课件的每一页界面、课堂的每一处声响都是我的课程资源，丰润的课程资源是音乐课堂螺旋式地走向优雅的通道。

（二）驾驭"灵动"的教学过程

（1）优雅的课堂需要关注课堂常规。"没有规矩不成方圆。"每当我任教一个新的班级，我一定会花时间给学生定好上音乐课的规矩：桌面上，除了音乐书和小乐器，不能放其他东西；音乐是听觉的艺术，因此学会聆听对音乐课来说尤其重要。为了养成学生的聆听习惯，我和同学们一起分析"聪"字的结构意义，"耳"朵占"聪"字半边，因为对聪明的人来说，听是最重要的，上面两点是眼睛，是为了告诉聪明的人要看清楚,"心"在下面管住嘴巴,告诉我们要听清楚了、看清楚了、想清楚了再开口说话。这就非常深刻地告诉孩子们音乐课上的纪律要求,最重要的是学会聆听、学会观看、学会思考、管住嘴巴,在规范行为的同时让孩子们养成了良好的聆听习惯。

立规矩不是把课堂管死,而是将课堂真正引向有效的创新,因为优雅的课堂需要不断创新教学手段、激活创新思维。比如,我用乐器演奏来进行课堂调控,就让孩子们耳目一新。课堂上只要琴声一起,同学们自然而然进入音乐课的各个环节,平白无趣的问候与要求变成轻松愉快的曲调。用不同的音乐旋律来指挥"问好、起立、休息、坐下、坐端正"等课堂常规,如坐下用连续的下行琶音,起立用连续的上行琶音,坐端正用整和弦,不同的年级的问候设计不同的旋律,小乐器的保管和准备用不同的节奏来指挥……在各种有趣形象的音乐指令中,孩子们不知不觉地接受艺术的熏陶,达成课堂的目标。

(2) 优雅的课堂需要灵动的教学过程。音符本来就是跳动的珠玉,而孩子的思维就是跳动的情绪,其间蕴藏着富有创造性的灵性和童趣,特别需要教师好好呵护和引导。如果教师抓住这种契机因势利导,往往会产生意想不到的教学效果。如我在教学《雁群飞》的公开课上,全班同学突然发出此起彼伏的尖叫,课室里突然乱成一团,我没有为公开课上出现的"乱"斥责孩子们,而是亲切地问:"孩子们,你们的叫声是……"没等我说完,孩子们齐声说:"大雁……大雁就是这么叫的……"紧接着,全班又是一阵此起彼伏的各种节奏的叫声。我用欣赏和赞美的语气告诉孩子们,大雁是一种很高贵的飞禽,它们的每一次叫声都有特别的意义:或许是继续向前飞、或许是要停下来休息、或许是老弱幼小的大雁需要帮助、或许是雁群遇到危险需要变换队形逃离等。乱叫有可能会给整个雁群队伍带来灾难。谁能用不同的节奏为大雁们设计各种指令?用怎样的声音来模仿大雁的叫声?……在教师的引导下,孩子们纷纷开动脑筋,各种奇思妙想纷纷涌现。种种回答、种种想象,无不体现出孩子的童趣与童真以及丰富的创新意识。就这样,在生动的师生互动、生生互动中,生态课堂自然形成,教学过程鲜活而灵动。

(三) 追求"雅正"的教学效果

何谓"雅正"?一般来说,"雅"为五雅:雅道、雅言、雅观、雅趣、雅量。我认为,"雅"就是要有正确的价值取向,美好的、不苟且、不粗俗的人格,这样的人才能构成民族的脊梁。"雅"是一个人的内涵,是一个人综合素质的外显,是一个人做事做人的风范。"正"就是要遵守道德规范,它是对朋友、对事业、对生活的一种人生态度,是人生观、价值观的体现,也是品德中的核心内容。音乐,作为基础教育中的艺术课程,对打造学生高雅的品行尤为重要,因此,在常规的教学活动中,我十分注意挖掘教材中的审美元素,通过灵动的教学过程,达成雅正的教学效果。教育学生树立纯洁高尚的人生理想,走光明磊落的康庄大道;运用标准文明的语言，谈吐彬彬有礼，待人真诚亲切；蓄养高贵的精神气质，和谐美观的仪表，大方得体的举止；具有高雅的审美情趣，高尚的生活志趣，高品质的学习乐趣。总之，就是通过优雅的教学手段端正学生的行为和品质。在教学过程中让学生主动参与学习音乐的过程，从自己的内心体验出发，去欣赏美、感受美、表现美和创造美，进而搭建一个让学生自主展示的绚烂舞台和梦想剧场，必定会激发学生对音乐课深深的喜爱，让音乐课真正地"活"起来、"美"起来。比如在教学《国旗 国旗真美丽》一课，孩子们在制作国旗、赞美国旗、歌唱国旗、描绘国旗等环节中，爱国主义情怀油然而生。又如在学习《春天在哪里》一课，我让同学们找春天、赞春天、唱春天、舞春天，孩子们在各个环节中把大自然的美丽表现得淋漓尽致。在自然流畅的过程中，学生既学到了知识技能，我也达成了陶冶性情，培养品德，立德树人的育人目标。

三、培育"优雅"学生

培育"优雅"的学生是优雅课堂的终极目标。什么样的学生才是"优雅学生"呢？概括地讲，在我的眼里，优雅的学生是衣着整洁，笑容阳光；书包整理有序，作业整洁美观；上学时会和家人道别，见到同学和老师，总会亲切地问好；写端端正正的中国字，做堂堂正正的中国人；还会时常鼓励自己，做错了事，敢于承认改正；尊重他人，善于合作，富有爱心……具体地讲有如下几点。

（1）优雅的行为举止。我认为，学生优雅的行为举止始于教师的优雅，因此，在我的常规教学中，我十分注重课堂细节的雅致。老师的着装、语言、动作都是学生的榜样，对孩子们在课堂上的言行举止都要用"美感"来要求和评价，从细节入手，用艺术的美培养学生文雅规范的行为举止、方正的道德品质，从细节入手，从情感、态度、价值观的维度达成教学目标。我历来认为，音乐课应该有一定的仪式感，因此，我每天一定会淡妆上课，对服饰也会有一定的讲究，让学生首先在视觉上觉得音乐老师跟别的老师是不同的，音乐课跟别的课也是不同的。在我的课堂上，从来没有大声地训斥，我的教学语言总是带着艺术韵律，让学生感觉如沐春风，即使学生有"问题"出现，我也总是以"你刚才的表现好像还可以做得更好一些！""老师相信你做得到的！"等类似的语言进行正面激励。有时，一个赞许的眼神、一抹欣赏的微笑、一个肯定的手势，都会对修炼学生优雅的行为举止产生潜移默化的作用。

（2）优秀的艺术修为。我的"优秀"与艺术技能关系不大。因为每个孩子在艺术上的天赋与喜好都不一样，我们不能要求所有孩子都能在艺术技能上达到统一的高度。只要他在课堂上能在老师的指导下认真参与，做到了最好的自己，他就可以算作优秀了。为了让我的学生达成优秀的艺术修为，我总是借助音乐中美的内涵，培养学生感悟美、表现美的能力，从而提高学生的审美情趣，培育学生的艺术素养。比如音乐课上，我要求学生用会说话的眼睛看着我，如果江老师说：

X X X 0 | X X X 0 || （小眼睛看老师）

那江老师已经生气了，因为音乐中，这样的节奏就像行进，给人感觉很生硬。音乐课的口令跟别的课是不同的，我会这样说：

X X X 0 | XX X. X | X 00 || （小眼睛看老师）

孩子们带着切分节奏把这口令说得美美地，既进行了组织教学，又巩固了音乐切分节奏的知识技能，还让孩子们感受到不同的节奏能表现不同的情绪，再加上有美美的动作，一瞬间所有孩子的眼神都全部集中到我身上了。这样，在进行组织教学的同时教会学生在音乐的节奏中感受什么是语言美、动作美，进而凝聚了全班同学的注意力，融洽了师生关系。

（3）优良的性情品质。如何通过音乐的熏陶与研习，培养教育学生良好的性情品质，这是我的教学追求"优雅"的重要目标。胸怀宽广、海纳百川、善于合作、乐于助人、谦恭待人、公正对人，这些品质的培养对于一个音乐老师来说似乎过于沉重，但是，音乐老师也可以用艺术的手段来寓教于乐，达成培养学生优良品质的教育目标。对那些品学兼优的学生的培养自不必去总结，值得一说的要数如何"教化"那些有"个性"的学生。通常情况下，对待那些有"个性"的学生，许多老师可能在第一时间关注的是他们的缺点或者存在的问题，而我总是告诫自己，要在第一时间看到这些孩子的优点，哪怕是瞬间的闪光，尽量淡化他们存在的问题。我告诉孩子们：好孩子的标准是很多的，成绩好固然值得表扬，但是纪律好、品德好一样是最棒的！一样是好孩子！音乐课堂的评价标准不仅仅只是唱得好、跳得好、说得好、做得好，坐姿端正与否、认真听讲与否、主动参与活动与否等是评价音乐课堂好孩子更重要的标准。孩子们觉得在音乐课上做好孩子似乎不难，因为他们觉得做好这一切好像比考试容易多了。慢慢地，班级的"问题"孩子在我的课堂上成了最"乖巧"的学生，我的音乐课越上越轻松，孩子们越来越喜欢音乐课。因为我的音乐课堂是一种爱心与童心的交流，是一次雅趣与童趣的分享，师生互动是轻松愉快的，师生关系是和谐融洽的。

从教20多年，我一直致力于做到教师优雅地教、学生优雅地学，磨砺"丰润、灵动、雅正"的"优雅"课堂，让我的音乐课堂始终洋溢着优雅之美，并以一种优雅的姿态达成音乐教育的育人目标，实现音乐学科核心素养的培育。当然，优雅的课堂不是一朝一夕能建成的，它需要长时期的努力以及具体有效的教学措施。这些措施应该是"以美育人"思想指导下的教学主张，同时也是"优雅"教学风格的派生产品。通过检视多年来的教学实践，我个人将自己的教学主张概括为"实而有趣、活而生色、雅而正行"。

▶▶ 我的成长历程 ▶

一、巴山蜀水赐我性灵之美

山城重庆，我的家乡，她静卧于四川盆地之中，栖息于长江与嘉陵江交汇之处。地势错落有致，江河曲折回复。青山外生秀水，绿波畔长佳木。我就在这块宝地上长大。层峦叠翠的巴山丛林赋予我坚韧的秉性，蜿蜒曲折的长江水系滋养我柔美的心灵，鲜明独特的巴渝文化塑造我热情开朗的个性。物华幸天宝，地灵人亦杰，巴山蜀水不仅赐予我性灵之美，更启迪我不懈追寻美的真谛。

二、教师世家传我理想之美

我成长在一个普通的教师家庭，父亲、哥哥、姐姐、嫂子都是老师，哥哥还是我的中学数学老师。从幼时起，我就一直生活在校园，校园的铃声每天都萦绕在我的耳边。如今人到中年，我仍离不开学校这片净土。对教师的这份情怀从小就萌发于心田，因而，立于三尺讲台，潜心以美育人便成了我终生的追求。虽然我深知，我的努力和成功还没能达到自己理想的高度，但我真的热爱教师这个职业，真的钟情于三尺讲台！尤其是我的父亲，一位普通的人民教师，他为了自己的理想，一直抱病坚守着三尺讲台，直到最后。当时，校长带领全校3000多名师生在学校操场为父亲举行隆重而简朴的追悼会，那个依依惜别的场景在我幼小的心灵刻下了深深的烙印。教师，这个美好的称谓在我心中生根发芽。做一个美丽的人民教师，是我少女时代的热切向往。

三、求知习艺赋我艺术之美

也许是上天垂怜，从小我就和音乐心灵相通且情有独钟，无论是歌音琴韵，还是大自然的鸟语虫鸣，总能让我情思飞扬、陶醉其中。幼儿时期母亲责备说"你的哭声能穿越几条街"；童年时我开始成为班级的小歌手；少年时期我成为学校的文艺骨干，可以在各种比赛中为学校争得荣誉。毕业以后，我如愿当上了自己梦寐以求的音乐教师。参加工作后，我不断学习提升学力，参与课题研究，参加省骨干教师培训、广州市百千万教育专家学习、区名教师培训等，在不同的平台认识了不同的人，在人群中发现自己的差距。大家常常认为：学艺术的是"半文盲"，音乐教师更是养尊处优、不思进取。正因为如此，我更不希望自己落后于别人，我觉得自己比别的学科老师更需要学习。带着这份学习的干劲和执着，在求学"取经"的跋涉中，我走过西南大学、华中师范大学、四川师范大学三所师范大学。正所谓研修有功，天道酬勤，在西南大学取得音乐教育本科学历以后，2008年我高分考取了四川师范大学的教育硕士。在硕士学习期间，我又重新激活了自己内在的学习动力，于2011年获得硕士学位。在工作中，在名教师、骨干教师、教育专家等一个又一个培训项目中，我努力学习，不断反思、积累、提高、沉淀。求知习艺赋我艺术之美，我想以我之美为我的学校、为我的学生做点什么。幸运的是，上天不负苦心人，一路走来，我和我的孩子们相逢了最美的自己！

四、以赛代练铸我力量之美

拥有过硬的教学基本功是一位在专业上有理想、有追求的教师必须具备的基本条件，而教学竞赛是全面展示、培养和提高教学基本功的最有效的形式。

26岁时的我以渝东片区赛第一名的成绩参加重庆市的音乐优质课决赛，在决赛的30多节课中，我抽到第一节课，但我还是拿到了四个一等奖中的一个。这次比赛给我带来了2000年的中级职称破格评选的资格。我还记得当时的校长对我说：这个比赛的证书很有分量哟！

来到广州，我参加教育局组织的教师歌唱大赛，获得美声唱法的一等奖。这次比赛足以让我这样一个初来乍到的音乐教师在很短的时间里就在专业领域崭露头角。

29岁那年，我参加四年一届的教坛新秀评选，我以第一名的成绩获得音乐教坛新秀，其中，我的教学设计一项在比赛中拿了满分。作为教学新秀，我有机会和所有学科的教学新秀一起去北京学习考察。可以说，35岁以前的我参加了不计其数的比赛和演出，我在比赛中成长，在演出中成熟，在压力中成就了自己！

总之，回首我的成长经历，可以说是一路与美同行，是美滋润了我的年华，是美塑造了我的性灵，是美铸就了我的理想，是美赋予了我坚毅前行的力量。因此，每当我站上讲台，开启教书育人这一神圣事业的时候，我首先想到的就是，一定要让我的学生沐浴着美的阳光成长。

▶▶ 我的教学实录 ▶

课例：义务教育课程标准人教版教科书四年级下册《小纸船的梦》
授课班级：广州市第四十七中学汇景实验学校小学部四年级（3）班
评课专家：朱则平（正高级教师，特级教师）

一、起始阶段：激趣导入，创新发声

阶段目标：聆听优美的音乐入室；随背景音乐《小纸船的梦》自由律动，师生互动，让学生一开始就沉浸在优美的音乐旋律中，达到未成曲调先有情的良好效果。

师：同学们，很高兴跟大家一起来到美丽的小河边，我们来看看河边的小女孩在做什么呢？

（学生欣赏视频画面）

师：谁能用简洁的语言描述画面内容？（教师根据学生回答板书简笔画）

生：一位小女孩在小河边放走了她写着理想的小纸船。

师：同学们，快来选一张自己最喜欢的彩纸，折一只满载理想的小纸船，看谁折的小纸船既漂亮又跟别人不同，折好的同学，请把你的愿望写在纸船上。

（播放音乐，教师根据学生折纸船的情况，用诗一般的语言启发感染学生：把爱心、微笑、理想、希望、美丽、勇敢、顽强等装进小纸船里）

学生选择彩纸，并折出形态各异的理想纸船，将愿望写在纸船上。

（在音乐背景中进行富有情趣的手工制作，让孩子们玩中有学，学有所获，轻松自如地将歌曲的情感转化为自己的情感）

师：请把你的小纸船高高举起，让大家欣赏一下。啊，真美！江老师真佩服你们！

学生高高举起理想纸船，互相欣赏。

（阶段目标：通过模仿生活中的声音，创编发声练习，让学生在生活情趣中轻松地解决合唱难点，感受合唱乐趣）

师：好了，咱们满载希望的小纸船就要起航了。谁能模仿轮船的叫声？

生：（自由模仿）"呜""嗡"……

师：好！咱们一起用"呜——"来模仿。（一个声部一个学生吹竖笛给音高）

生：（用"呜"进行音程发声练习）　　3　　4　　5
　　　　　　　　　　　　　　　　1　　2　　3

师：河水也为我们的船顺利起航唱起了欢快的歌，谁能模仿河水唱歌的声音？

生：（自由模仿）"哗""啦"……

师：请同学们一起用"啦"模仿。（一个声部一个学生吹竖笛给音高）

生：（用"啦"进行音程发声练习）　7　　3　　2
　　　　　　　　　　　　　　　　5　　6　　7

师：请河水伴着我们的航船一起出发吧！高声部同学用"呜"，低声部同学用"啦"，咱们一起唱唱这个旋律。要求声部和谐，音色统一，音量均衡，注意跳音和力度变化，能够体现声部的和谐美。

高声部学生用"呜"，低声部学生用"啦"，同时模仿这个旋律：

|7̌7̌　7̌0　5̌0|……
　　　呜……
|5̌5̌　5̌0　5̌0|……
　　　啦……

学生进行二声部发声练习。

二、展开阶段：合作探究，自主达标

阶段目标：通过小组汇报，让学生交流课前自学歌词的情况，这样学生可以主动、快捷地唱好歌词，在汇报过程中，通过学生的自评自改、互评互学，让他们在不断探究中感知歌曲的情感，提高自己的演唱水平，并通过建立"疑难信箱"，随时给学生提供一个提出问题、解决问题的平台，使学生真正成为学习的主人。

师：今天咱们继续学习《小纸船的梦》，然后歌唱自己《童年的梦》。（板书题目）

上节课我们已经完整欣赏了歌曲，并用竖笛吹奏了旋律，咱们一起用竖笛将旋律复习一遍，乐段的情绪变化是怎样的？

生：第一乐段柔和、优美等，第二乐段激动等。

（学生分声部吹奏旋律）

利用竖笛吹奏进一步巩固歌曲的节奏音准，引导学生回忆歌曲情绪情感、歌曲内容。

师：真不错，上节课我请大家自学歌词，你们学会了吗？好！小组商量一下，你们喜欢汇报哪一乐段，别忘了自己推荐一个小伴奏哦。好，开始。

（教师巡视：如果有困难，小组互相帮助解决，不能解决的，和往常一样派小代表写在"疑难信箱"）

小组商量汇报，有困难的小组到"疑难信箱"写出问题，或互帮互学，请教老师。

师：小组商量好了吗？快来展示一下你们自学的情况，哪一组先来？

师：哪个小组来汇报另外两段歌词？起立，带领大家一起来汇报，好吗？请同学们看老师的指挥。（教师逐段小结提高）

某组汇报某段（自己伴奏）（分析乐段情绪）。

自评：优点——大家学；不足——自改。

互评：大家学。

集体逐段演唱某段歌词，可以一组起立带领大家一起唱，时间关系可以只唱齐唱部分。

老师看看"疑难信箱"里有些什么问题，以及问题是否解决了。

学生相互解决疑难问题。

三、形成阶段：设计表演，创编拓展

阶段目标：以多媒体和教师的谈话启发学生对理想的思索，通过绘画、编词、演唱，教育学生懂得实现伟大的理想必须经过艰苦的努力，同时照顾学生差异，发展学生个性，培养学生的创造能力，提高演唱水平。下课后把作品贴到"创新俱乐部"，给大家提供相互欣赏、相互学习的交流平台，进行课堂教学的延伸，使教育可持续发展。

师：同学们的展示各有特色，非常精彩，特别是你们在交流的时候，能互相学习优点，还能探究好的学习方法提高自己，把歌唱得越来越美。我们应该感谢几位伴奏的同学。那我们设计什么演唱形式来把歌曲演唱得更美呢？你们觉得怎样设

计好？

师：老师准备了打击乐器（三角铁、沙锤等），有没有嗓子唱累了或者不舒服的？请你来为歌曲伴奏，你准备用什么节奏为歌曲伴奏呢？

学生举手。

师：咱们跟着录音完整演唱歌曲。别忘记自由荡起你的理想纸船，注意我们刚才纠正过的地方。（教师指挥，学生演唱）

师：大家唱得真好，完整演唱歌曲以后，你有什么新的感受吗？（有什么不同的感受）

学生设计演唱形式。

师：嗓子不舒服的学生选择打击乐器，并设计伴奏音型。

生：学生用领唱、合唱等形式，荡起自己心爱的理想纸船，完整演唱歌曲。（加上部分打击乐器伴奏）

学生再次分析情绪。

学生在老师的引导下，用独唱、合唱等不同的演唱形式以及打击乐器伴奏，完整表现歌曲。老师照顾学生差异，发挥学生特长，真正做到关注每一个学生。

师：咱们用美丽的歌声歌唱了小女孩的理想，那你们的理想又是什么呢？也许你想当一名教师教书育人，也许你想当一名医生救死扶伤，也许你想当一名军人保卫国家……（出示相应的多媒体画面）

学生聆听，观看多媒体画面，师生情感交融，产生情感共鸣，心里立志。

师：现在请小文学家们把自己的理想编成歌词写在小歌单上，请小画家们在歌单的空白处描绘自己的理想，请自己选择是编词还是绘画。

部分学生创编歌词，部分学生描绘理想。

师：创编好以后，请同学们在小组自由演唱，然后小组选出你们最喜欢的歌词，进行小组展示。（展示一两个作品：演唱新词、解释绘画）

小组交流演唱，推荐最喜欢的歌词进行小组演唱，推荐绘画好的同学来解释理想。

全体学生在钢琴伴奏下，歌唱自己的理想。老师简单评价。

师：请大家一起演唱自己的理想。（老师钢琴伴奏）

师：同学们，你们的理想是美好的，但美好的理想要靠脚踏实地的努力才能实现。下节课老师打算用整整一节课让大家来歌唱自己的理想，下课后请同学们把作品贴到"创新俱乐部"，大家相互欣赏、相互学习。

四、结束阶段：采访小结，激励前进

通过采访的方式，引导学生总结收获、自主评价，让情感内化、延伸，然后，教师用富有激情的结束语激励学生，为实现自己崇高的理想而努力奋斗。

师：同学们，今天这节课你们有什么收获？

学生总结学习成果。

师：让我们用掌声祝贺自己的进步。今天，我们用歌声和爱心歌唱《童年的梦》；明天，我们用智慧和汗水去实现《童年的梦》。同学们，驾着理想的船、扬起希望的帆，乘风破浪，继续前进吧！

提醒：带好学具，听着音乐，荡起理想纸船，依秩序离开教室，别忘了把作品贴到"创新俱乐部"，同学们相互欣赏。

学生随着音乐晃荡小纸船走出教室。

学生贴作品，自由欣赏，评价。

我的教学主张

课堂教学是以美育人的主要场所，而要构建具有优雅之美的生态课堂，就需要与之配套的教学手段。"实而有趣、活而生色、雅而正行"就是我思考这一问题的答案。

一、优雅的音乐课堂应该是"实而有趣"的

在我的观念里，音乐学科不是"副"科，而是以美育人的重要阵地。因此，在我的课堂上，无论是课前的教学设计还是课堂上的内容教学，我都希望能给学生传授实实在在的音乐知识，培育学生良好的音乐素养，进而成就学生丰盈的审美情趣。

说到"实"，很多人认为语文、数学、英语等学科才是"实"的，其他学科都是"虚"的。这实在是一种肤浅的观念。纵观我的音乐教学，我在课前精心准备得充实、课中预设与生成得丰实、课后拓展延伸得踏实。教材和学情分析，丝丝缕缕我紧贴实际；课前准备，点点滴滴我亲力亲为；教学过程，师生互动、生生互动丰富多彩。我的教学不搭虚头滑脑的架子，不追求哗众取宠的表演，更没有华而不实的说教，一切设计只为让孩子们学得轻松、学得实用。比如在咏唱古诗词《读唐诗》一曲中，我让学生找出歌词描述的相关唐诗。

　　1　11｜2　3｜　　　　　　　5　53｜5—｜
"窗　前的　月　光"（李白《静夜思》）；"窗　外的　雪"（白居易《夜雪》）；
　　333｜2　1｜　　　　　　　1　16｜5—｜
"高飞的　白　鹭"（杜甫《绝句》）；浮　水的　鹅（骆宾王《咏鹅》）；
"枫桥的钟声"（张继《枫桥夜泊》）；"巴山的雨"（李商隐《夜雨寄北》）；
"边塞的战士"（王昌龄《出塞》）；"异乡的客"（王维《九月九日忆山东兄弟》）。
"唐诗里有画，唐诗里有歌、唐诗里有苦，唐诗里有乐，唐诗像清泉流进我心窝……"短短的一首小曲，让孩子们感受到如此丰富的古诗词，如诗如画般的诗词融以潺潺流水似的音乐旋律，对孩子们心灵的震撼与净化是多么的深远。

谈到"趣"，在我的音乐课堂，总会有妙趣横生的瞬间。比如上课前的师生问

好,看似一个很简单的、千篇一律的上课准备环节,在我的课上总会有那么一点不同。音乐课堂的开始,不是"上课,同学们好""老师您好"这样严肃而又刻板的问候,而是:

1 2 3̲4̲ |5-| 5̲1̲ 5̲5̲| 5̲1̲ 5̲5̲ |5̲4̲ 3̲2̲ |1-||
同学 们　好！老师 您好 老师 您好！江　老师　您好！

我通过常规的训练以及与孩子们默契的配合,让孩子们感受到,音乐课是与其他学科不一样的。我和孩子们彼此用优美的歌声、优雅的动作、真诚的笑容进行师生问好,让学生在感受融洽的师生关系的同时,还能感受到音乐课堂的艺术性和趣味性。不同的年段,问好的旋律不同,难度也不一样。除了上课伊始的问候具有音乐性外,我的课堂常规管理也尽量音乐化。音乐是听觉的艺术。为了培养学生良好的聆听习惯,我的课堂上的指令基本都是用音乐旋律调节,不同的旋律代表不同的指令。音乐更是审美的艺术,因此传授知识的过程要设计得具有艺术情趣,便于学生从"乐学"走向"会学"。音乐教学不应该只注重它的结果,更应该关注它的过程。我们应该让每个学生带着浓厚的兴趣走进音乐课堂,带着愉悦的体验离开音乐教室。

二、优雅的音乐课堂应该是"活色生香"的

"活"指学生的思维活跃、学生的表现活跃、教师的课堂组织也活跃;"生香"则是指课堂有魅力、有效果,能使学生长久回味。

"活"是音乐教学的灵魂。飞扬的音符、跳动的节奏、灵巧的律动,这些是音乐教学特有的鲜活元素。而一位优秀的音乐教师应该能在课堂上游刃有余地"活"用这些音乐元素的特性,和孩子们一起"活"起来,将孩子们变成能被音乐感染、为音乐痴迷并听从音乐调度的精灵,这样的音乐课堂才是活色生香的,才真正体现了音乐的艺术特质。在我的音乐课堂里,我充分借助歌曲翻唱、舞蹈创编、乐器使用等各种方法,在不同的教学环节适时地展现自己精湛的艺术技能,在教学需要的时候恰到好处地向学生"露几手"自己的专业绝活,让学生觉得老师非常了不起,我用自己扎实的专业技能在课上树立自己内外兼美的权威形象。虽然小学的孩子并不太懂得所谓的专业水平,但那一双双亮晶晶的眼睛告诉我,他们和我一样在享受美妙的音乐韵律,感受鲜活的音乐课堂。

音乐课的灵魂就是围绕着音乐主题进行审美体验,通过聆听唤起情感,引发想象与联想。活泼好动是小学生的天性,这一特性往往使孩子们的内心情感不加修饰地流露出来。作为音乐老师,不但不应该担心它,倒是应该珍爱它,应该引导孩子们深深地沉浸到音乐的主题中去,做到内心的感受与外部的行动和谐统一。为此,我常常引导孩子们在音乐课堂里用"心"去体验、用"心"去感悟、用"心"去创造,使他们的情感与音乐交融、与音乐互动,使他们的体验由活跃趋于丰富、由感性走向升华。如在教学"×××"这种节奏时,我并没有先出示这种节奏型,而

是边敲边念，打 打打……让学生感受像什么。一个同学说："像马在辽阔草原上奔跑……"一个同学大声地说："像牛""像马""像牛"……两个同学争吵起来，一个同学急了，指着说牛的同学"你傻呀"，课堂气氛立刻紧张起来，同学们纷纷大笑，有的同学开始起哄……我用音乐指令示意同学们安静下来，严肃地告诉同学们，不可以用不文明的语言中伤同学，但我并没有立刻让骂人的同学道歉，我转移了话题："请你起来说，为什么觉得像马？"说像马的同学觉得支持他的人多，理直气壮地站起来，把像马的理由渲染了半天，同学们也表示认同。我用鼓励的口吻问另一个同学："你为什么觉得像牛呢？"这个同学涨红了脸站起来，自信地说："牛生气的时候也会这样奔跑的……"同学们向他投去了赞赏的目光，这不仅使大家想到了《西班牙斗牛士》。种种回答，种种想象，无不体现孩子们情感的细腻与敏锐，无不激发着他们丰富的创造与创新意识，以及音乐文化传播所产生的强大凝聚力和审美体验价值。大家不由自主地为这个孩子的回答响起了热烈的掌声，骂人的同学把头埋得很低，也许他在为自己的冲动后悔，也许他觉得知道得太少而羞愧……我故意留白，没有在课堂上让他给另一个孩子道歉。下课后，这两个孩子主动来找我：老师，我给谁谁道歉了；他懂得的真多；谢谢江老师在课堂上给我留面子……看着两个孩子手拉手离开我的办公室，我心里涌入一股暖流。

一个简单的节奏学习，激起课堂阵阵波澜，孩子们在生活经验的引领下述说着他们各自的生活感受，老师的有意"留白"让孩子学会了自省，巧妙地化解了课堂上的"风波"。虽然这节课没有按照我预先设计的流程走，但却在师生的共同努力下，孩子们能够在生活经验的引领下畅谈自己的审美感受，并能反省自己的错误，孩子们的表现远远超出课程要求的目标，他们获得了除了教师教以外的另一种收获，达到了我设定目标以外的效果。在这样的音乐课上，尽管好像"乱"得忘乎所以，孩子们已经"坏"在其中，但绝不会脱离主题，失去控制。我觉得课堂不怕"乱"，关键是看因为什么"乱"，当这种"乱象"突然出现时，我们一定要好好把握、好好利用，因为"乱"也能出彩，"活"也能生色！

三、优雅的音乐课堂应该是"雅而正行"的

艺术对人的熏陶具有潜移默化的神奇之力，对小学生而言尤其如此。音乐教师优雅的衣着打扮、优雅的仪态神色、优雅的教学语言，如润物细无声的春雨清新自然，悄然中规范着学生的行为习惯，培养学生健康的道德情操，潜移默化地达成教书育人的目标。我通过具有音乐特色的教学组织形式，规范学生在课堂上的常规行为，调度学生在各个教学时段的行动，管住调皮学生，激励胆小的学生大胆学习，用艺术形式评价、激励学生的表现。我给音乐课堂定规矩，不同的音乐指令指挥教学过程，通过"聪"字的结构分析培养聆听习惯、教材中德育素材的挖掘等，都是我和孩子们通过优雅而正行的渠道。如在教学《国旗国旗真美丽》一课，开始我让同学们观看天安门的升旗仪式视频，让同学们感受升旗仪式的庄严以及祖国的

伟大；课中，我让同学们用最美的语言赞美祖国，用最美的歌声歌唱祖国，用最美的动作表现祖国；结束的时候，我让同学们观看自己参加周一升旗仪式的视频，让孩子们对照检查自己升旗仪式时的表现，展开讨论怎样才能做得更好。孩子们在不知不觉中内化行为，养成习惯，修炼品格。然而，就音乐本身而言，她具有优美的旋律、明快的节奏、丰富的情感、多彩的曲调，这些都是让学生为之痴迷的审美特色，一样能够影响学生、教化学生。记得德国音乐家巴赫说过："一个常常拉小提琴的人，是不会去犯罪的。"这话就说明了艺术美对人的熏陶感染作用。中国古代就有"乐教"的传统，总之，利用音乐中蕴含的优雅元素熏陶学生的心灵，引导学生沿着美的踪迹去探寻美的真谛。

他人眼中的我

（一）学生眼中的我

江老师，您是熊孩子的克星！您一出现一堆人喊"江老师"，您一出现一堆孩子立马笑开花，您一说话孩子们马上乖乖听课。总之，被您教过的孩子永远都忘不掉您！

[三年（2）班　覃诗茵]

江老师，您是一位严肃而又乐于助人的老师，您是一位与众不同的老师，您的眼睛充满音乐感。音乐考试的时候，您拉着我的手打节奏，您的手如此温暖！我多么想和您多待一会儿啊！哪怕一分钟也好啊！看到您的每一分、每一秒都非常开心、高兴！

[三年（1）班　麦晓玥]

江老师从三年级上学期开始教我们，快一年了，江老师和别的老师不同，因为她有一个妙招，可以让我们听话许多，那就是用琴声告诉我们要做什么。

江老师一开始教我们的时候，她就给我留下深刻的印象，因为她从来不批评同学，也不曾发火，这就是江老师和别的老师不同的地方。别的老师对我们发火，而江老师没有发火也能把我们管得好好的，这也是我想不通的地方……江老师是觉得，好孩子并不是批评出来的，你温柔地对待孩子，你便得到孩子的认可，孩子便会听命于你，你就可以让孩子们更爱上音乐课。江老师音乐课的教法是不同的，乐器传出的音符在跳跃、在舞动，我们在音乐里慢慢品尝、享受音乐的味道。

[三年（2）班　钱宇萌]

（二）家长眼中的我

孩子上一年级了，每次回家问她最喜欢什么课，孩子总说最喜欢音乐课。"为什么最喜欢的课不是语文课、数学课？"我郁闷，肯定是音乐课轻松好玩吧。第二个学期，我参加了学校家长开放日，听了一节江老师的音乐课，我终于明白孩子为什么老是说喜欢音乐课了,这样的音乐课我也喜欢。

[四年(3)班陈紫嫣家长]

(三)同行眼中的我

走进江玉澜老师的课堂:看,她带领学生时而听曲吟诗,时而赏画放歌,一切尽在她的指尖和眉梢,收放自如,行云流水。如此丰盈的教学内容,如此灵动的教学过程,能恰到好处地在音乐课堂上呈现,实不多见。她那温婉的笑容,如阳光,洒遍课室的每一个角落;她那亲切的话语,似春雨,滋润着课室的每一颗心灵。她在教学中的每一次询问都能引起一场沸沸扬扬的互动,她在课堂上的每一道音乐指令,孩子们都心领神会,奉若神灵。在她的课堂上,每一个学生都觉得遇见了最好的自己,每一个孩子都觉自己是江老师的得意门生和掌上明珠。调皮的男生成了优雅的绅士,羞怯的女生立马变得开朗大方。孩子们和江老师一起唱、一起跳、一起玩,唱得字正腔圆,舞得得心应手,所有的孩子都能玩中有学,学中有得。

当然,罗马不是一天建成,没有人能随随便便成功。江玉澜的优雅课堂也是她年复一年的勤学苦读,日复一日地探索磨砺所成。正如冰心先生所言:"成功的花朵,人们只知道它的娇艳,却不知道当初它的芽儿,沐浴了奋斗的泪泉,洒遍了牺牲的血雨。"我想,作为江玉澜的同事,与其赞美她的优雅与成功,不如从她一路跋涉的成长经历中去吸取能让我们在专业成长的道路上奋然前行的能量。

优雅如诗!这,就是同事眼中的江玉澜!

——同事 卢剩柴

(四)专家眼中的我

如果,用一个比喻来形容江玉澜老师,我想,没有比"优雅如诗"这个比喻更恰当了。江老师的课堂是那种让人过目不忘的课堂。到过江老师的音乐课堂的人,你一定会被深深吸引,最吸引人的是:她游刃有余地驾驭课堂的能力以及在课堂生成中展示出来的教育智慧。当然,过目不忘的还有人的外形,她的外形虽算不上俏丽,但你总能从她的穿着打扮和音容笑貌里感受到一种独有的韵致,那就是优雅。这种优雅似乎与生俱来,浑然天成,就如同花儿开放在枝头、鸟儿飞翔在蓝天那般自然,没有半点的刻意或雕饰。

让思维在英语单元整体课堂教学中飞扬

● 广州市天河区华阳小学　杨小芳（小学英语）

● **个人简介**

　　杨小芳，女，中小学高级教师（小学英语副高级），天河区第二批基础教育名教师，曾多年被天河区教育局教研室聘为区小学英语中心组成员，获"广州市优秀教师""广州市英语情景作文大赛优秀辅导老师""广州市英语智力竞赛优秀辅导老师"等荣誉称号，广州市第二批基础教育系统百千万名师培养对象。多次在广州市论文大赛中获奖，在市级刊物和省级核心刊物发表多篇论文；曾获区政府嘉奖和记三等功；论文被收录在《海珠区中小学衔接研究》一书；参与编写并出版了英语系列阅读刊物 *Read It*；多次参与市级和省级科研课题研究，小课题研究主持人，目前正在参与省级课题英语阅读研究项目的研究。积极进行电子书包辅助英语课堂教学和英语思维单元整体教学课堂研究，在区域里开创了新型的授课和学习模式，并多次进行区和市级课例研讨和讲座交流，有关媒体如广东电视台南方少儿频道、《岭南少年报》等多次进行了报道。

▶ 我的教学风格解读 ◀

　　我是一个性格随和、开朗幽默的人。从教以来，我对学生的态度总是亲切平和，上课总是能和学生快乐和谐地互动，积极调动学生学习的兴趣，帮助鼓励孩子树立学习的信心，深得学生的喜爱、家长的信赖、专家领导和同行的认可。大家的鼓励使我对教育教学更加投入，不断积极探索小学英语的教学方法，不断地尝试，认真反思，总结经验和教训，虚心学习同科组和其他学科的老师的长处，积极参加各种教研活动和培训学习。

　　在多年的摸索和实践的过程中，我逐步形成了自己的特色和风格。在单元整体教学模式下使语言生活化、情景化，挖掘每个话题的文化内涵，注重双向文化的导入和情感的渗透，幽默与欢乐总伴随着我的课堂。每节课师生互动，生生互动，有思考、有质疑，有模仿、有创编，充分利用思维工具培养学生的英语思维、活跃思维，促进学生思维的发展，让思维在英语单元整体课堂教学中飞扬！

　　在不断地课堂实践探索中，我凝练了教学特色和风格，认识到基础教育阶段英语课程的目标是培养学生英语综合语言运用能力，会用语言做事和思考，能对比辨析不同的文化背景与差异，认识东、西方的多元文化与不同的思维方式。通过对单元整体教学方法模式下的小学英语课堂教学方法的探究和实践，教师整体把握教材、整合教材很重要，在单元整体教学的思路指导下，围绕模块主题创设有思维的英语课堂，在单元中整合联系前后模块语言知识，在感受课上整体呈现单元的教学情景，使语言和学生的生活实际联系、结合，使语言学习情景化，较好地促进学生在情景中整体理解学习语言，准确使用语言。在整合改编语言材料的同时尽量使读写课的篇章阅读学习材料更符合学习年段孩子的特点，使其富有趣味性、可读性和故事性，注意在语言学习中和现实生活联系，用语言做事，拓展思维，培养学生的思维品质，挖掘每个单元中的文化背景知识，注意双向文化的导入，培养跨文化交际意识，对提高学生学习英语的兴趣、学习质量和学习能力有明显的效果。

在单元整体课堂教学中活跃学生的思维、培养思维品质的重要因素是：做好相关的模块主题前置任务的布置，这也是在单元模块整合的过程中，一个最重要的方法，也是第一个重要的环节！它是整个单元教学的主线，也是让学生明确要学习的任务，在先预习的阶段孩子们会把不会读的词句做好标注，不懂的知识点记录下来，把自己掌握的或不理解的文化现象带到课堂上来交流。课堂上教师明白学生需要学习什么，需要什么语言知识来支撑学习的话题，使学生能够更好地参与学习探究和讨论，表达观点与思想。因此，我在创建有思维的小学英语单元整体教学课堂中，首先就是明确单元话题的教学目标，设计有层次的前置性学习任务和有效的能提升思维品质的问题，做好问题和知识的链接，根据学生的学段和每个单元的目标需要设计前置性任务的学案，或让孩子们直接预习，在预习中发现问题和需要解决的学习困难；在教学中引导学生学会使用思维工具解决问题，使学生通过揣摩、领悟和模仿老师提供的图表，对建构思维图的内化，再到会自主建构思维图和独立创新思维图，促进学生思维的发展，进行有意义的学习。从模仿语言、体验语言到自主学习语言，从疑惑到解疑，从输入到输出，一路走来，思维的碰撞，自然的生成，奏出了英语单元整体课堂教学的主旋律，孩子们乐学、爱学、善学，师生在共同学习和思辨中成长。

▶▶ 我的成长历程 ▶

一、父爱、师恩、益友伴我求学路

我的父亲是县里机械厂的技术员，虽然是工科出身，但他很喜欢文学，特别是古文，他能成篇地背诵《木兰辞》《石壕吏》等，他知道读书的重要性，也没有重男轻女的思想。在那个不算富裕的年代，家里订阅了许多报纸杂志，如《学习之友》，父亲还给我们订了《汕头少年报》。这让我有了很多阅读的机会，这也是我从小喜欢语言的原因。小学五年级时，我的第一篇作文就在《汕头少年报》上发表。

  我读小学时，学校还没有开设英语课，初一时才正式学习了 26 个英语字母。英语单词要读很多很多次才能记住，那时见到英语单词就很怕！我常常为了如何背好单词而苦恼万分，觉得比语文难学多了！中考时英语考得不理想，很沮丧。英语成绩拖了后腿，使我只能考上镇里的次重点的高中。但是，在这所高中里，我很幸运地遇见了刘特立老师。他是中山大学毕业的。他是一位乐观、幽默、有耐心的英语老师，知识面很广，上课特别风趣和搞笑。他不会因为学生念错单词或考得不好而发脾气，在课堂上经常给我们补充英语的背景知识，介绍西方的一些有趣的风俗人情、名人故事和幽默笑话，有时还讲了许多名著的英语片段。记得他曾经给我们讲《圣经》故事，电影《廊桥遗梦》，推荐我们看《音乐之声》，学唱《do le mi》英语歌等，让我觉得学习英语好有趣啊！是他把我带进了一个全新的不同的语言文化世界。刘老师很有耐心，每次我们的英语练习有错，老师都很认真耐心地给我们讲解指正，他总是一副快乐的样子，从不对我们发脾气，对学生很包容。我不会忘记他在课堂上在我紧张得说不出话时鼓励的眼神、善意的提醒。我开始喜欢上了我一直认为很枯燥且讨厌的英语！为了补救初中英语知识，我开始利用寒暑假拼命复习英语。我的语文成绩一直不错，而英语成绩也在慢慢提高，从原来高一的二十几名在高二时上升到班里的前五名。我尝到了甜头后更加喜欢英语了！

  父亲看到我的进步，买了一台小小复读机奖励我，让我模仿着听说英语。我们居住的镇里没有外文书店，父亲专门跑到几十千米外的潮州市区外文书店帮我买原版外文书籍和杂志，我很感激父亲对我学习上的支持。我自觉地认真阅读父亲帮我买的书，大量的阅读和朗读对理解和巩固单词帮助很大。在高二下学期，我的英语成绩已经进入了班里的前 3 名。

  我的姑母一家居住在县城里。姑母在华侨大厦工作。20 世纪 80 年代初，他们一家最早接触到归国华侨，了解了许多国外的信息，他们一直告诉父亲，改革开放的年代一定要让孩子们多学一门语言，才能更好地了解世界，走向世界！他们对表姐的英语学习相当重视，因此表姐在读书时英语就很棒，高考时考上了华南师范大学的外语学院，读了英语专业。她也是我崇拜的偶像，她现在已经成了揭阳职业技术学院的英语系主任。当时她对我的帮助和影响也很大，我对语文和英语都很喜欢。1993 年我参加高考，高考前夕，我请教了刘老师和表姐：我该如何选择志愿。刘老师和表姐一致鼓励我进一步深入学习外语，都认为外语可能生活中接触不多，自学难度更大，如果要学好必须要有老师的进一步指导。外语类在当时是比较紧缺的专业，他们的分析很有指导意义，于是我报读了外语专业，使我有机会进一步深入学习第二语言——英语。

  求学路上，感谢刘老师给我带来了学习的乐趣和信心！感谢父亲对女儿的鼓励和关爱！感谢表姐的帮助和指点！师长的影响让我终生难忘！而刘老师对学生的关爱和耐心，上课轻松幽默的风格给我留下了深刻的印象，也影响我日后对教育教学的工作态度！深深怀念刘老师！

对于大多数中国人来说，学习外语不是一件轻松的事情。基于不同的文化背景和思维，语言习惯存在着许多不同和障碍，曾经看到许多孩子为了记忆单词而死读烂背，但怎么都记不住！我小时候的学习经历让我深深感到：老师对孩子学习方法的正确指引和影响是多么的重要！如何使初学英语的小孩子不觉得痛苦难学，如何使课堂既轻松、和谐、有趣，又能使孩子高效、大量地输入输出语言知识，培养积极的情感态度和外语思维、跨文化交际的能力是每位外语教师需要迫切思考和解决的问题。从教20年来，我不会忘记刘老师对学生的包容和鼓励，老师对学生的态度是学生学习成功的巨大推动力！这些经历让我深深地认识到老师在教育教学中要扮演的角色，那就是要努力成为孩子们的良师益友！于是从教以来我一直把学生当好朋友，孩子们也一直把我当成无话不谈的好朋友。每天课后，总有好多孩子有事没事来找我聊天，主动把他们的心事或趣事和我分享！从师范院校毕业工作的第3个年头，1999年，我在一次全校教育教学调查评比活动中获得"学生最喜欢的教师"的光荣称号，这对我在以后更加积极大胆开展教育教学工作起到了巨大的鼓舞作用！

二、科研、生本、创新催我勇奋进

大学毕业后我曾经在几个学校工作过，这些工作经历使我获得了许多宝贵的教育教学经验。

1996年，刚毕业时我在广州市海珠区赤岗小学工作。1999年开始担任学校的英语科组长，在这期间我积极参加了区英语教研中心组的活动，成了海珠区的青年教学骨干，培养了许多有英语特长的孩子。如2010年广州市高考文科状元谢瑾曾经就读于赤岗小学，她是我的学生，也是一名英语科代表。海珠区在2003年后科研工作开展得有声有色，我所在学区成了区"十一五"规划课题的一个子课题单位，我开始参与区的课题研究：中小学衔接研究。我的科研能力得到了充分的锻炼，接着参与了赤岗小学的多个科研课题的研究，在学区教学比赛和学校的科研课评比中均获得了一等奖，多篇论文获奖和发表，其中，论文《小学高年级英语读写与初一的教学衔接初探》被海珠区收集到了海珠教育发展研究丛书（一）《海珠区中小学衔接研究》一书中，获得了区的表扬奖励。由于工作业绩出色，2007年我获得了"广州市优秀教师"的光荣称号，2009年我作为骨干教师从海珠区考到了天河区，来到了有生本教学特色的天河区华阳小学。来到了新学校，我面临了更多的挑战，每周学校要接待许多来自全国各地的教育考察团和兄弟单位的参观学习，有很多学习提高的机会和展示平台，我担任了年级备课组长、年级长、班主任、后勤部长、行政助理等工作，积极参与学校的微团队教学研究活动，积极承担研究课，接待课任务，积极参加天河区英语教研中心组的活动，成为区教研中心组成员和组长，2017年成了天河区第二批基础教育名教师。

在华阳小学，我遇到了生命中的另外两个贵人，一位是广东省十九大全国党代表、广州市十大廉洁人物、名校长、教育专家周洁校长，另一位是广东省语文特级教师何建芬老师。从周洁校长身上，我学习到了教师专业成长的定位，得到了巨大的启发和鼓励，对自己的专业成长进行了深入规划。华阳小学给予了我许多锻炼平台，我的教育教学活动和科研活动得到了周洁校长的指点和大力支持，多次给我挑重担的机会，我曾经承担了两个班的英语教学，兼任班主任、年级级长，连续几年担任毕业班的班主任，这些锻炼机会使我迅速成长，锻炼了我的组织协调能力、沟通管理能力，我的班级管理得到了学校的高度赞赏和家长们的交口称赞。我还主持承担了区级的小课题研究，参加了科组的省级课题研究，我的教科研能力和组织管理能力得到了进一步的提升。

更幸运的是在2013年，学校安排我和广东省语文特级教师何建芬老师一起参与天河区电子书包翻转课堂的实验创新活动。2014年和何建芬老师一起搭档管理班级，从何老师的语文课堂上，我学习到了小组的有效合作教学模式和生本的教学理念，何老师的教学智慧让我进一步开阔了视野，同样是语言教学，英语教学是否可以借鉴语文教学的一些方法和理念呢？答案是肯定的。于是我借鉴了语文教学中的整体教学方法，认真探索，和英语教学进行比较，语文中以生为本的小组合作学习互动模式，单元前置性任务的布置，其实也适合英语教学，于是我将语文的单元整体教学方法迁移到英语教学中。通过对单元整体教学方法模式下的小学英语读写教学方法的探究和实践，我认识到教师整体把握教材、整合教材很重要，学习英语不仅仅是用于语言交际，而是学习一种有情感、有思维品质和人文精神的文化。于是，在单元整体教学的思路指导下，我尝试创新借助电子书包辅助英语单元整体教学，围绕模块主题，创设整体读和写相结合的教学情景，整合联系前后模块语言知识，较好地促进学生在情景中学习语言，整体理解语言，充分利用思维概念图培养英语逻辑思维，准确提取语言信息和使用语言，对提高学生英语读写能力有明显的效果。在摸索的过程中，我发现要使英语学科成为孩子们真正了解和喜欢的科目，不应该只是把英语当成语言工具来教，机械的操练会使文化丧失了她本来应有的灵性和魅力。通过实践，我认识到必须挖掘语言背后所承载的文化，要与学生分享，了解和比较东西方文化的差异，领略不同的人文精神，这样，英语学科才会有生命力，学习才更加有趣味和有意义。

三、让"英语思维"在单元整体课堂教学中飞扬

"核心素养"是当前教育界的焦点和热点话题。英语学科核心素养聚焦在语言能力、学习能力、思维品质和文化品格四个维度。其中，思维品质是思考辨析能力，包括分析、推理、判断、理性表达、用英语进行多元思维等活动。近年来，我参加了学校微团队的思维课堂研究，在导师指导下，我在学校的单元整体教学模式

下，就如何在英语单元语篇读写教学中培养小学生英语思维展开了研究，尝试在英语课堂教学中，特别是语篇教学中运用概念图来培养和提升学生的英语思维能力，收到了较好的效果。

我和科组老师一起试图为小学高年级英语语篇读写教学，培养学生思维品质摸索出一些可行的教学方法与教学策略。建构英语语篇读写思维课堂，在语篇读写教学课堂中激发小学生对英语阅读的热爱。以读促写，并在读写过程中培养小学生具备一定的观察、分析、推理、判断、想象、理性表达等英语读写思维品质。提高学习效率，更好地提升他们的阅读理解和写作创编能力，提高语言综合运用能力，培养创造性思维，促进小学高年级学生从低阶思维向高阶思维发展，为进入中学阶段的读写学习奠定良好的知识基础和思维品质，也为英语学科的核心素养——培养学生思维品质在读写课堂教学的落实进行实践探索和研究。

通过几年的实践，我形成了高年段单元整体教学的思维课堂教学模式，从教材的单元整体性出发，以整个单元模块系统为备课中心，并以单元知识及训练的要求为纲，通过对各篇课文之间和各年级之间有联系的各个模块联系起来进行分析，把握话题和知识之间的内在联系，将英语教学内容以单元模块为基本单位进行教学。每个单元都有一个主题和文化，然后围绕单元主题对教学内容进行整体规划，挖掘单元主线，拟定总教学目标，找准教学重难点和补充英语文化。一般将每个单元模块分为6个课时进行教学，它们分别是：第一课时为话题感受课，在本节课中，主要将本模块和以前学过的相关话题和即将要学习到的本册书中的相关知识点有机整合，让学生通过对整个单元的通读预习与前置性学习任务了解本单元的话题和主要的文化背景知识，为课文的深入学习做好铺垫，同时初步感受认读本模块的核心词汇和重要功能性句型，教师在本课中要了解学生的学习需求和学习困难，为接下来的教学提供更有目的性的准备。第二课时为情景会话课，以两个单元的会话部分为主要教学内容。通过整合或改写成情景性较强的语篇教学或故事教学，让学生对话题有更深的认识，也让话题更具有趣味性，让学生学会在情景中运用词汇和句型进行交际。在本节课中，必须进一步学习巩固和话题相关的词汇，围绕各话题的核心句型开展生活情景或故事教学，其目的是让学生对此模块的话题内容有所交流，有所思考，并能用主要句型进行口头交际，同时渗透简单和重点句型的书面表达，同时联系生活实际，培养思维品质，提高学习兴趣，了解单元主题文化。第三课时为词句训练课，通过本模块的听力评价和笔头的技能训练，教学生学会归纳，综合运用语言知识。第四课时为语篇阅读课，通过阅读交流活动和话题的主题活动，拓展丰富本模块话题的主要词汇和句型，为学生提供运用实践语言的平台，进一步拓展本课题的语言知识、课外知识及文化知识，补充学习背景知识，体验和感受英语文化，培养思维品质。第五课时为词句训练课，进一步教学生学会归纳梳理巩固语言知识，综合运用语言知识，进一步开发思维，培养用语言做事的能力。第六课时是话题拓展课，这是每个单元学习结束的最后环节，要指导学生懂得如何梳理并运用所学的语言知识，在阅读的基础上指导学生利用思维工具提取信息，形成自己的思路，进行仿写小短文和创编小练笔任务，同时布置任务，把学习延伸到课外。

在单元整体教学模式下，每个课型都必须突出其特点和作用，并做好相关前置任务的布置。以广州教科版小学五年级 Module 1 Seasons 英语单元语篇读写教学为例，在这个课时里面，我先布置阅读课的前置任务：让学生收集关于四季的相关词汇，堂上把全班分成 4 个组，给每个组不同的主题词，每组学生根据所给定的主题词，结合所提的问题 "What does each season make you think of?" 积极开动脑筋，回忆与他们需要谈论的季节相关的词汇，并围绕主题 Seasons 形成如下的层级概念图：

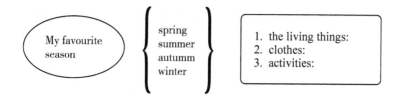

接着，孩子们进行了 3 篇有关不同城市和农村的天气、气候和季节的短文阅读活动，在阅读过程中指导学生运用所掌握的概念图和调动所学的语言知识，进行短文内容阅读和分析，提取相关信息，并谈论自己的家乡和所居住城市的季节，进一步引发孩子们的思考和小组的交流，信息和思维在交流中得到碰撞，最后给予学生选取作文题目：My favourite season 和 My hometown's season 等题目，也可以自己选择和季节有关的题目，孩子们很开心写作文有了许多自主选择的空间，思路更开阔了。这样的教学方式培养了孩子们的创造性思维。

又如六年级下册第 3 单元的话题是 "Famous People（名人）"，在这个单元的语篇读写课（read and write）中的教学内容是在整个单元学习后的进一步读写拓展，对于一些历史名人，六年级的学生或多或少都知道一些，但了解不多。因此，我在单元整体教学模式下，以学定教，先学后教，在本课开展教学之前先布置学生进行收集名人资料的学习活动，如让学生复习本单元主要的名人对话和篇章，以及单元里涉及的名人，查找自己喜欢的名人资料，为学生在课堂上能和同伴进行分享交流做好准备。课前让学生以播报新闻的形式把自己感兴趣的名人的一些趣事用英语口头描述，再听和看加上英语旁白的名人的活动视频片段，刺激学生的感官，接着由 4～6 人小组进行交流对话，由学生用自己的语言简单描述他们感兴趣的名人，再进行汇总，推选最多小组描述的名人在班里进行交流汇报。在堂上充分发挥小组的合作学习，引导学生把自己收集的或喜欢的名人资料与同学交流分享，重点讨论要学习名人的什么品格和值得学习的地方。同时布置课外延伸学习任务，鼓励创编"我和名人"的小故事，可以想象创作，调动学生写小短文、小故事的兴趣，给学生们自由发挥的机会，培养学生们的思维品质。学生们对照名人或偶像人物的共同特点，对名人的成才经历进行了小组讨论，让学生们归纳名人成才的道路，学生们展开了热烈的讨论：You can play wonderful music; you can paint nice pictures; you can write interesting novels. You must work hard and never give up!。这使学生对语言有了更丰富的体验，不仅是为了学语言知识而学语言，而且也注意到了人文方面的知识，使孩子能全面了解本单元要掌握的名人生平故事。课后我引导学生把所有小组的描述用思维简图归纳写在A4纸上并张贴在英语学习栏。学生对这样的活动很有兴趣，踊跃交流，不仅活跃了课堂气氛，还让学生在口语和知识的综合运用方面得到了锻炼提高，取得了良好的教学效果。这样使学外语不再只是简单的背单词、句子，也使语言作为一种知识建构和再建构，以及使获得认识和理解的、主动进行的语言学习活动变得更加容易，我们运用了概念图中的表格式图，逐步培养学生们从形象思维到抽象思维的思考能力。

How to be a famous person	the ways
	1. You can play wonderful music.
	2. You can write interesting novels.
	3. You can become a great leader.
	4. You can invent something new and useful.
	5. You must work hard and never give up!
	6. …

本课的阅读策略是以旧引新，从复习名人中引出新的名人故事；培养阅读技巧，通过拓展阅读莫扎特、乔丹和杨红樱的故事，使学生进一步学会用故事的叙述法去表达描述人物，在小组中互讲名人故事，课外任务延伸"我和名人"故事创编，为学生创造多样的学习活动和自由发挥创意的空间。阅读过程中进行情感教育、励志教育的渗透，欣赏名句，探究名人成名、成功的原因，鼓励孩子们培养自己的兴趣和发挥自己的才能，为自己以后的人生规划明确方向，打下坚实的基础。同时引发学生进一步深入了解学习名人故事的兴趣，其中用名人成名的原因引导学生进行积极思考，培养学生的分析和思辨能力，以及正确的人生价值观，教师做好励志的引导。

我的教学实录

Module 3 Health Unit 6 The secret to good health 课堂实录

教材：广州教科版英语第7册第3单元

课型：语篇读写课

教学内容：

本课是广州版小学六年级上册教材 Module 3 Health 中的语篇阅读课 Unit 6 The secret to good health。主要教学目标是通过本单元的学习让学生懂得良好的生活方式和习惯是健康长寿的主要条件。在上一节课中学生已经学习了 Jiaming 生病的原因，初步认识了不好的生活习惯是人体健康的杀手，在本课继续深入学习和认识良好的生活和饮食习惯。本文通过描述已经80高龄的 Mr Li 拥有健康身体和年轻外表的秘诀，引出学习保持良好的生活和饮食习惯的4个方面，用了 First，Second，Third，Finally 等词进行描述，最后强调心态好的重要性。文中还用了许多祈使句，简洁明了，富有条理性和逻辑性，有利于培养学生语言表达的简洁性和条理性。全文不仅关注语言的工具性，也注意到人文精神和情感态度的渗透，为学生的书面表达提供了很好的范例。要设计好前置任务，布置孩子们先调查家人的生活习惯，采访家人或好朋友什么样的生活方式才是健康的。

六年级的学生已经处在青春自主期阶段，有自己的生活经验和实践积累，有自己初步的人生主张、观点和理想，自尊心强，记忆力好，形象思维好，但缺乏理性思维，有些孩子缺乏正确的强有力的学习动机，部分孩子好活动、爱表现、善模仿，部分孩子胆怯感较明显。大多数学生已经有一定的英语学习基础，养成了良好的英语学习习惯，但是也有一部分学生不是很喜欢上英语课，学习兴趣不是很高，这个阶段的学生有一定的分化。对于本课的学习，这个阶段的学生也许能正确评判什么才是正确的健康的生活方式，而有一部分学生则不认同。因此，课堂教学不仅要面向全体同学，还要实施分层教学，设计有启发性和层次性的问题，利用概念图加强文本阅读学习方法和策略的指导，关注学生的思维品质和情感态度，多鼓励孩子们积极投入参与学习，在阅读学习中培养学生从低阶思维向高阶思维发展，引导学生们做出正确的判断，正确认识和培养良好健康的生活习惯。

教学目标：

1. 知识和技能目标

（1）词汇："四会"掌握本课的单词和短语。

（2）语法：能正确运用第三人称单数做主语的动词形式。

（3）句型：

a. 能正确使用祈使句就健康生活提出意见和建议。

b. 能用 first，second，third，finally 有条理地叙述简单的文段。

c. 能听懂或读懂与课文难度相当的有关本话题的拓展文段。

2. 情感态度目标

激发学生学习兴趣，关注学生的思维品质和情感态度，鼓励学生们积极投入学习，在阅读学习中培养学生从低阶思维向高阶思维发展，引导学生们正确认识和培养良好健康的生活习惯。

3. 学习方法策略目标

利用健康谚语歌曲和情景整体导入学习，鼓励小组互动合作学习，阅读过程精、泛读结合，利用思维导图提取信息，梳理思路，听说领先，演练巩固。通过多层次阅读，从低阶思维向高阶思维发展，通过观察、分析、对比和归纳提取所学知识，培养运用语言知识的能力。

教学实录：

教学步骤与过程			
教学步骤与过程	教学的内容和活动	要达到的目的	使用的策略（学生的学习策略）
准备与复习 Warming up & preparation	1. 唱歌曲："An apple a day keeps a doctor away." 2. 小组自由交谈：（Free talk） 谈论题目： 1）What do you usually do every day? 2）What's your good habit / bad habit?（抽取3～4小组以对话形式汇报讨论结果） 3. PPT呈现几个孩子生病的情形，猜猜他们得了什么病，为什么会生病。用上一节学习过的短语，用第三人称单数的一般现在时句型进行描述，结合复习旧知识 4. 引出话题：The secret to good health	1. 热身，歌曲吸引注意 2. 通过小组自由交谈为下面的教学铺垫，同时锻炼孩子说的能力以及他们的发散思维。看图猜测锻炼学生的观察能力，初步的评判能力 3. 情景教学复习：复习上节短语和句子，并引入教学目标和主题的介绍	1. 小组合作学习培养主动参与交流活动和主动思考的习惯 2. 自由交谈和汇报激发学生的兴趣和提高注意力 3. 情景教学法，引入教学目标和主题的介绍

续上表

教学步骤与过程			
教学步骤与过程	教学的内容和活动	要达到的目的	使用的策略（学生的学习策略）
呈现 Presentation	1. PPT呈现Mr Li的几个生活习惯图片，教师介绍课文中的人物Mr Li，呈现第一个问题：How old does Mr Li look? 引导学生第一次进行阅读理解课文，寻找答案（先粗略地读，并找出不理解的词或句子） 2. 小组交流对课文的大概理解 3. 通过视听呈现课文，带着问题第二次阅读课文，教师帮助学生解决不理解的词或句子，让学生完成阅读反馈： He is not a doctor or a nurse, but he knows the secret to good health. What is Mr Li's secret to good health? 4. 教师把课文改成小故事并渗透介绍健康的生活方式，以视频微课方式呈现 5. 学生通过听和阅读，读完归纳健康生活习惯，完成思维导图，串讲课文介绍健康的生活方式 6. 学生再次进行阅读，读完归纳健康生活习惯，联系自己平时的习惯完成思维导图	1. 教阅读策略（skimming）：大概理解课文，对课文有整体的感知 2. 第二次阅读（scanning）：让学生试抓住课文的重要内容 3. 第三次阅读：引导学生归纳健康的生活方式，利用概念图有条理地梳理归纳	1. 结合学生的生活实际，在情景中体验、学习语言的习惯和能力 2. 通过听（或视听）抓住关键词语的能力 3. 自学（包括自读）的能力培养 4. 培养观察力和自我归纳的能力 5. 微课视频

续上表

教学步骤与过程				
教学步骤与过程	教学的内容和活动	要达到的目的	使用的策略（学生的学习策略）
巩固 Consoli-dation	1. 学生完成书中第33页的5个问题，通过回答问题，检查学生对教材的理解程度并做反馈 2. 通过听音频跟读、自读、两人对练等形式，熟悉巩固课文，要求大声、流利地朗读	理解、熟读课文	1. 合作和调控策略的培养 2. 文字与情景、事物建立联系的策略培养
归纳 Summing-up	1. 老师帮助学生归纳，进一步熟悉本课的词汇和知识（重、难点） 2. 小组讨论：What do you think is the most important thing for healthy life?（见教材 Let's Discuss）	归纳所学的句型，学会有条理地归纳叙述，培养对健康生活习惯的认识	自我分析归纳的能力
发展 Development	让学生谈论自己平时吃的东西或一些生活习惯，汇报前置任务中的采访结果，联系本课所学习到的健康主张，大家进行评判是不是合理健康的习惯，认识如何改进生活的习惯和态度	1. 能在实践中运用所学课文知识，并学会正确地判断良好的习惯 2. 从不懂评判到正确认识，培养学生从低阶思维向高阶思维发展	1. 在实践中运用语言的能力，主要是听和说的能力 2. 运用判断分析能力
作业布置 Homework	布置巩固性的作业 听读背诵课文 抄写生词 用 First, Second, Third, Finally 等归纳列出健康好习惯的文段 选择相关话题的小短文1~2篇进行阅读，做好新词的记录	1. 熟悉课文和该课的生词，使重难点得到巩固 2. 进一步拓展阅读，有利于提高学生的阅读理解能力	发挥巩固性作业的作用

板书设计： Unit 6 The secret to good health
（附上概念简图）

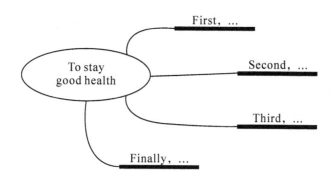

我的教学主张

优秀的英语课堂教师必须做到：

（1）不仅要善于在教材运用上整合资源，驾驭好教材，懂得借助恰当的教学手段完整地把握教学内容，而且要善于前后衔接地设计任务以及"化零为整"地创设情境，从而达到进一步优化整体教学，提升课堂教学的有效性的目的——整体化。

（2）尽量提高整合的内容的可读性和趣味性，使学生能得到思维的培养，使之更有情景性和故事性——思维化。

（3）在课堂上重视联系学生的生活和学习，重视小组的有效合作与交流，在课堂上形成生生互动、师生互动，关系和谐融洽，让孩子在快乐和谐中习得外语——生活化。

（4）能真正关注到孩子学习英语的习惯养成和学习情感态度，跨文化交际的意识和外语思维的培养——人文化。

他人眼中的我

1. **在学生和家长的心目中：**

我是可亲可爱的"Miss Yang"，课堂高效，轻松有趣，从不拖堂，作业少而精；课外可以说心里话，孩子们有事没事都要在中午吃完饭来办公室里瞧我一眼，问要不要帮忙做事情，或是和我说说话，把我当成好朋友。每当这个时候，温暖和感动笼罩着小小的办公室。

2. **钟碟群老师：**

杨老师一直工作认真负责，教学能力和责任心都强，深受学生和家长的欢迎。

为人热情大方，乐于助人。对同事能以诚相待，团结合作，是一个不可多得的好同事。

3. **海莉萍老师：**

杨老师是一个认真、负责、积极、向上的老师。她热情大方，各方面能力很强，关心同事又很低调。

4. **青年教师柒禹老师：**

杨老师有爱心，会关心身边的同事、朋友；有耐心，对学生、班级管理都很温柔而且不厌其烦；有恒心，是学校里的骨干教师，但是还不断参与各项培训，对教学工作有着极大的热情，思路清晰，做事效率高，创新意识强，能全身心地投入，是一个值得大家学习的榜样。

5. **十九大党代表、广州市"十大廉洁人物"、天河区名校长、市教育名专家、华阳小学周洁校长：**

杨老师有着和谐的师生关系，扎实的课堂教学，教育教学成绩突出；对自身专业发展始终保持较高的期待，并能从课题研究解决发展中的困惑及难题。

6. **华阳小学陈丽霞副校长：**

杨老师是学校的英语教学骨干，教学经验丰富，教学成绩突出，受到了学生、家长的一致好评；杨老师还承担了班主任、年级组长等工作，工作主动，责任心强，有很好的组织能力和协调能力。

对杨老师下一阶段发展的建议：①加强理论学习，提升理论素养，并对个人成功的教学和管理经验加以总结提升，形成个人独特的教学风格；②以课题的方式积极进行科研实践，使所开展的工作更系统，更科学规范，以便形成更鲜明的成果。

7. **广东省语文特级教师何建芬老师：**

杨老师：（1）用心认真，坚守小学一线教书育人。（2）爱岗敬业，谦逊好学，亲和宽容，引领学生成长。班主任及年级级长工作扎实细致。（3）班务管理勇于创新，集华阳特色课程、传统文化与生本教育思想三位一体，有序有效。（4）小学英语学科专业素养较高，课堂驾驭动静相宜，把握切入点作点拨指导，从容适度，课堂教学水平不断提高。（5）期待能在网络信息技术支持下的个性化学习平台中开创更高效的英语教学特色。

8. **华阳小学主管英语教学副校长刘莎：**

杨老师有丰富的教育教学实践经验，有很好的专业素养，业务能力强，教学水平高，为科组做了许多贡献。

精益求精 思创并举

● 广州市天河区沐陂小学 陈紫凌（小学信息技术）

● 个人简介

陈紫凌，教育硕士，广州市天河区沐陂小学信息技术高级教师。

广州市天河区第二批基础教育名教师，广州市基础系统新一轮"百千万人才培养工程"第三批培养对象，广州市优秀教师，南粤优秀教师。2013版、2018版广州市小学信息技术教材、教参编写人员。曾获广东省小学信息技术优质课比赛一等奖，广州市小学信息技术优质课比赛一等奖，广州市中国梦·园丁美青年教师基本功大赛二等奖。多次承担市区课题研究工作，教育硕士论文获全国优秀论文。8篇论文在ISSN期刊公开发表。主要研究方向为Scratch课程、3D打印技术、STEM+教育。

▶ 我的教学风格解读 ◀

教学风格是教师教学思想、理念、方法的个性化体现，也是教师教学艺术成熟的重要标志。（闫德明，广州）每一位有教学风格的教师，其风格往往都会深深地烙上个人性格特点的烙印。因此我坚信，教师的教学风格一定是个性化的、独一无二的。结合自身的性格特点，以及我对信息技术学科价值定位的认识，我把自己的教学风格确定为精益求精，思创并举。

一、精益求精

"精益求精"，主要是从描述课堂教学状态的视角来解读我的教学风格。事实上，在寻找、挖掘自己的教学风格的过程中，我也曾一度很苦恼，毫无头绪。在与学生的访谈中，他们对我的课堂评价最多的关键词是幽默、平等、有趣、好玩。这其中包含了很多共性的描述，实在很难称之为有个人独特烙印的教学风格。于是，我把焦点放在分析自己的性格特点与课堂教学录像上来。特别的学习经历和工作机缘，练就了我执着、坚毅的性格特点。在很多同事眼中，我做事精益求精，是一个十足的完美主义者。我的课堂教学也处处烙下了精益求精的痕迹，无论是设计、实施还是反馈、评价，都精雕细琢，追求完美。通过以上分析，我把自己的教学风格的第一个关键词确定为"精益求精"。

"精益求精"一词自古有之。《论语·淇奥》有云："如切如磋，如琢如磨"。宋 朱熹 集注："言治骨角者，既切之而复磋之；治玉石者，既琢之而复磨之；治之已精，而益求其精也。"关于它的含义，在《现代汉语词典》中的解释是指（学术、技术、作品、产品等）好了还求更好。通过对词源及含义的辨析，"精益求精"一词无不透露出对事物美好状态的不懈追求。

在信息技术教学中的"精益求精"，于教师而言，必须做到：精选的资源、精心的指导、精准的反馈、精炼的表达；于学生而言，希望他们通过"精准帮扶"，养成用"精确的技艺、精巧的设计、精美的呈现"表达技术的良好品质。

二、思创并举

信息技术学科是一门工具性很强的学科，操作性强，强调做中学。一直以来，受"工具论"思想的影响，信息技术学科在学科思维、创新创意等高阶能力的培养方面有所欠缺。基于对学科的认识，我的信息技术课堂实践一直努力在践行"思中创，创中思"的学科课堂教学追求。这里的"思创"分别有两层含义。第一层含义是思考与创作，指向学生的学习行为，鼓励学生通过"做中学"习得知识，增长技能。这一层传承的是信息技术学科工具性的特点。第二层含义是思维与创新，指向的是学科高阶能力的培养目标，强调学生在做中学的同时，要学会思考，学会创作。这一层凸显信息技术学科文化层面的追求。

当然，我自知资历尚浅，"精益求精，思创并举"的信息技术课堂，目前也仍然是一个努力的方向。但我一直在坚持，希望通过自己锲而不舍的教学探索之旅，能带动更多的学生养成做事求精、求实的良好品质；能帮助更多的学生感受信息技术学习的魅力，能营造"乐问、乐思、乐创"的良好课堂学习文化氛围。

▶▶ 我的成长历程 ▶

争做一名有精神追求的信息技术教师

一、坎坷的成长之路

回顾自己磕磕绊绊的成长历程，我感慨万千。五次人生转折，对我影响最大。第一次是初二转入县城的重点中学，让我知道了自己是多么的渺小；第二次是高考的失败，糊里糊涂地进入了师范类专科就读；第三次是考上了专升本，让我实现学历与学位的双重飞跃；第四次是2005年参加全国公开招考，考进了天河教育系统，从此与教师这个职业结下了不解之缘；第五次是2009年考上华南师范大学教育硕士，让我有机会继续学习与深造。

我对教师职业的了解，从讨厌到初步了解，再到喜欢，其实经历了挺漫长的一段历程。小时候，我总以为当老师几十年都在反复啃着同样的知识，挺没劲的。到了大学，尽管受了专业的熏陶，但依然谈不上喜欢，特别是参加本科实习后，越发觉现实中的教学工作与自己理想的教师职业相去甚远。在大学的教学实习总结大会上，作为实习小组长的我曾当众表露：如果可以选择，我情愿不当老师。真正理解教师这个职业应该是在参加工作之后。师者，不仅仅是传道、授业、解惑也。师者，还应该是学生学习的帮促者、教育教学的研究者、课程的建设者和开发者……此外，面对如今"后喻文化"的悄然来临，教师不仅是照亮别人的"蜡烛"，更是不断充电的长明灯，教师教书育人的过程也是教师自身不断发展和完善的过程。

二、初为人师的五味杂陈

2005年夏天，我背着简单的行囊，从天河奥体中心出发，坐上载客摩托车，七大弯八大拐地来到了一座偏僻闭塞的小学校，开启了教育生涯的寻梦之路。坦白讲，第一次踏进沐陂小学的校园，我当时的心情是失落与忧伤并存。但对那个时候的我而言，找一份稳定的工作，自立自强是我迫切要解决的问题，人有时不得不向命运低头。不过我也深知，态度决定姿态，姿态决定身态。于是我很快就调整了自己的心情，并带着老父亲送给我的一句话：是金子在哪里都能发亮，开启了我在沐陂小学教书育人的新征程。在这里，我时刻秉承服务学生、服务教师、服务学校的工作理念，兢兢业业，锐意进取，强烈的责任心和积极的工作态度让我的工作得到了大家的认可。我想用我平凡的工作态度告诉大家：无论舞台有多小，都是一片天地；无论土壤有多肥沃，扎根才能枝繁叶茂，花果飘香。作为一名"80"后，我真心希望用自己的实际行动去证明，我们这一代人，是有责任心的一代，也是勤奋的一代，我们也同样能左手握住右手，用自己的双手努力去创造自己美好的未来。

三、我的专业成长路径

时间飞快，转眼间，在沐陂小学已扎根12年。在这12年里，我经历了很多，也收获了很多。我始终认为，教师的专业成长需要内因与外内的双重作用来推动。内在的学习成长动机是先决条件，机遇与引领是助推器。感恩我在工作中遇到的所有人与事，是你们历练了我，让我寻找到自己成长的路径，并坚定地走下去。成长过程忽快忽慢，也并非一帆风顺，但我无怨无悔。

（一）在学科认同中寻找专业成长的温度

信息技术作为学校的边缘学科，一直以来并不被重视。但我始终坚持这样的一句话：如果自己都不重视自己的学科，自己都不重视自己的教学，那别指望别人能重视我们。带着强烈的专业认同感，我重视自己学科的每一堂课，关注学科发展的每一次动态，参与学科的每一次活动，并积极与区域同行交流分享学科教学心得，这些虽然平凡但却很充实。

我坚信信念改变，行动就改变，结果也会随之改变。看到自己的课堂受到学生们的喜爱，看到一届届学生的茁壮成长，看到自己的工作得到学校领导老师的支持，看到自己的专业心得得到区域同行的认同，我心里感到无比的温暖与欣慰，感受到自己的事业也是有意义、有价值的。

(二) 在教学实践中提升专业成长的高度

课堂教学是我们教学工作的根和魂，也是我专业成长的土壤。在平时的课堂教学中，我努力上好每一堂课，管好每一个班，组织好每一次学科学习活动，指导好每一位学生学习，并能自觉地把新的教学理念、学法运用到自己平时的课堂教学中，指导自己的教学实践，让学生既能感受教师无微不至的关怀，又能领略学科学习的无穷乐趣。强烈的事业心和责任感，使我的教学很快得到了老师、学生们的一致好评。

我相信，只要心中有爱，用心去培养，每一位学生都能成为一棵茁壮成长的小苗。为了给学生搭建更好的学习与成长平台，我 12 年无间断地组织学生参与各级各类信息技术比赛活动，让他们不断攀登学习的高峰。截至 2017 年，我校累计 140 余名学生在省、市、区各级各类信息技术比赛中获奖。

此外，为了避免自身专业成长的惰性，我坚持以学科各级各类比赛为契机，鞭策自己坚持学习，提升专业技能，不断攀升专业成长的高峰。在学校的支持、学科专家的指导与帮助下，我曾多次担承市、区各类教学研讨活动，多次代表学校、区域参加学科教学基本功大赛，并获得较好的业绩。如 2009 年获天河区青年教师基本功大赛二等奖；2010 年获广州市优质课比赛一等奖；2013 年获广东省优质课一等奖；2014 年获广州市中国梦·园丁美青年教师基本功大赛二等奖；2015 年入选天河教育科研风云人物；2016 年获广州市小学信息技术教师说课比赛一等奖、天河区小学信息技术命题考试题一等奖……

历数自己的教学业绩，尽管并不显赫，但对于我和我的孩子们而言，不断地得到肯定与认可，也是一种很好的成长体验。成长的高度无止境，我们一直在路上。

(三) 在学习中凝聚专业成长的厚度

活动老，学到老。在平时，我一直鞭策自己坚持学习，用心交流，勤于反思，博采众长，提升自身业务水平。主要的学习途径有：

(1) 向专家同行学习。学科专家的引领，同行的经验分享，让我的教学少走了许多弯路。

(2) 向书本学习。实践如果缺乏理论支持，就只是经验之谈。而寻求理论帮助的最直接途径就是多向书本学习。工作之余，我坚持抽时间阅读一些教育学、心理学、学科专业等书籍。"书中自有黄金屋，书中自有颜如玉"，这些阅读的经历，对我的教学工作起到了很好的指导，成就了我专业成长的厚度。

(3) 向其他学科学习。"他山之石，可以攻玉"。通过跨学科、跨界学习，可以让我们的教学视野变得更加开阔。从教这么多年，我经常去观摩信息技术学科以外的教学公开课，经常去学习其他学科教师的经验讲座，从中寻找教育教学的共性经验，学人所长，补己之短。

（4）借助网络平台参与学习。互联网学习平台，可以实现无时无刻、无处不在的学习与交流。自从 2005 年开始接触天河部落，到 2009 年参与北师大的篱笆桩活动，再到 2010 年开始经营自己的新浪教育博客，直到今天我一直都坚持在各类远程学习平台参与学习，如 TED、中国大学 MOOC 网等。可以说，网络学习平台是我专业成长的助推器。感恩在茫茫网海中认识的每一个人，每一件事，每一次经历。正是这些经历，堆叠了我专业成长的厚度，积攒了我专业成长过程中不可磨灭的学习财富。

（5）在学历进修中不断成长。坎坷的学习经历，练就了我坚忍不拔的性格和不断追求卓越的意志。在工作后的第四年，我以优异的成绩考上了华南师范大学教育信息技术学院，攻读现代教育技术专业在职硕士学位。这是我人生重要的转折点。这次的学习经历，进一步提升了我的教育教学理论水平，并引领我走进学术研究的发展快车道。自己撰写的硕士论文《基于 Scratch 主题探究活动的小学信息技术问题解决能力的策略研究》也有幸获得了全国第四届优秀教育硕士论文。感谢家长的支持，感谢导师胡小勇教授的悉心指导。

（四）在科研课题中拓展专业成长的深度

"以实践为载体，为需求而研究；以行动为指南，为改进而研究。"是我一直倡导的研究路线。近年来，我开始慢慢意识到研究方向对专业成长的重要性，并在承担区级小课题、一般课题、市级青年专项课题的逐级研究中，不断反思，最后把自己的研究方向确定在：以问题解决为导向的信息技术课堂教学、Scratch 课程建设。通过实践研究，我提出了"问题导学，思创结合"的教学主张，并努力通过以问题为导向的教学，着力打造"求精、求实、乐思、乐问、乐创"的信息技术课堂学习文化氛围。随着研究的不断深入，我也曾多次受邀到一些地区或学校去交流学科教学经验和研究成果，开设了市级的网络课程，同时我还参与了广东省教参、广州市教材教参的编写工作。尽管这其中的很多想法和做法可能还不够成熟，但通过与专家、同行们的分享交流，产生思维碰撞，对促进我的科研课题向纵深方向发展起到了很好的推动作用。

（五）在服务群中延伸专业成长的广度

一路走来，很感谢关心、帮助和支持过我的所有人，我也一直在努力凭借自己有限的专业知识和能力，力所能及地去服务学校、服务教师、服务学科，共同学习，共同进步。比如带头科研，辐射学校。在学校科研引领方面，我试图通过自己的实践行动去感染、影响和带动学校同事参与科研，截至 2017 年我校立项区级小课题 14 个，区级一般课题 2 个，市级课题 1 个，且所有课题均顺利结题。这些课题的研究，营造了良好的科研氛围，开辟了学校教育科研发展的新天地，也进一步带动了学校教师的专业成长。于我而言，在与老师们共同探讨科研问题的过程中，自己的教学研究能力也得到了长足的锻炼。又如谏言献策，助力学校发展。从家校合作、教学建模、活力课堂到如今的"润化教育"特色学校建设，我校每一次的教育实践探讨，我们都能积极参与其中，献言献策，奉献智慧和力量，与学校一起成长。

总之，时隔多年，再一次重温自己的成长历程，我感慨万千。每个人在不同的阶段都会遇到不同的人、不同的事，得到不同层次的提升机会。12年的教学生涯，说长也不算长，所取得的成绩也并不算显赫。但我十分庆幸，在工作与学习之余，能结识许多专家学者、师长、同行，从他们那里了解到了许多专业的前沿信息；通过区域的互动，我感受到科研的魅力，领略到了不同专业名师的风采；通过培训交流，我结识了许多对教育有追求的人，受他们的感染，我也在一直在努力争做一名有精神追求的信息技术教师。我不敢说这是自己专业发展的又一转折点，但总体感到忙碌而充实的工作和学习生活，进一步丰富了我的人生阅历、拓宽了我的知识视野，提升了我的教学技能，偶尔也有发挥自身的专业特长力所能及地帮助到学校、同事、同行和我的学生们。为此，我感到十分庆幸，庆幸工作12年的我仍然能保持不断学习和追求进步的心态……

▶▶ 我的教学实录 ▶

Scratch 动画创作：欢乐蹦蹦跳
——背景的添加及角色的旋转和移步

一、教学内容分析

"欢乐蹦蹦跳——背景的添加及角色的旋转和移步"是广州市小学信息技术教科书第三册第二章第14课内容，本课主要包括的内容有：背景的添加、角色的旋转和移步、多角色的旋转和移步等，对应的是程序设计中的顺序结构。这些内容既是学生应用Scratch软件设计动画的基础，也是学生从一个角色走向多个角色设计程序脚本的转折点。教材主要以欢乐蹦蹦跳为活动主线，介绍酷猫与木棉仔一起在草地上蹦蹦跳的动画脚本。考虑到草地背景的创作空间较单一，以及多个角色同时运动的必要性，我把教材的背景调整为游乐场背景，活动调整为酷猫顶着球蹦蹦跳。此外，由于舞台背景的修改与之前学习的画图程序的操作类似，且比较简单，本课将不做过多的强调。

教学重点：角色的旋转和移步指令。

教学难点：旋转和移步指令的组合运用。

二、学习对象分析

小学六年级的学生在本课学习之前，已经学习了Scratch软件的启动、文件的打开与保存操作，能根据需要导入媒体库中的角色及其不同的造型，并会对一个角色进行简单脚本的编写，实现角色之间的对话、角色造型的切换及特效变化等。从前面的学习观察发现，学生对Scratch具有浓厚的兴趣，爱创作、乐表达，有一定的自学基础。

三、教学目标

（一）知识与技能

（1）能区分"舞台"和"角色"的异同。
（2）会从"文件夹"导入舞台背景。
（3）能用旋转、移步指令对多个角色编写程序脚本。

（二）过程与方法

通过主题创作，体验应用旋转和移步等动作指令编写顺序结构程序脚本的过程，掌握应用旋转和移步指导编写动画程序脚本的方法。

（三）情感态度与价值观

（1）通过Scratch创作"欢乐蹦蹦跳"动画作品的过程，感受学习编程的乐趣。
（2）在操作实践中，增强善于思考、积极探索、勇于实践的学习意识。

四、教学策略

本课主要秉承杜威的"做中学"教学理念设计教学。在教法上主要采用范例教学法和课内翻转组织教学。学习过程主要以"欢乐蹦蹦跳"活动为主线，设计了自学、互学、个性创作三个层次的任务。其中，自学任务要求学生通过课本、微视频、任务单等学习材料，自主学习，完成模仿创作"酷猫头顶篮球蹦蹦跳"的程序脚本；互学主要针对学生自学过程中出现的问题进行剖析与反馈，巩固新知，突出教学重点，突破教学难点；个性创作任务，则是将本课学习的知识与技能综合运用到实践中，学以致用，进行个性化创作。在获取新知、实践掌握的过程中，学生遇到问题时可以通过教材自学，也可以通过上机实践、小组互助互学、问老师等方法进行学习。为此，本课设计了"情境生疑—自主解疑—互动剖疑—个性拓疑"四个环节展开教学。

五、教学媒体

（1）多媒体电脑室。
（2）教学广播软件、信息技术辅助系统。
（3）范例作品、学生测试题等。

六、教学过程

教学环节	教师活动	学生活动	设计意图
情景生疑	1. 出示体育活动照片，创设问题情境 2. Scratch 范例设疑：实现这个作品需要解决哪些问题 3. 梳理问题： 如何导入舞台背景 如何让角色旋转和移动 如何给多个角色编写程序脚本 4. 出示课题： 【板书】欢乐蹦蹦跳	观察 思考并提出问题 聆听	创设情景，激发学生的学习兴趣，引入本课学习内容 通过范例赏析，引导学生发现并提出待解决的问题，为后续的自学做铺垫

续上表

教学环节	教师活动	学生活动	设计意图
自主探疑	1. 布置自学任务： 要求：模仿创作，导入背景，并编写酷猫头顶球蹦跳穿过轮胎的动画作品 2. 提示学法： （1）看任务单、学习卡、微视频 （2）相互学习 （3）问老师 3. 播放背景音乐，巡视，了解学生学习情况，答疑 4. 收集学生问题程序作品 5. 邀请学生反馈自学成果 6. 以点带面，补充示范： （1）导入舞台背景 （2）给多个角色编写脚本的注意事项：选定角色 【板书】 [移动 10 步]：角色按指定的步伐移动一次 [旋转 ↻ 15 度]：角色按指定的角度顺时针旋转 [旋转 ↺ 15 度]：角色按指定的角度逆时针旋转 [等待 1 秒]：角色等待1秒	倾听 明确自学要求 打开任务单 了解任务要求 模仿创作 保存作品到作业盘 个别学生分享作品 思考 倾听	以"任务"为驱动，通过任务单指引，辅佐相关微视频，引导学生，在完成任务的过程中，解决问题，掌握本课学习的基本目标

续上表

教学环节	教师活动	学生活动	设计意图
互动剖疑	1. 通过网络共享，反馈学生创作过程的问题程序 预设问题： （1）背景变成角色 （2）给舞台写"动作"程序脚本 （3）程序脚本看不到动画效果 （4）角色的旋转角度发生混乱 2. 强调要点： （1）程序脚本按顺序执行 （2）注意角色旋转方向与角度的设置 旋转方向（顺时针、逆时针） 旋转角度（60度、90度、180度……） 3. 远程发布学习小测材料，学生测试（提前填完的同学，完善自学任务） 4. 对学生的测试进行反馈 5. 小结知识要点 【板书】 导入舞台背景 设置动作效果 设置等待时间 程序按顺序执行，实现一个或多个角色的旋转和移步	观察与思考 指出程序存在的问题 分享程序的修改意见 思考与倾听 填写测试材料 互帮互助完善自学任务 与教师互动 倾听	通过师生互动，剖析问题程序，突出本课学生的重点 通过测试反馈，查漏补缺，内化知识，提升能力

续上表

教学环节	教师活动	学生活动	设计意图
个性拓疑	1. 展示更多舞台背景和角色素材，提出问题：应用本节课所学的知识，还可以对舞台做哪些动画效果 2. 展示一两个范例作品 3. 布置个性创作任务： （1）层次1：继续优化酷猫蹦蹦跳作品 （2）层次2：按任务单指引，任选一个场景，应用本节课所学的导入背景、角色的移步与旋转等指令设计一个"欢乐蹦蹦跳"动画作品 4. 巡视指导（收集学生作品） 5. 开启在线讨论服务器端，引导提前完成的同学，互评作品	小组讨论，分享创作思路 欣赏作品 查阅任务单，了解个性创作任务要求 操作实践 在线观看和评论同学的作品	分层创作，让学生根据自己的现有水平、学习兴趣和学习能力，自定步调进行个性创作，张扬个性 搭建网络平台，拓宽评价的时间与空间
评价总结	1. 展示作品评价标准： （1）主题突出 （2）作品能实现：角色的移动、旋转；多个角色的移动、旋转等 （3）程序效果与众不同 2. 抽取部分学生的作品全班展示 3. 展示与点评个别学生的作品，并借此对本节课的学习要点、学习情况进行小结 4. 拓展思考：更多动作指令的应用	欣赏作品 小组发表评价意见 倾听、思考	通过生生互评、师生互评等检查学生的学习效果，并在此基础上帮助学生梳理知识，归纳要点，提升能力

七、板书设计

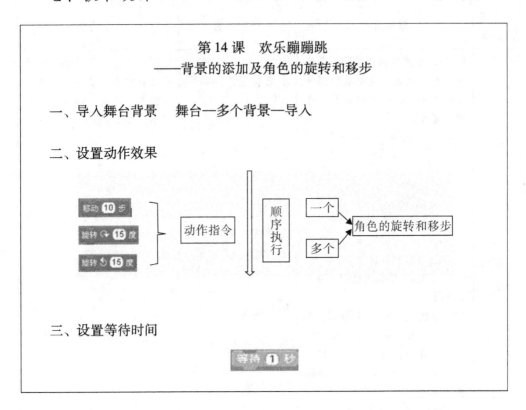

八、教学反思

本课主要依据"翻转课堂"教学理念设计教学。教学过程以"欢乐蹦蹦跳"活动为主线，采用范例教学法和任务驱动教学法相结合的形式组织课内翻转教学。教学过程借助学生在现实生活场景中参与的"蹦蹦跳"体育活动场景创设学习情境，引导学生观察、发现生活，思考如何把现实生活中的场景用 Scratch 动画展现出来。创作过程中，学生学习兴趣浓厚，创作的作品也很有个性。下面就本课在技术应用层做如下反思。

（一）UMU 平台整合各类资源，丰富学习形式

"欢乐蹦蹦跳"是学生耳熟能详的课外活动，本课以此为切入点，引导学生自己创作"酷猫顶着篮球蹦蹦跳"动画程序，激发了学生的学习兴趣。在教学素材的呈现方面，本课十分注重相关图片、视频、音频素材资源的准备，并着力为学生的学习创设多样化的学习资源。此外，根据信息技术学科操作性很强等特点，本课设计了操作型微课、电子助学卡等助学材料，并通过 UMU 平台直观呈现相关资源，为学生的自主学习搭建了良好的学习支架。从学生的应用情况来看，这样的资

源呈现方式得到了不少学生的欢迎。

（二）任务单引领，指导学生自学互学

学生的差异大是信息技术课堂的教学难点之一，为了更好地为学生不同步调的学习提供机会，本课依托任务单文件，为学生搭建自学平台。平台中包含任务导航、操作指引、帮助锦囊等内容。学生在自学过程中，可以根据自己的学习喜好、学习基础选择资源进行学习。

课内翻转课堂中的自学环节，主要依托此平台开展。从学生的学习情况来看，这样的设置能有效地解决一些后进生跟不上学习步调的问题，从而促进课内的有效翻转。

（三）在线测试，即时反馈

学生的自学情况如何，教师针对学生的自学情况反馈什么，如何反馈等问题，都是翻转课堂实施过程中必须要面临的问题。为此在学生自学环节结束之后，我通过借助"问道网（Askform）"为学生提供即时自学测试反馈。这不仅能为教师评价学生的学习效果提供依据，也有助于学生查漏补缺，内化知识，提升能力。

（四）依托平台，拓展交流时空

本课采用网络共享映射盘，对学习资源和学生作业进行管理，教师既可以轻松分享学习资料，又可以即时查阅学生的作业，并给予反馈。此外，本课借助"易学"系统的讨论功能，开辟异步讨论交流的空间，让学有余力的同学能及时点评和反馈同学的作品。既拓宽了学生课堂参与评价的时间与空间，又丰富了本课的评价手段，提升了学生参与交流互动的质量。

总之，本课的设计以"欢乐蹦蹦跳"为活动主线，采用范例教学法和课内翻转组织教学，教学过程设计了两个层次的任务引导学生通过自主尝试、合作交流等形式学习背景的添加及角色的旋转和移步。教学过程中任务单和微视频等学习材料为学生提供了有效的学习支架，不过由于时间关系，学生对作品的点评还不够充分，我将继续努力，以翻转课堂理念为引领，探讨更加优化的混合式教学策略，以期达到更好的教学目的。

我的教学主张

问题导学　多维互动　思创结合

基于对国家中长期教育规划、《中小学信息技术课程指导纲要（试行）》《广东省义务教育信息技术课程纲要》、中国学生发展核心素养等政策文件的解读，结合学习心理学、信息技术学科等理论，我提出小学信息技术课堂的教学主张：问题导学，多维互动，思创结合。

一、问题导学，精准帮扶

随着教育观念的不断更新与发展，如今越来越多的小学信息技术教师意识到课程、活动、任务、资源等对学生学习的重要性，并尝试以形式多样的创作任务引导学生在做中学，习得技能。不过在具体的实践过程中常常过分注重工具操作的学习，以至于学生在知识迁移及应用方面有一定的局限性，学生在独立思考问题、分析问题、解决问题等方面的思维能力也尤为欠缺。因此，在信息技术课堂，我倡导关注问题，并通过精心设计的问题序列学带动学生解决更多具体的问题。在这个过程中，问题是引子，而解决问题是目的，精准帮扶是保障。

信息技术课堂中的问题导学，主要可体现在如下几个方面：

（1）关注从现实生活中精准帮扶学生发现和生成有价值的创作问题。

（2）关注问题序列，精准帮扶，学习先学先试，实现自主学习。

（3）关注通过典型问题作品，精准帮扶学生理解和内化知识，巩固技能。

（4）倡导提供多样的学习支持，精准帮扶学生扫清解决问题过程中遇到的各种障碍。这些学习支持，一般可以包括：典型范例、任务单、微视频、助学卡等。

（5）倡导通过从"良构问题—适构问题—劣构问题"，精准帮扶学生循序渐进，从易到难，从简单到复杂，迁移应用，解决更多具体问题。

二、多维互动，共生共长

从人是如何学习的角度来看，丹麦教育家克努兹·伊列雷斯认为学习包含三个维度：内容、动机、互动。这其中的"互动"，强调的就是要从社会交往的角度去诠释学习的形成过程。信息技术学科的学习并非只是学生简单的操作，更不是小步子走的讲演练。多维、深度的互动交流，能有助于学生在信息技术的知识海洋里共生共长。信息技术课堂中的多维互动，具体可在以下几个方面得到体现。

（1）师生互动："以生为本""双主互动"式的互动。要求在师生互动的过程中，既要拿捏互动内容、时间、频率，又要把控互动质量，更要夯实基础。

（2）生生互动：彼此尊重、互相启发、深度互动、共同进步。

（3）生资互动：多样支架，精准帮扶。

（4）人机互动：即时反馈，高效生成。

三、思创结合，张扬个性

《技术哲学》一书提道：在处理技术和工具之间的关系时，不可忽视的重要因素之一是技术应用的本质。技术的本质不仅在于强调其效用价值，更重要的是能用技术改造世界，培养技术思维。因此，关注学生知识的应用与迁移能力的培养，提升学生对技术的理解，拓展思维是信息技术课堂的核心目标之一，这与新近发布的中国学生核心素养报告中提到的社会参与层面的"实践创新"要求不谋而合。但信息技术课堂中的实践与创新如何落实到每一节课的课堂教学目标中，并不是一件容易的事情。结合大脑潜能开发相关的理论，我认为，把"思"与"创"结合起来，是一条可行的实践路径。在前面我也提到，思创结合中的"思"，不仅代表思考，也代表思维，学生只有会思、能思、善思，才能提升思维品质；而"创"，则既表示创作，也隐含创新能力的培养。当然，这个创新能力的形成过程，需要经历，通过模仿到创造的逐步迭代过程。也只有这样，学生的个性才能得到逐步的释放，最终绽放出绚丽的光彩。

他人眼中的我

一、专家眼中的我

……这时，我才知道她只是个刚入职不到一年的新老师。印象中，当时对紫凌并没有特别优秀的感觉，但已经从她的培训反思和教学设计中（我还保留着，见上面的图）强烈地感受到这个瘦弱小女孩特别认真。或许，这就是最优秀的另一种表现。……

——胡小勇教授

二、同行眼中的我

非常荣幸有机会听到陈紫凌老师这么优质的信息技术课，本人深感受益匪浅。这次给我极大的震撼，深感自己在信息技术这门专业课上还需要大步的提高。

通过这次听课，我学到了先进的教学方法和教学手段。陈老师亲切自然的教学风格让学生们在课堂上非常放松自然，整个课堂气氛轻松愉悦。学生的课堂常规和整体素质表现得非常棒，这与陈老师的严格要求和高水平的教学是离不开的。陈老师的教学设计以问题解决为导向，先抛出问题再尝试解决问题，这充分体现了研学后教的教学理念。这种教学策略首先能让学生对问题的解决有更主动的欲望，从而培养学生在自己的尝试研究中去发现问题，在老师的引导下解决问题的能力。

——苏琳喻

听了陈老师的课，我用"惊喜"和"惊艳"来形容我的感受。

（1）大胆创新：陈老师这节课放弃了使用稳妥、成熟的细分任务的教学模式，大胆启用了课内翻转模式，让学生通过微视频、任务单学习材料自主学习，生资互动学习表现得淋漓尽致，然后让学生针对在学习过程中出现问题进行剖析、突破教学重难点，最后综合运用所学知识进行个性化创作，最大限度地开放学习的思维，充分给予学生自我学习、创作的空间。

（2）用心良苦，面面俱到：陈老师每个教学环节的设计都非常用心，考虑得很细，学生蹦蹦跳体育活动图片的导入，让学生的生活经历油然而生，亲切又熟悉，这为课堂后续的酷猫蹦蹦跳创新动作设计做了充足的准备；还有清晰明了的任务单设计、周全的错误范例准备、在线评价时提供的评价参考方向、个性创作时提供的"别有用心"的舞台背景素材等体现出陈老师的用心良苦、面面俱到，我不得不佩服陈老师的用心和专业，膜拜陈老师对课堂教学的这种高度热忱和完美追求的态度。

——黎秀颜

三、学生眼中的我

（1）我觉得在这四年里，我学到很多东西，因为课前的打字，让我的打字速度飙升；因为老师教的那些电脑信息，让我学会了该怎样正确使用电脑；因为老师教的那些文档，让我学会了在电脑上打文章；因为老师教的 PPT，给我们的学习带来了莫大的帮助；因为老师教的 Scratch，让我们学到了那些有趣的软件，学到了要自己创作，自己思考。总之，这四年的电脑课，我学到了很多很多东西，但是，我马上就要离开这个学校了，离开我们亲爱的老师，可爱的同学们，小学里那些美好的风景。母校每一处都有我们美好的回忆，再见，老师，再见，母校！

（2）陈老师幽默，搞笑，欢乐，每一节课都带来了快乐！谢谢陈老师，我学了四年电脑，每次上课都很开心。下课后，每个同学都会分享自己在电脑课上做的作品，希望还可以继续下去。

（3）四年时光转瞬即逝，学习的日子难以忘怀。在这四年的时间里，我们学会了很多，也收获了很多。从最开始的认识信息技术，认识电脑部件名称，再到画图、小报、表格，最后到 3DOone、Scratch。在这其中，不仅收获了知识，也得到了很多乐趣。我们的课堂是开心的、快乐的，而不是死气沉沉的。这四年时光，难忘而珍贵。

[2017 年六（2）班学生]

（1）陈老师待人和善，比较幽默，课堂上能带着我们讨论，学习，是一个很好的老师。我对陈老师的评价是：very good！补充：有时候跟我们还很默契。

（2）我觉得陈老师上课非常有趣，总会给我们带来惊喜，在上课时还时不时说一些幽默的话，很好玩。

（3）上课时，陈老师教我们 Scratch 的时候，把课讲得很有趣。而且我们也很喜欢陈老师的上课方式！

[2017 年六（1）班学生]

多彩思维英语

● 广州市天河区侨乐小学　何洁聪（小学英语）

● 个人简介

何洁聪，女，中小学高级教师（副高），现任教于广州市天河区侨乐小学，是广东省名师高小兰工作室成员，被聘为广州市第一批农村地区小学学科教师培训指导老师，获得"广州市优秀教师""天河区优秀教师"称号，被认定为天河区2015—2020年骨干教师。于2013年通过选拔，被派往美国南加州大学尔湾分校进行为期三个月的学习。曾主持国家级子课题研究3项以及区级课题研究2项："英语学习的家校合作模式研究""运用思维导图优化小学高年级英语写作教学的行动研究"。课题"运用思维导图进行小学英语写作教学的行动研究——基于中高年段英语的写作导学案开发与实施"于2017年获得广州市教育局立项。参加2015年10月广州市小学英语"模块整体教学设计与课件制作评比"活动，荣获三等奖。

▶ 我的教学风格解读 ◀

我的教学风格关键词是"多彩思维英语"。

英语思维，是指英语的掌握程度与母语一样，可灵活地使用流利的、纯正的英语表达所思所想，形成本能的、条件反射式的思维方式，让语言回归于实际生活应用。2011年版《义务教育英语课程标准》指出：英语作为一种语言，既是交流的工具，也是思维的工具。英语课程承担着培养学生基本英语素养和发展学生思维能力的任务。在小学英语课堂上，培养学生的思维能力和学习策略非常重要。

我主张以培养学生形成本能的、条件反射式的思维方式为目标，运用创设信息差、教与学生"5W1H"分析法、以读促写引导学生绘制思维导图等多种方式培养学生的英语思维，学习西方的思维方式。整个思维过程，是学生不断对所学知识进行提取、判断、定义的过程，是真实运用英语的过程。在思维训练中真实使用英语，有助于学生灵活地使用英语表达所思所想，形成本能的、条件反射式的思维方式。在思维中运用英语是真实的运用，是有效的运用。

学生是多彩的，学生的个性是创造的前提。能够促进学生个性化发展的教育才是成功的教育。教育教学促进了每一个学生的发展，而发展每一个人的个性，既是个性化教育原则的出发点，又是这一原则的归宿。运用思维导图，发掘学生的创造力，激发学生运用原有的英语知识储备，既训练了学生的思维，又创设了真实的语境给学生运用英语，二者相辅相成。不同的学生对同一个主题，都会有自己不同的思考。在课堂上，以学生为本，注重个性，关注差别，引导学生运用英语进行思维训练，画风各异，如蝴蝶般绚丽多彩的思维导图，就是学生们个性思维的见证。学生在我的课堂上，训练思维，理清思路，多彩思维，放飞思维的蝴蝶。

我的成长历程

从教 17 年，我总是在路上。

一、一个命中注定的选择决定的职业生涯

自从青春期开始，我就表现出异于常人的反叛，喜欢奇思妙想。在语文课上，有许多与老师的讲解和参考书的标准答案很不一样的想法。记得有一次，语文老师在讲解《红楼梦》节选中，说作者当时的写作意图是对封建社会的批判，但是我却不以为然，持不同看法。可惜，老师总是以标准答案来要求我们，考试也是只能按照标准答案作答才能得分。

终于到了高考填志愿，随便一填的师范院校，竟然提前批招生，录取了我。老师的刻板以及对个性的不尊重，让我对师范专业倍感抗拒。迫于家庭和就学的压力，我选择了一个思辨能力强的专业——思想政治教育。由于这个专业里有许多提升思辨能力的哲学课程，支撑着我完成了四年的本科学习。

毕业以后，我终于还是没能逃脱成为一个老师的"宿命"，成了一名人民教师。才刚开始了一周的工作，我就走进校长办公室，对校长说："我要辞职！"命运给我安排了引路者，生命中的伯乐——我的第一位校长叶焕美，以及身边乐于助人的同事们。叶焕美校长对我进行了安抚，并安排了朱曾璇老师做我的师傅，一步一步教我如何踏上讲台。此时的我，忙于学习如何管理课堂，学习如何把握教学的重难点，学习上课的流程。

二、一堂对香港学校代表团的公开课引发的反思

经过了五年的适应，我逐步可以独立行走，独立管理班级，独立开展教学。除了可以按照教学大纲的要求，找出教学的重点和难点，按照正式的流程上课，我还开始尝试如何去把一节课上得精彩。我开始不断地听精品课，学习优秀老师的上课方法，领悟他们的教学精神。渐渐地，我可以把中年段的课上得精彩。但是，一节对香港学校的展示交流课，让我陷入了思考……在这节课上，我能运用 PPT 作为整节课的贯穿和引导，"牵引"着学生走进我的教学设计，每一个环节都完成得天

衣无缝，学生们积极举手发言，气氛热烈，目标达成。但是，香港老师们在听课的过程中，却面无表情，没有投入，没有欣喜。这让我产生了疑惑：是我的课上得不好吗？课后，香港老师们的评课只有一点：学生们都非常整齐。虽然香港老师们的评价是褒义的，并表现出赞叹，但是我也从他们的教学思想中得到信息：学生都非常整齐，动作整齐划一，思维整齐划一，答案整齐划一。这……并不是教学中好的现象。学生应该是有个性的，他们有自己的思想，他们应该有自己的答案，他们应该如蝴蝶般绚丽多彩。我的课里，应该留有学生思维的空间；我的课里，应该有对学生思维、个性的尊重。

三、一次海外学习促成的教育理想

于是，我把学习的对象朝向国内英语教学的发达地区——香港。我在网上学习香港英语教师的视频，报名参加香港学校的交流等。在这些课上，我看到了香港老师与学生平等关系的管理，对学生表现出的尊重——言语中对学生人格的尊重，教学中对学生个性化的尊重。2013年7月，我参加了天河区英语教师海外培训的选拔，有幸突围而出，获得培训的机会，赴美国南加州大学尔湾分校进行为期三个月的培训。在此次海外培训中，我作为一个学习者，体验了英语本土国家的 EFL 的教学法，以学生的角色体验地道的英语教学；作为一个被培训者，学习了 EFL 的教学法，更新了教学理念，升级了教学方法；作为一个观察者，深入学校，进入教学一线，观察课堂，体验文化，学习理念。电视上的 TED 演讲，学校里从幼儿园开始到小学毕业（K-12），运用思维导图（mind map）和思维地图（thinking map）作为工具，对学生进行思维能力的培养的教学，给予我最深的印象。因材施教，尊重个性，思维能力的培养，是我在香港与美国学习之行得到的最大触动，也促成了我的教育理想——英语课程应该承担着培养学生基本英语素养和发展学生思维能力的任务。

学成归来，我便开始研究如何运用好这两个工具，对学生的思维进行培养，申报了课题"运用思维导图优化小学高年级英语写作课堂的行动研究"。以写作作为研究的着力点，开展培养学生思维的教学研究。从写作拓展到阅读，从阅读、写作拓展到个人的小演讲，我的课堂上大量运用思维导图、思维地图、信息差（information gap）式提问与活动的设计，处处训练学生的思维。当学生形成某一阶段的思维能力以后，在此阶段则设计任务让学生形成自己的思维导图，放飞学生思维的蝴蝶。在课题组成员的共同努力下，该课题于 2016 年 12 月会议结题。该课题的成果之一，论文 "Improving Senior Elementary School Students' Writing Skills by Using Mind Maps" 发表于《教育界》2016 年 1 月刊；课题成果之二，以读促写，运用思维导图分析范文，在此基础上，运用思维导图进行写前构思的模块整体设计的教案、课件参加 2015 年 10 月广州市小学英语 "模块整体教学设计与课件制作评比" 活动并荣获三等奖。

2014年4月10日，我以《运用信息差策略　创设真实语境》为题，在全区英语课教研活动会议上作中心发言。2016年3月，我获邀在全区英语课教研活动会议上作中心发言，题目是《运用思维导图优化小学高年级英语写作教学的行动研究》。

17年，我走出了一条路。在这条路上，有阳光雨露，有狂风暴雨。我很庆幸，我可以在同行的帮助和前辈的指引下，能够不断思考，向着有自己特色的教学风格而努力。

我的教学实录

在思维训练中真实运用英语

课堂实录一：运用"5W1H"分析法，培养学生的批判性思维。

授课教材：广州版小学英语五年级下册 Unit 6 See you at the party

授课班级：五年级（2）班

设计思路：本课的教授内容是一封邀请函，如果直接呈现给学生的话，学生会觉得枯燥无味。我针对教材的特点，逆向思维，首先呈现给学生一封信息不完整的邀请函，让学生用5W1H对邀请函进行质疑，引导学生阅读我根据教材自编的小对话，并在对话里找到邀请函必须有的要素。最后找出所有要素后，帮助Xiaoling写一封信息完整的邀请函。学生的生成是自下而上（bottom up）的，从自己的问题出发，自己探索出写邀请函的方法，符合学习金字塔第六层实践演练的做法，对知识获得75%的记忆。更重要的是在此思维的过程中，真实地运用英语去思考，去表达，去做任务，去写作。

教案片段：

师：November 21st is Ann's birthday. Xiaoling wants to invite Janet to Ann's birthday party. So she writes an invitation to Janet. （老师呈现一份信息不完整的邀请函）Is it clear enough for Janet to go to the party? Maybe you can ask some questions for more details.

生1：When is the party?

生2：Where is the party?

生3：How can I get there?

生4：Who will go to the party?

……

师：The invitation is not clear enough for Janet to go to the party. So Xiaoling goes to talk to Jiamin. Let's read a dialogue between Xiaoling and Jiamin, then get more details to help Xiaoling to write an invitation.

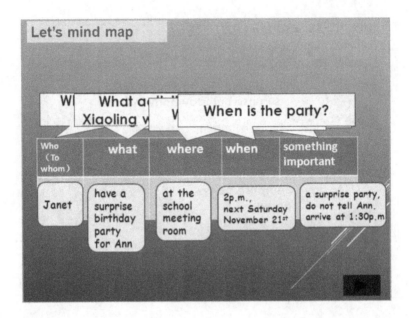

师：OK, you've got all the details about the party. Could you please help Xiaoling to write an invitation?

课堂实录二：运用信息差策略，给予学生思维的碰撞。
授课教材：广州版小学英语六年级下册 Unit 4 I like the city very much
授课班级：六年级（2）班
设计思路：本课的教学是在 Unit 1 和 Unit 2 的基础上进行。学生经过对 Unit 1 和 Unit 2 的学习，对如何描述乡村生活有一定的了解。而学生对城市生活也比较熟悉。因此我运用了信息差策略，创设了一个辩论的环节。在课的开始提出一个问题：Is city life better than country life? 学生自然分成正反两方进行辩论，进行思维训练，运用语言知识。当学生感觉对如何表达城市生活的优势知识不足时，老师立刻引导学生学习课文，开展阅读。激发学生内在驱动力，促发思维，运用英语。

教案片段：

师：Is city life better than country life? Why?

正方生1：I think city life is better than country life, because we can have plenty of exercise, clean air and fresh food every day.

正方生2：We can milk the cow. It's funny.

正方生3：In the city, we must do plenty of homework.

正方生……

反方生1：I think country life is better than city life, because we can read many books in the modern library. We can swim in the swimming pool; it's safe.

反方生2：The buildings in the city are tall and new.

反方生……

课堂实录三：运用思维导图分析范文，理清脉络，然后发散思维，复习运用旧知识，进行写前构思，指导写作，以读促写。

授课教材：广州版小学英语六年级下册 Module 5 Travel abroad
授课班级：六年级（2）班
设计思路：运用思维导图贯穿教学，帮助学生理解课文，小组合作运用思维导图作为脚手架做 presentation，提升学生的输出能力，最后指导写作，达到以读促写的目的。

Unit 9 三个课时内容安排：

Period 1. 学习 dialogue 及所涉及的新单词以及 Fun with language EX. 2。运用思维导图理解课文，并运用旧知识拓展课文内容。

Period 2. 学习 P51 词条，EX. 3，运用思维导图复习旧知识，拓展运用，构思汇报内容。运用思维导图作为脚手架做汇报，小组汇报提升说的能力。

Period 3. Language focus & Activity book

Unit 10 三个课时内容安排：

Period 1. 学习 passage 及所涉及的新单词和长句。运用思维导图理解课文，理解主题句的作用。运用思维导图作为脚手架做汇报，小组汇报提升说的能力。

Period 2. 学习 P58 EX.1，2，3，进行拓展运用。

Period 3. 创设真实情景，做计划去新西兰看望外国友人，使用微课，运用思维导图指导学生进行写前构思，指导写作。

我的教学主张

英语课堂教学需要激发学生的思维

一、在思维中使用英语是真实的运用

外语学习需要有浓厚的语言环境。语言在生产和生活实践中产生，还需要在生产和生活实践中运用和发展，这是不可违背的学习规律。在我国，由于条件的限制，英语学习者很少有机会直接从英语环境中习得这门语言。但是真实的语境并非现实的真实，而是利用一切可以利用的材料和手段构成模拟的真实。我们可以通过写作，做汇报等活动创设真实的语境，将其用于教学。而这几个环节都离不开英语思维。因此，在思维中使用英语，是为了表达意义而运用语言，是真实的运用。

二、注重培养学生的英语思维，形成本能的、条件反射式的思维方式放飞学生思维的翅膀

（一）运用信息差策略，给予学生思维的碰撞

"信息差"（information gap），即信息不对称，持不同信息的双方通过交际手段交换信息，填补空白，从而完成交际任务。如果没有信息差，交际就缺少动力和意义。在设计或指导阅读活动时，充分利用信息差设计情景，启发学生运用正确、得

体的语言把信息连贯起来,从而达到阅读的目的。如果没有信息差,就缺少动力和意义。在信息活动中,需要善于向交际双方提供不同片段的信息,学生通过交流传递去填补信息差,以达到完成特定任务的目的。信息差是传递信息和获取信息的动力,也使阅读任务更加有意义。

(二)运用"5W1H"分析法,培养学生的批判性思维

美国教育专家 Garfield Gini Newman 对"批判性思维"的解释如下:"Critical thinking doesn't mean being critical, but rather using criteria to make thoughtful decisions." "批判性思维并不意味着吹毛求疵,而是基于一定的标准作出审慎的判断。"具备批判性思维的人能够从大量信息中筛选出真正有效的信息,并通过审慎的思考进行进一步加工。在课堂中大量运用"5W1H"分析法(Who, What, When, Where, Why, How)进行提问,促使学生思考,鼓励学生提问,训练批判性思维的能力。

(三)运用思维导图,发散思维,梳理条理

思维导图是表达发射性思维的有效的图形思维工具,思维导图运用图文并重的技巧,把各级主题的关系用相互隶属与相关的层级图表现出来,把主题关键词与图像、颜色等建立记忆链接,思维导图因此具有人类思维的强大功能。而写作是运用语言文字符号反映客观事物、表达思想感情、传递知识信息的创造性脑力劳动过程。作为一个完整的系统过程,写作活动可分为"采集—构思—表述"三个阶段。思维导图可以有效地帮助学生进行写前构思,搭建写作的脚手架,提高学生的写作能力。结合学生的实际,选择形象具体的,适合小学生思维方式的思维导图作为主要手段,引导学生进行写前构思,对学生进行写作的学法指导,能促使高年级学生掌握运用思维导图进行写前构思的短文写作的技巧,使他们所写的短文可以达到有层次,有条理,并且内容丰富的效果,提高他们的写作能力。

"追求学生思维的多样性和表达的条理性"是对课堂状态的最高追求。

在美国经常能看到培养孩子思维的课堂,遇到表达能力非常强的孩子,和他们聊天你往往不会觉得幼稚,反倒会被他们发散的思维和清晰的条理折服。这和他们长期受到的思维训练有关,想清楚了,自然就能说清楚。因此,"追求学生思维的多样性和表达的条理性"应该成为对课堂状态的最高追求。

他人眼中的我

(一)学生眼中的我

Miss He is my cherished teacher even though I have graduated for many years. Her classes are always filled with laughter and happiness. During the classes, excellent methods are used to study English. For instance, she shows us how to use "Mind Map" to recite the articles by heart. What's more, we try to put on the plays of English. In order to improve our speaking ability, she introduced her foreign friends to us. Thanks for her teaching, I have kept many valuable memories with her. These are absolutely the priceless treasure in my heart.

（即使我已毕业多年，Miss He 仍然是我尊重的老师。她的课堂总是充满着欢声笑语。在她的课堂中，我们总能学到好的学习方法。举个例子，她教会我们如何用思维导图来背诵文章。而且我们还尝试表演英语课本剧。为了提高我们的口语水平，她将外国朋友介绍给我们。感谢她的谆谆教导，我已将这份珍贵的回忆铭记于心）

（侨乐小学 2015 届毕业生　姚抒怡）

英语课是我最喜欢的课，英语课是多彩的，有趣的。何老师在课堂上经常有辩论赛，小组合作画漂亮的思维导图等活动。何老师还经常提出问题让我们思考，鼓励我们自己提出问题，让我们质疑。英语课既有趣又烧脑。在何老师的英语课上，我们还可以与外国友人见面交流，书信交流，在交流的过程中，我能学到许多国外的文化。

［侨乐小学六年（2）班学生　杨嘉欣］

（二）同行眼中的我

何洁聪老师的教学风格稳打稳扎，在此基础上敢于创新，开展思维导图引导教学，培养学生的英语思维能力和英语素养。"授之以鱼不如授之以渔"，她关心学生的长远发展，是一个用心负责的好老师。何老师还把自己的经验推而广之，带动了我校一批老师进行基于"思维导图"的教学研讨和课题研究，培养了年轻老师的教科研能力，加速了老师和科组的成长和建设！

——侨乐小学英语科组长　邝慧莹

何洁聪老师会想很多方法让课堂充实，让学生接触很多新事物，请外国友人跟学生聊微信，运用一些英语视频来辅助教学，开阔学生的眼界，在班里推行一些西式的教学法，不放弃每一个学生，让每个学生都学好英语。

——侨乐小学英语教师　林翠红

（三）专家眼中的我

何洁聪老师的英语专业素养良好，能把在美国培训学习的教育思想和理念运用到实际教学中去。在课堂教学中，她能认真思考教学目标和教学流程，找出学生的最近发展区。何老师的课没有只落脚到语言知识的教学，常常运用信息差策略，运用"5W1H"分析法以及思维导图来培养学生的批判性思维，学生在何老师的引导下，思想交锋，进行真正的、有意义的输出，用英语来思考问题，解决问题。

——中国双语学会专家组成员、人教版小学英语阅读教材编者、深港版教材编委、深圳市红岭小学副校长　徐永红

知行合一　动静相宜

● 广州市天河中学　顾志居（高中通用技术）

● **个人简介**

顾志居，女，中学通用技术高级教师。自动控制专业，工学学士学位。从事教育工作22年，教育教学成绩显著。任广州市通用技术学科教研会常委、广州市中小学教师继续教育专家委员会委员、广州市普通高中教学水平评估员、广州市第十四届特约教学研究员、天河区通用技术特约教研员、广州市首批科技骨干教师培养对象、天河区基础教育名教师、天河区科技骨干教师，2008年获天河区教育局嘉奖。多次荣获"广东省青少年机器人活动优秀教练员"称号。

▶ 我的教学风格解读

我的教学风格关键词是"知行合一，动静相宜"。

普通高中阶段的通用技术课程以提高学生的技术素养为主旨，通过对宽泛的、基础的、与学生日常生活联系紧密的技术教育，进一步提高学生的技术素养，并促进学生全面而富有个性的发展，努力培养学生的创新精神与技术意识。普通高中各学科核心素养一览表中明确指出通用技术核心素养为：技术意识、工程思维、创新设计、图样表达、物化能力。通用技术实践性的学科特点要求教师将"做"字落实到教学中，知行合一，在做中学，在学中做。

通用技术课程的必修内容为技术与设计，这里的设计是以产品设计为依托，是一个大设计的概念，包括问题的确认、设计方案的制定、原型与模型的制作、方案的优化等在内的完整的设计过程。在这个大设计的技术实践过程中，包含了技术设计、技术试验、技术制作、技术探究等技术实践活动。

我在课堂教学中引入项目设计教学法。建构主义的学说，是相信学生不但会利用已掌握的知识来建立新的理论，而且会不断修正自己的想法。教师的责任是塑造一个学习的场景，让学生透过实践而学习。项目设计教学法就是基于建构主义学习理论的教学方法，强调以学生为中心，以项目设计为载体，重视实践和体验。项目教学法是在教师的指导下，将一个相对独立的项目交由学生自己处理。"项目教学"最显著的特点是"以项目为主线、教师为引导、学生为主体"，改变了以往

"教师讲，学生听"的被动教学模式，创造了学生主动参与、自主协作、探索创新的新型教学模式。通用技术是综合性的课程，倡导技术实践，引导学生在做中学，在学中做。将必修教材的知识体系——设计的基础、设计的实现、设计的交流、设计的评价等内容渗透到项目中来，在设计制作的过程中，一步步地分析各个章节的知识。这样，既能保证设计过程知识的整体性，也能让学生自主设计自己的作品，达到知行合一的效果。

例如，通用技术课程的技术试验是为寻求技术问题的解决方法或对所创造的技术方案进行检验的活动，是通用技术最具特色的一种实践活动。技术试验又是解决技术问题的一个重要方法，它是通用技术学习的重点之一，贯穿于整个通用技术课程的教学之中。技术试验对培养学生的技术素养、创新精神和实践能力有着不可替代的作用。在技术试验的教学中，教师要引导学生根据具体的技术试验项目，明确技术试验目的，寻求符合教学目标的技术试验方法。如在设计定时翻转的动态广告牌项目时，其中定时翻转的实现是关键的技术问题。这时可以选择用"半齿轮"来实现的机械定时，也可以选择用定时控制器、时间继电器或555电子定时器等。这些设计是否能够完成动态广告牌的定时翻转呢？这就可以采用模拟试验的方法，以验证具体的定时翻转方案是否可行。我在通用技术课堂中，还开展了"木方的变形性能试验及其选择"对比试验、"广告宣传灯的模型制作"模拟试验、"纸质桥梁模型承重试验""再生纸的制作流程设计"模拟试验、"办公室或卧室的设计优化"虚伪试验等。

通用技术作为一门比较新的学科，其特有的课程特点对教师组织课堂教学实施带来了新的挑战。通用技术教师要在实践中不断地探索、不断地钻研，使通用技术这门新课程展现出它独特的光彩和魅力。

▶▶ 我的成长历程 ▶

一、勇于重新开始，践行终身学习

2005年9月，我非常荣幸地成了天河中学的一员。上班的第一天，领导布置给我的工作任务是通用技术教学及机器人竞赛辅导。这两项工作对我来说都是完全陌生的。这意味着作为信息技术教师的我，要清零，重新开始。十几年过去了，我有幸见证了天河中学快速发展的进程，同时在学校发展的平台上，我个人也从零开始，不断学习，努力突破自我，从一点点熟悉到热爱，感受到技术教育工作带来的幸福和快乐。在工作中得到成长和专业提升。

我先后参加广州市高中通用技术新课程骨干教师研讨班、广东省普通高中通用技术科新课程骨干培训者省级研修班、"国培计划（2011）"中小学骨干教师研修项目（通用技术学科）培训、华南师范大学教育学专业研究生课程进修班，参加了3D打印、创客教育教师培训、天河区基础教育名教师培养对象培训等。每一次培训学习都收获满满，或有感于国际视野中技术教育发展的生机，有感于不同国度中技术教育课程化进程的震撼，或有感于中国中学技术教育的紧迫感和必要性，更加有感于作为中国技术课教师的使命和责任……见贤思齐，保持对新理念、新技术、新方法的好奇心和敏感度，我积极主动地学习，并运用到工作实践中，同时在培训中开拓视野，找到对自己实际工作有帮助的信息点，通过书籍、网络进一步有针对性地自我提升，践行终身学习。

二、完善教学方法，提升教学能力

通用技术学科是一门立足实践、高度综合、注重创造的学科。因为通用技术课时较少，所以我珍惜每一节课，认真对待每一节课，力求有效率、有趣味、有亮点。我钻研课标，反复研究教材。我还在课堂之外下功夫，学习了解先进的科技成果，寻找有趣的案例，设计贴近学生生活的技术试验，尝试操作性强的学习项目；在课堂上引导，把宝贵的时间留给学生探究体验；在实践中尝试项目教学法，形成了激发兴趣，启发引导，鼓励探究，积极评价的教学模式。

例如，"简易机器人设计与制作"已经成为我校高中通用技术学科的一门选修课。我校搭建了智能机器人活动的平台，通过课外活动、研究性学习、选修课等多种形式开展机器人科技实践活动，为每位学生提供适合其发展的教育，发展学生的潜能，培养他们的创造力和实践能力，全面实施并推进素质教育。在课程的初期采用任务驱动自主探究的学习方式，以一个有趣的任务激发学生的学习动机，如沿黑线行走的小车、六足行走机器人等，利用现成的机器人套件自主学习，此时学生处于模仿阶段，在做中学，在学中做，完成机器人机械搭建、程序设计等基础知识的学习。在学生掌握了基础知识后，机器人社团的同学开始尝试项目设计。机器人项目设计是以实际的智能机器人工程设计项目为对象，由学生确定具体设计项目，分组讨论、协作学习，共同完成智能机器人的设计、组装、编程、调试等一系列开发过程。项目设计教学法通过真实的情境、亲身的体验，引发学生内在的学习动机，促进学生综合运用各种知识解决问题，有助于培养学生的创新思维能力、动手实践能力、综合应用能力和团结协作能力，有助于提高学生综合素质。

三、普及培优并举，提升科研能力

申报的课题及科技项目都是从实际工作中来，然后再反过来指导实际工作。我先后完成市课题"信息技术在通用技术教学中的有效运用""通用技术必修模块学生技术设计活动的开发与实践研究"，区级在研课题"基于高中通用技术必修一模块的微课开发与应用研究"。正在进行的"中学生创客基础课程的开发与实施"获2016年广州市科技教育项目。

身为天河区通用技术学科特邀教研员，我独立完成课题"信息技术在通用技术教学中的有效运用"，研究报告获广州市中小学、中等职业学校第十四届特约教研员结题成果二等奖；积极开展校本教研工作，并编写了校本教材《积木式简易机器人制作》，是2013年广州市科技教育特色项目；参与编写了《普通高中通用技术教学设计（第二版）》，负责必修2中"控制与设计"部分的编写。《基于高中通用技术必修一模块的微课开发与应用研究》获区课题立项，进入研究阶段；《正确思维方式的培养》获区公开课优秀评价。我还先后申请了广州市青少年科技教育特色课程项目《积木式简易机器人制作》及《简易机器人设计与制作》开发与实施。《中学生创客基础课程的开发与实施》获2016年、2017年广州市青少年科技教育项目。

我每学期都辅导学生参加各类科技竞赛。从计划到实施，我关注科技活动的过程，而获奖成绩只是关注过程、落实细节后的必然结果。我与学生一起做一名创客，教学相长。另外，我通过科普讲座及宣传体验活动，在学校高一、高二年级普及机器人、3D打印、开源硬件等知识，通过选修及社团活动，开展机器人研究性学习及创客活动，并通过学生自己设计的项目，激发学生的学习兴趣，达到普及与培优并举的效果。

积极实施素质教育，重视培养学生的创新精神和实践能力。通过丰富多彩的课内外活动，学生的学习技术与设计的能力、技术操作能力、技术应用能力、交流与合作能力有较大提高，个性和潜能得到发展。我辅导学生在青少年机器人竞赛、科技创新大赛、广州市青少年科技创新精神与实践能力测试活动、广州市通用技术作品展评中多次荣获国家级、省级、市级奖项，取得了优异的成绩。我多次荣获广东省青少年科学基金会优秀教练员专项奖、"广东省青少年机器人活动优秀教练员"称号、第30届广州市青少年科技创新大赛天河区优秀科技辅导员奖。

四、创客校本课程的开发与实施

由我负责的通用技术校本课程"中学生创客基础课程的开发与实施"被评为2016年、2017年广州市青少年科技教育项目。中学生创客基础课程的开发与实施满足了学生动手实践的需求。针对中学生特点，我为他们提供实践与创新的机会，提供固定的创客基础学习的活动和交流场所，鼓励学生主动参与创新实践，研究跨学科的综合性项目，努力将他们的奇思妙想实现出来。学生在学习先进的传感器、ARDUINO智能控制、3D打印等内容的同时，有效地培养创新精神与实践能力，科学统筹，严密组织各类科技教育活动。我也开展了天河中学3D打印培训普及活动、科技节体验活动、创意机器人等培训与竞赛等，以科技活动带动学生实践动手和创新思维的提升。

（1）课程宣传：加大中学生创客基础课程、周末选修课程的宣传力度，布置创客科普知识宣传展板，开展科普讲座等活动，在高一年级普及3D打印科普知识、初识创客等内容。

（2）课程开发：成立了特色课程教师科组，由通用技术、信息技术、艺术、综合实践、物理、生物等多个学科的教师组成。由我任科组长，带领科组教师先后开发了简易机器人设计与制作、3D 打印实例教程、ARDUINO 入门、App Inventor 积木式编程开发入门等校本课程。

（3）课程实施：探索立体的课程实施方案。在通用技术必修课、创客工作坊、创客社团开放日、科技节创客体验活动中开展创客教育的普及，以选修课、社团活动、创客项目研究性学习、竞赛等多种方式开展创客基础课程。在高一年级开设周末选修课，每周课时 2 课时。在高一、高二年级开展社团活动，每周 1 课时。

（4）资源建设：在原有设备的基础上，采购特色课程活动设备及材料，努力建设特色课程基础学习的平台，为开展课程活动提供了硬件支持和保证。进一步开发与建设中学生创客基础课程资源，包含校本教材、教学设计、活动设计、教学课件及教具等，为创客实践创新的可持续发展提供软件的支持。

（5）总结完善：不断总结与积累，进一步探索如何有效地开展针对中学生的创客基础课程。经历了模仿、应用、创新的过程。在学生掌握了基础知识后，开始尝试项目设计教学法。以实际的学生自选设计项目为对象，由学生确定具体设计项目，分组讨论、协作学习，共同完成设计、制作、组装、编程、调试等一系列开发过程。

创客课程涵盖了计算机、传感、智能信息处理、控制和机械等基础技术，体现了现代信息技术与传动机械技术的综合、软件技术与硬件技术的结合，形成了知识和技能的综合运用，有利于拓展学生技术学习的视野。通过科技实践活动，学生比以往更为愉快，老师也在引导协助的过程中教学相长，相得益彰。在活动的过程中，师生都体验到敢于挑战的勇气、主动探究的快乐、成功的喜悦、团结协作的默契等等，在成长中感受到科技的魅力。

我的教学实录

"3D 打印——百变笔筒" 教学设计

三维打印技术是以数字模型文件为基础，运用粉末状金属或塑料等可黏合材料，通过逐层打印的方式来构造物体的先进技术。目前，这项技术越来越普及，应用领域越来越广泛。本模块旨在使学生了解各种三维打印技术及其机理，熟悉一款三维设计软件，能够通过三维设计、三维打印思维与工具解决技术问题。

本节是理论与动手实践相结合的课型。认真做好各项准备工作，需要使用实物展示、录像、多媒体等进行直观教学，教师要适时介绍、讲解理论知识。在实践过程中，教师要指导小组开展合作学习，让学生在"学中做、做中学"，实践出真知。

一、教学目标

1. 知识与技能

了解三维设计软件的使用方法。

学会使用预制文字及浮雕功能,学会使用阵列及组合功能。

2. 过程与方法

经历设计的实现或转化为实物的过程,体验三维设计作品的设计过程。体验意念具体化过程中的复杂性和创造性,发展动手实践能力。

3. 情感、态度和价值观

初步培养将生活中的常见物品在三维设计环境中进行表达的意识与能力。

二、教学策略及方法

侧重"做中学"。

了解激光雕刻与切割机、三维打印机等数字化加工设备的工作原理和使用方法,能够根据设计方案恰当选择加工工艺,并制作一个简单产品的模型或原型。

因为大多数学生没有用过常用的工具,没有感性认识。因此将第四章第一节工艺与第二节模型制作融合在一起,在制作的过程中逐步形成感性认识,进一步理解伴随制作过程的加工工艺。本节的设计是在学生使用手锯加工后,形成了一定的感性认识,减少了对工具的陌生感。本节将理论与实践相结合,运用引导探究法教学和模仿法教学,使学生了解三种零部件加工工艺,了解常用的工具和设备及使用方法,并能根据设计方案和已有条件选择加工工艺。在学生实践操作过程中,分组合作,让学生自由讨论与交流。教师要边走边观察学生操作,及时帮助解决问题。

本节课先以几个学生的设计作品为引入,调动学生的兴趣与学习热情,使学生关注并融入丰富的课堂活动中,用学生熟悉的生活中的例子来引出知识要点,通过小组讨论、学习资源、讲解实例、方法引导等教学环节层层推进,并引导学生运用所学内容去解决生活中的实际问题,从而达到教学目标。

三、教学过程

教学环节	教师活动	学生活动	设计意图
实物展示引入,设计作品导入	展示上节课学生的设计作品;回顾上节课内容,导入新课	观看、思考	激发学生学习兴趣,创设学习情境

续上表

教学环节	教师活动	学生活动	设计意图
学习引导	介绍本节课的设计项目： 　　百变笔筒 用图片及实物，从设计的目的、功能、结构外形的角度和思路来进行设计 介绍3D软件设计的方法： 　　浮雕 　　阵列 　　扭曲	听讲 明确任务	引导学生明确学习任务
自学微课 基础设计	教师巡视 个别引导	自主学习	学习通过实际操作掌握3D设计的功能
小组设计 百变笔筒	小组合作讨论：从设计的目的、功能、结构外形的角度和思路来进行设计 自主设计	小组讨论 自主设计	小组合作； 设计与制作
展示交流	展示学生作品，强调设计角度的描述	小组展示设计结果	交互学习
小结	浮雕 阵列 扭曲 初步培养将生活中的常见物品在三维设计环境中进行表达的意识与能力	思考归纳	归纳总结
作业	进一步完善百变笔筒的设计		巩固提高

四、教学资源

教具：学生的设计作品、3D打印教具

课件：教师讲解课件、学生自学课件

▶ 我的教学主张

一、技术源于生活，将日常生活案例融入课堂

通用技术课标强调要"以基础的、宽泛的、与学生日常生活联系紧密的技术内容为载体"。技术源于人的需要和愿望，源于生活，又服务于生活；生活需要技术，技术离不开生活；我们生活在技术之中，技术因生活的需求而不断进步。因此，通用技术教学须立足学生的日常生活，关注学生的生活环境，引导学生不断深入现实生活，用技术去改善生活，提升生活质量，进而使学生成为具有良好技术素养的公民。在教学实践中，教师应从学生的日常生活入手，创设生动有趣的问题情境，吸引学生的注意力，激发学生的学习兴趣，使学生从生活经验和客观事实出发，在研究现实问题的过程中学习技术、理解技术，同时把学习到的知识应用到生活实际，使学生亲近技术。

在课堂教学中，选择学生日常生活中常用到的笔筒、相框、小板凳、台灯等工具，学生相对熟悉。教材中有很多案例分析，在教学中把日常生活中的校园案例、家庭案例等引入课堂讨论分析，将会收到事半功倍的效果。这样，学生经过理性认识上升到实践环节，让学生真正走进技术世界。

技术植根于日常生活与实践，服务于日常生活。离开了现实生活的土壤，技术课程的生命活力将难以得到滋养。将各种知识、技能、方法和思维应用到日常生活中，解决生活中遇到的问题，做到学以致用，这才是我们教学的真正目的。因此，我们在教学中应更加关注学生的生活世界，将日常生活融入课堂中，能有效促进每一位学生自主地全面发展，最终让学生学会适应现代社会条件下的生活方式，从而生活得更美好，真正做到新课标提出的"进一步提高学生的技术素养，促进学生全面而富有个性的发展"。

二、技术快速发展的背景下，将新技术引入课堂

通用技术课程是关于技术的知识、方法的总结和归纳，是一门引领学生进入技术之门的课程。从2004年课程改革开始，就走进了高中生的视野。在工业4.0到来的新背景下，作为引领学生进入技术之门的通用技术老师，任重道远。

通用技术实验室不能停留在利用传统加工工具如锯、刨、锉、烙铁、机床等来建金工室、木工室、劳技室的观念里，有条件的学校应该要加强云计算平台、虚拟现实、人工智能、知识工作自动化等软件，以及工业机器人、传感器、3D打印、智能物流（AGV）、数据采集器、工业交换机等硬件的建设。对技术的认识和理解不能停留在过去手工制作的思维里，需要转变观念，要认真学习和发掘工业4.0的理念，从而更好地促进通用技术课的开展。我认为在此背景下，通用技术教学的核心思想应该是要为学生以后走进技术之门打下坚实的基础，即加强关于设计的基础

知识的学习，为学生梳理好基础知识的框架，以便他们能够形成知识的系统化和条理化，通过加强方法的学习来提升设计能力。

技术的发展脚步不会停顿，会以新的形态出现，影响并改变我们的生活。将新技术引入课堂，在学生的心中埋下一颗种子，去感受新技术带给我们的缤纷世界。

三、同做创客，教学相长

我校的创客坊被评为"天河区科学技术普及基地"。我校的创客实验室是在原有的机器人室和科技展览室的基础上改造升级的。现有创客制作室和创客设计室两间实验室。按照功能划分为科普宣传区、机器人设计区、制作加工区、阅读区、数字设计区、3D打印加工区、作品展示区等。3D打印机及激光雕刻机等先进设备进入课堂，为学生提供足够的场地设施，为创客课程等特色课程的顺利开展提供了良好的基础。创客实验室的建设目的，是为满足学生动手实践的需求，为他们提供"用知识"的机会，努力将他们的奇思妙想实现出来。通过各种创客分享活动，鼓励学生主动参与创新实践，研究跨学科的综合性项目，提升技术并交流创意，最终形成一个汇聚创意的场所，一个让想法变成现实的"梦想实验室"。

鼓励学生动手做，做一名创客，把想法变成现实。通过丰富多彩的创客活动，学生的创新能力和实践能力得到充分的发展，学生在各类机器人竞赛、科技创新大赛、广州市青少年科技创新精神和实践能力测试活动中多次荣获国家级、省级、市级奖项，取得了优异的成绩。如"太阳能多功能清洁机器人"在第七届中国青少年机器人竞赛高中组机器人工程设计赛中荣获二等奖；"狭窄空间的救援机器人"在第24届广东省青少年创新大赛中荣获工程类一等奖；"空间站的修复及搭建机器人"获第九届广东省青少年机器人竞赛高中组机器人创意比赛一等奖；"舞狮表演机器人"获第十届中国青少年机器人竞赛高中组机器人创意比赛一等奖，其中设计者之一2010级的社长罗家伦是发现引力波团队的成员，学长的成绩对机器人社成员是很大的促进和鼓励。2016年、2017年广东省创意机器人竞赛中荣获一等奖。机器人创客社荣获2015至2016学年度广东省优秀社团。

十几年的传承开拓，学生参加科技活动的兴趣不断提高，科普从广度和深度逐步推进，跨越多种学科，给予同学更大的发展空间，激发同学对科学技术的兴趣，培养同学的创新能力、实践能力。同时，学生通过活动体验到敢于挑战的勇气、主动探究的快乐、成功的喜悦与艰辛、团结协作的默契等，也在成长中感受技术的魅力。

我是一名创客，创客就是动手把想法变成现实的人。我感觉非常幸福，和学生同做创客，一起亲身体验和经历设计与制作的过程，共同成长并感受技术的魅力。学生的活动工具从一开始的剪刀，到线锯、电动工具，再到激光雕刻机、3D打印机，不断传承与开拓，使我们在坚持与积累中成长。

▶▶▶ 他人眼中的我 ▶

顾志居老师具有强烈的敬业精神，身为技术教师，对技术始终保持好奇心，热爱学习，勤于实践。顾老师专业素养很强，虚心好学，认真严谨，善于反思，积极探索学科教学的前沿科技领域，探究新课标理念在技术教学中的运用，在教学中善于思考，勇于突破。她的课堂有趣、有新意，能激发学生的思维。在教学中她突出自己的特色教学，引导学生做中学，学中做。她精心设计教学内容，深入浅出，贴近生活，让课堂充满活力。她在专业成长的道路上不懈地努力，是一名优秀的技术教师。

——广东省特级教师、广州市天河区教育局教研室　雷晓晖

顾志居老师温雅平和，对学生处处留心。无论是繁杂的技术实践课堂，还是技术要求高的创客机器人辅导，顾老师都呈现出对孩子充分的耐心和鼓励。听她讲课，可以感受到"润物细无声"的教育境界。

顾老师的教学，首先是让学生"立德"。情感态度决定着孩子参与的积极性和创造性。顾老师能通过场景创建或任务创设，抓住孩子的心。以灵活多变的形式展开课堂教学实践。其间强调工程的"严谨"和操作的"精细"，培养学生成为工程师应有的职业操守和素养。

第二个特点是善于让学生"立功"。顾老师很擅长挖掘学生的闪光点和特长，并加以表扬。特别是对技术操作有畏难情绪的同学，顾老师都能亲身示教，并将任务分解为多个小任务，让学生尝到成功的喜悦。学生在其鼓励下都显得自信又富有创造力。

顾志居老师善于在教学过程中呈现"知行合一、致真立人"的教学理念，让学生在长期的摸索和实践中，明白"真"是"立人"的灵魂，是创新的保证。

——广东省实验中学、广东省科技厅"展翅计划"专家　周嘉

动态生成　情理共鸣

● 广州中学　李素香（中学政治）

● 个人简介

李素香，女，中国共产党党员，中学政治高级教师。广州市"百千万名教师培养对象"，天河区基础教育名教师，中考命题库专家成员。两届市中心组成员，多年天河区政治中心组、核心组成员；多次参与天河区期末考试命题和毕业班中考模拟命题。校学科带头人。从教以来，多篇论文在国家、市比赛中获奖，其中两篇发表在核心期刊上。参与省课题一个，主持区课题一项。教育部"一师一优"课比赛获"省优"，市教学比赛获"二等奖"；天河区教学比赛获"一等奖"和教学"单项奖"；教学成绩突出，曾培养出市状元，获天河区嘉奖；天河区毕业班先进工作者，所辅导的学生参加各类比赛获省、市、区奖项。被评为市"优秀辅导员""教研积极分子"。

▶ 我的教学风格解读 ▶

我的教学风格关键词是"动态生成，情理共鸣"。

雨果认为："没有风格，你可以获得一时的成功，可是你得不到真正的胜利、真正的荣誉、真正的桂冠。"因此，有独特的教学风格的教师是幸福的。形成自己的教学风格，同样是我的幸福期待。从教23年来，反思自己的教学，我追求的是"动态生成，情理共鸣"的教学风格。

"动态生成，情理共鸣"就是依托一定的教学情境，教师在生生、师生的合作、对话、碰撞中，引导学生参与课堂并巧妙地捕捉和利用学生中有效的教学资源，让学生产生共鸣，生成教学目标的一种教学风格。

《思想品德课程标准》规定"思想品德课程是一门以初中学生生活为基础、以引导和促进初中学生思想品德发展为根本目的的综合性课程"。从课程性质的表述可以看出，思想品德是一门德育课程。

道德学习最重要的方式就是情感体验和道德实践。强迫与灌输或者说教都不能使学生对道德规范产生正确的认知。因此，教师要善于利用并创设丰富的教育情境，引导和帮助学生通过亲身经历与感悟，在获得情感体验的同时，深化思想认识。这一过程离不开动态生成，若没有动态生成，就很难形成情理共鸣，很难内化情感和形成行为，甚至出现两张皮现象而成为学生眼中的洗脑课。

"动态生成，情理共鸣"的课堂注重情感体验并在动态生成中让学生真正感受和领悟到真善美的情感和精神境界的妙趣，并由此对正确的价值观予以认同并心悦诚服，从而达成教育目标，提高教学实效。

我的成长历程

成长的岁月里，最终懂得了坚守

说自己一直很热爱政治教学，这恐怕是骗人的鬼话。做教师并不是我最初的追求。但阴差阳错，我成了一名教师，并一直持续至今。

一、改变源于四个"魔头"

1994年我从一所"985"学校毕业，被分配到了广州的一所中专学校的基础教研室任教。当时因为分配到的是电力系统的学校，除了工资让我满意之外，对教书我丝毫提不起兴趣。我始终认为我应该属于外企，做一名白领，妆容精致，工作环境一流，忙碌而快乐着；而在中专这样的学校天天对着马克思主义实在是枯燥。那时，学校的课时不多，又没有成绩的压力，趁着大好时光，我漫无目标地看书，时常关注着报纸上的招聘广告，享受着恋爱时光。也许是孤身一人南下的缘故吧，我对未来总是有种不确定的担忧。因此，我始终没有跨出辞职跳槽这一步，这一过就是3年。1997年电力系统内部合并，由于子弟学校急需专业的政治老师，我被分调到了电力子弟学校教初中，去了才知道，中专学校的日子有多好！没有升学率，不用看成绩，没有成绩排名，不用坐班。而中学就不同了，要实实在在的成绩、排名和教育学生。突然，我感到了从未有过的压力，好在我是个一旦下定决心，就非得把事情做好的人，头顶985的光环，我可不想被别人看扁！

初到中学，我就接手了一个难带的班。当时，我第一次感到了什么是沉重，但好在我是一个敢于面对挑战的人，我小心翼翼而又惴惴不安地开始了我真正的教师生涯。

在教学方面，我认真钻研业务，虚心向老教师请教，常常搬着板凳去听课。为了能够把课上得生动有趣，我变着花样让学生参与到教学中，让他们讲时事、搞表演。教学设计中我关注学生的生活，常常把社会时事、学生的校园生活引入到课堂里。课后我认真钻研课标和教材，认真学习及研究中学生的心理特征及学习规律，了解现代教育的新方向。我注重开拓自己的知识面，学习研读了《首席教师的思考》《创造性思维与教学》《中学生实施素质教育指南》等书籍，并订阅了《中学生政治教学》杂志。经过自己的努力，我成功地适应了从中专到中学的转变，形成了"清晰明了、深入浅出、重启发引导"这种个性特点的教学方法。

在班级管理上，我是下了一番大功夫的，我几乎把课余时间都用到了与孩子们做朋友上，我破除了体罚这一做法。班级中最难教育的"四大金刚"虽然让我头痛，但当他们看到我的真诚，也渐渐地收起了锋芒，真正的转变是"四大金刚"的一次离家出走。那是一个早晨，我刚到办公室，就有老师告诉我叶翔等四个孩子还没有回班，家长已告诉了学校。我听到后仔细了解了情况，想着怎样找到他们，想着这些孩子在寒冷冬天的安危，我就心急如焚。但家长的反应比我"平静"，因为他们已经习惯了自己孩子的各种"折腾"。我在焦急中等到了第二节课，四个孩子才怯生生地回来，我发现他们一副疲劳的样子，脸上还有灰烬的痕迹，一看就是昨晚没有睡好。我问他们为什么脸上有灰，厚尚回答说夜里太冷，点火弄的。我没有再多说什么，赶紧打了一盆热乎乎的洗脸水，然后出去买了早餐给他们，四个孩子的表情显然有些意外。我只当没看见，看着他们吃完早餐，我通知家长把孩子接回家，并告诉家长："不要责备和打骂，让他们好好休息。"第二天放学后，四个孩子来到了我办公室认真地说："老师，谢谢你！"我当时很开心，也半开玩笑地说："为什么谢我？"他们说："老师，我以为你要使劲地骂我们，惩罚我们，但您当时没有这么做，还给我们买早餐，还叮嘱家长不要打骂。"我又说："那你们现在能否告诉我，为什么离家出走？"他们说："其实，没有任何原因，只是想感受一下离家出走的滋味。"我问这是一种什么滋味。他们说："其实一点都不好玩，夜里很冷。很想回家。"我说："现在知道家里好了吧。并不是什么事情都值得你们尝试。有些尝试要付出代价，比如你们在外面遇到危险怎么办，比如有多少人因为你们的尝试而担心。以后还会这样做吗？"他们头摇得像个拨浪鼓似的，说打死不会有第二次了。我说"那我们拉钩吧"。那一刻，我看到了这四个"魔头"眼里真诚、信赖和感激的目光。那一次，我忽然发现我竟能影响到别人，那一刻我感到了教育的意义和力量。

为了能让这四个孩子对班级发挥好的影响，我因材施教，创造机会让他们在班级和学校重塑形象。叶翔爱唱歌，于是在学校新年联欢晚会上，我给他们编排了男声小合唱；厚尚体育好，我就让他参加校运会比赛，并组织接力赛；煜明和小健喜欢跑腿，我就让他俩负责班级活动的后勤工作。在我指导的书本剧参加区比赛前的排练中，四个孩子不仅提了很多建议，而且成为最好的后勤人员。那时，我的宿舍成了学生快乐的园地。在中学的第一年，我就体会到了家长对我的信赖、同事对我的肯定、学生对我的信任和尊重。那一年，我所教的初二整个年级的平均分位于全区第三名。在第二学期区期末统考中，我所教的初二整个年级的平均分位于全区第二名。为此，我荣获教学质量奖。在区中学生读书节活动中，由我撰写并辅导的书本剧《日记》荣获区二等奖。我班陈丽媛、徐丽同学（黄埔）参加《羊城晚报》小读者手抄报比赛，荣获二等奖。我被学校授予优秀中队辅导员的称号。连校长都笑容满面地对我说："李老师，你真有办法。全校只有你能搞定这个班。"从此，我决定不离开教育这个行业了。我知道这一生，我把自己交给了教育。

二、生活让我选择了"最爱"

那时，我教书的想法很简单，就是不想让学生讨厌这门课，不想有我以前讨厌的照本宣科、毫无趣味的政治老师那样的课堂。因此，我很注重对情境的选择。每次备课，我都会想方设法地查阅和寻找学生感兴趣的事件，将知识融入这些事件中，然后通过环环相扣的设问引导学生，让学生不仅理解了知识，也产生了共鸣。但那时的我教学风格并不鲜明。

教书那么多年，我完整地从初一带到初三的学生只有一届。因为学生出色的成绩，我被安排长期停留在初三的岗位上。那时，我也被动地担任了学校的中层。在担任中层的那段时间里，我要花很多时间完成行政任务，还要做班主任，兼任天河区中心组、核心组成员、市中心组成员、三个班的教学任务。更重要的是，我仍然不愿意放弃刚刚发现的创造教学的快乐，仍然带着初三的学生出手抄报、开展时事评论、进行辩论赛。这让我更真切地体会到了教育的乐趣。那段时间的政治教学，我抓住了"活动、生活、生成、思辨"这几个关键词。"动态生成"是我课堂的常态。有时候，课堂上唇枪舌剑，烽烟四起，那份精彩绝不是我在备课时能考虑到的；这种精彩是在讨论中发出思维的火花时的精彩，是一种发展的精彩，是属于学生真正的精彩。

人的精力总是有限的，高强度的工作让我很难平衡教学和行政工作，比起管理我更喜欢讲台。想通之后，一切也就容易了。趁着学校换届，我毅然辞去了中层的岗位。

三、培训中提升，求索中完善

由于前期的积累，我有了更多学习的机会，区级名教师培训、市级名教师培训、中考命题预备人员培训……让我的教学追求之路走得更加坚定。2009年，我申报了区级课题"挖掘学生资源理解基本国情"并成功立项和结题。2016年我参与了一项省级课题，撰写的论文发表在《素质教育》和《教育学刊》上。2012年4月，在全国思想品德课优质课评选中，《挫折面前也从容》获得广州市二等奖。2016年11月我参加"一师一优课，一课一名师"公开课比赛，课题"特殊的保护特殊的爱"获"省优"。

从2010年4月至2017年6月，我受天河区教研室、市中心组的邀请和市名师培训文三班、区名师培训班的要求，分别上了"我能行""挫折面前也从容""灿烂的中华文化""特殊的保护特殊的爱""中考主观题答题方法"等课例。这些课都体现了我"动态生成，情理共鸣"的教学风格。这一切都是我教学风格的体现。尤其是在听完"特殊的保护特殊的爱"后，广东省教育厅教育研究院思想政治教研员沈林老师的评价是"设计巧妙、用意深远、课堂有高度"。在听完我的"中考主观题答题方法"的课后，我仰慕的胡兴松老师对我的评价是："一听就知道是多年的毕业班教师，指导到位，有自己的东西。"这些课之所以有效，正是充分发挥了我个人的特长，比如开放课堂让它生成意外，自由对话，强调"感受""体会"，让学生交流等。在此之前，这些要素作为有机的碎片出现在我的课堂，而如今，我有意识地将这些碎片结合在一起，直到效果能让人无法遗忘。

如今，教育改革在继续进行，我希望在我的课堂中掺杂一些批判的东西与灵魂的东西。现在，我的新梦想在心底悄悄成形，我知道，它将出土，长成另一棵树。我知道，为了理想，我需要更长的努力与等待，需要更长时间的阅读和思考。

我的教学实录

创设情境，以境入"情"，以境入"理"，情理共鸣

建构主义理论认为，教学活动应该是在教师指导下的学生主动建构知识的过程。那么在具体的教学中，教师应如何指导学生建构知识并得到发展呢？在建构主义理论的指导下，我的教学注重了"动态生成"。因为动态生成的课堂是创设情境的课堂，是对话、互动的课堂，是情理共鸣的课堂。这样的课堂才能以境入"情"，以境入"理"，情理共鸣。下面的教学实录体现了我的教学风格。

一、巧设情境，激发兴趣

情境是建构主义理论的一个重要核心概念。建构主义认为：学习总是与一定的社会文化背景即"情境"相联系的。通过情境激发学生的学习兴趣，唤醒旧知，支撑学生学习新知的任务。可见，"情境"是教学的支点和平台。

"特殊的保护　特殊的爱"的教学目标之一就是知道国家保护未成年人健康成长的两部专门法律的名称和主要内容。识别家庭保护、学校保护、社会保护和司法保护的主要内容。这些法律的内容涉及四个方面，内容很多。若每个内容都设置一个背景材料的话，课堂时间一定非常紧，同时内容也显得很散乱，不能聚焦课堂主题，也为后续的引导与生成制造障碍。正因如此，创设合适的背景材料是我课堂设计的重点，这个背景材料如能一例到底是最好的。经过不断选择和比较，我终于找到了引起全国人民极大关注的《贵州毕节五男孩死于垃圾箱》的新闻事件，借助这一新闻来创设情境。

师：在视频播放之前，老师有个要求，即带着问题看视频，思考视频中的未成年人的悲剧由谁承担。

视频播放《贵州毕节五男孩死于垃圾箱》的新闻——

（主持人）11月20日是国际儿童日，但今天大家应该很遗憾，贵州毕节的5个男孩没有等到这个日子。最新的消息是他们的身份得到了确认，他们是当地居民之子，最大13岁，最小9岁。随后毕节市处理了8名相关负责人。这事貌似很快

画上了句号，但是事情就这样了吗？所有的疑问都解开了吗？5个孩子3周前相约出去玩就没有回家，其间有家长和老师多次寻找，直到接到派出所通知前去辨认才知道出事。而当地官方通报回避了流浪儿童的字眼，也含糊地简略掉他们离家多日，不去上学的背景，表面看是家庭人伦悲剧，但更深层次的是一起公共管理悲剧。父母要负责，公共部门也难辞其咎。

疑问二：流浪多日，为何无人问津？

（实情人）"有人告诉我说这几个孩子已经在垃圾箱侧面的工地上好几天了，他们在那里嬉闹，他们爱到菜市场上找吃的，很多人都看到过。"

（记者）然而这么多天没人问他们从哪里来，那个寒冷的夜晚孩子们经历了怎样的一夜？我们难以想象。

疑问三：当地民政部门、救助站在哪里？

附近居民称，5个孩子的住地离基层政府不足百米，可他们却称毫不知情，甚至在孩子死后，还一时找不到父母和监护人。

去年以来，曾有一个给流浪儿童的温暖红包，民政部等八部委通知开展接流浪儿回家的专项行动。全国各地都成立了专门的队伍，到街头寻找流浪儿童，可就在毕节街头，5个孩子在风中逝去。

评点：以这则新闻来创设情境非常巧妙，巧在一例到底，巧在聚焦主题，巧在效率高，巧在激发兴趣，引起话题，巧在结合了学生已有的经验，巧在成了教学的支点。

二、对话、互动，动态生成

视频播放《贵州毕节五男孩死于垃圾箱》的新闻事件后，我提出了一系列的问题。

师：看完视频以后同学们的心情怎样？

生：很难受、不舒服、沉重……

师：从留守儿童到流浪儿童到死亡，谁该为孩子的死负责？分组讨论并说明理由。

生：（热烈讨论）监护人应该负责。

师：这属于哪种保护？

生：家庭保护。

师：对，是家庭保护，那么家庭应负什么责任？《未成年人保护法》是怎样规定的？请找出相关法律规定的内容。

生：（寻找）

师：在家庭保护中，实施保护的主体是谁？

生：父母、监护人（大部分学生回答）。

师：他们负何种责任？找出动词。

生：监护、抚养、尊重（大部分学生回答）。

师：家庭保护的目的是什么？

生：免受来自家庭的侵害。

师：对，家庭保护是为你们创造一个良好的家庭环境。试想，你的家庭和睦了，你的心情怎样？

生：开心（齐答）。

师：对。你开心了，你的身心就会有愉悦感，这样才能健康成长。现在老师非常想了解，你们身边有没有违背家庭保护的事例呢？请举出例子。

生1：不让孩子读书，辍学，侵害儿童的受教育权。

生2：遗弃有先天生理缺陷的儿童。

生3：虐待和暴打孩子。

师：你有没有被父母暴打过？

生：（全班笑）没有，我爸妈很爱我。

师：恭喜你有这么好的父母。老师从大家的言行表情看，就知道同学们都有一个幸福、和睦的家庭。毕节那5个孩子是什么保护没有做到位？

生：家庭保护。

师：家庭保护是其他保护的基础。

评点：在这一片段中，老师提出了一系列的问题引发学生的讨论。从这一片段中，也可以看出教师在不停地与学生互动。互动是催化剂，教师以参与者的身份与学生平等对话，积极回应，让心与心交融。在这种交融中，学生的知识得以掌握，能力得以提高，情感得以发展。

三、情感升华，情理共融

在用《贵州毕节五男孩死于垃圾箱》的新闻事件这一情境引发讨论后，学生知道法律对未成年人的特殊保护，了解家庭保护、学校保护、社会保护和司法保护的基本内容。感受到了来自家庭、学校、社会、司法的这种"特殊的爱"。教学在这里是否结束了呢？不是，情感是相互的，情感的教育是有温度的，情感的教育还是有态度的，这个态度就是孩子们的行为。教学到了这里才有高度和深度。

师：结合自己的校园生活，说说学校保护的事例。

生1：放假前进行的安全教育。

生2：开设心理健康教育。

生3：地震逃生演习。

生4：开设社会实践活动。

师：是啊！看来学校很重视保护我们。今天老师随手拍了一些这样的图片。

（展示图片）

生：这是学校开设的活动。

生：这是楼梯的安全提示牌。

师：通过以上学习，我们知道了对未成年人的保护有家庭保护、学校保护、社会保护、司法保护，这些内容是谁规定的呢？

生：《未成年人保护法》规定的。

师：那么，国家为什么要规定这部法律呢？

生1：因为我们是未成年人，不成熟。

生2：因为我们是国家的未来。

师：对，你们是国家的未来，这可不是句空话，因为少年强则国强！这句话是梁启超在《少年中国说》中提到的。知道的同学可以同我一起说。

师与生：故今日之责任，不在他人，而全在我少年。少年智则国智，少年富则国富，少年强则国强，少年独立则国独立，少年自由则国自由，少年进步则国进步，少年胜于欧洲则国胜于欧洲，少年雄于地球则国雄于地球。

师：看来少年的成长与国家民族的强大有很大的关系。所以说《未成年人保护法》制定的目的就是要保护未成年人能健康成长，也可以看出四大保护本身就体现着一种"特殊的关爱"，我好羡慕你们有这么多的爱。既然你们有了如此多的爱，我们该怎样回应？

生：报答、感恩……

师：对，要学会回报，懂得感恩！那么，我们具体要怎样做呢？

生：在家里孝敬父母，做力所能及的家务，我会煮饭。

师：会做家务的孩子很优秀。我们要向这位同学学习。孩子们，你们知道吗，作为父母，他们看到你煮好的饭时，他们是多么的欣慰和自豪。我想看看我们班会做家务的有多少人？

生：(纷纷举手)

师：有32个人，很棒！我希望大家要把这种好的做法坚持下去，我们给自己点掌声，好吗？

生：(鼓掌)

师：那么，在社会上我们该怎样？

生1：遵守公共秩序，如我能排队上车。

生2：参加公益活动，做义工。

生3：抵制不良的诱惑。

生4：不乱丢垃圾，保持公共场所的卫生。

师：同学们回答得非常好，总之，学完这节课之后，同学们要学会感恩，尤其要付诸实践，要懂得回馈法律给我们的这种"特殊的爱"，只有这样，我们才能健康成长，成为对社会有用的人。

评点：通过对情境的广泛分析，有利于加深理解和培养正确的态度和价值观。

价值观的形成表现在对学生行为的影响上。因此，在教学中注重观察和评估学生的表现和态度，重视培育学生行为与态度价值观的一致性。这样不仅情理共融，而且知行合一。教学到了这里才有高度和深度。

我的教学主张

在灵动生成的课堂中促生命成长

思想品德课于我而言是个有魅力的课程，我希望自己的课堂充满吸引力。我认为富有吸引力的思品课堂应该是灵动的、情感的、理性的。而我的教学就是在灵动中生成情感与理性，"动态生成"是过程，"情理共鸣"是目的。下面，我结合教学谈谈我的实践与思考。

一、动态生成的课堂是创设情境的课堂

情境是建构主义理论的一个重要核心概念。建构主义认为：学习总是与一定的社会文化背景即"情境"相联系的。知识不是通过教师传授得到的，而是学习者在一定的情境即社会文化背景下借助教师或伙伴的帮助，利用必要的学习资料，通过意义建构的方式获得的。通过情境激发学生的学习兴趣，唤醒旧知，支撑学生学习新知的任务。通过平等交流和思维的相互碰撞，生成新知。可见"情境"是教学的支点和平台。

二、动态生成的课堂对话、互动的课堂

教学即交往，互动是催化剂。在教学过程中教师是组织者、指导者和帮助者。为了教学有效，教师要组织协作学习，开展交流与对话，并对协作过程进行引导。教师与学生平等对话，积极回应，才能让心与心交融。

动态生成的课堂需要对某些问题进行探索，并相互交流和质疑，了解自己的想法。在对话过程中，教师要重视学生对各种事物的理解，倾听学生的看法，思考这些想法的由来，并以此为依据引导学生丰富自己的见解。

由于经验背景的差异，学生对问题的看法和理解经常是千差万别的，这就造成了差异化。这种差异资源有特殊的教育作用。教师要善于抓住这些契机，敏锐捕捉这些资源，因势利导，巧妙利用这种资源，化弊为利，赋予教学鲜活的生命力，让教学充盈，从而促进学生成长。

三、动态生成的课堂是情理共鸣的课堂

《义务教育思想品德课程标准》规定：思想品德课程是一门以初中学生生活为基础、以引导和促进初中学生思想品德发展为根本目的的综合性课程。由此可见，思想品德课程具有德育课程的性质。这门学科不仅学知识，而且要育人。这门课程旨在促进初中学生的道德品质、健康心理、法律意识和公民意识，形成乐观向上的生活态度，逐步树立正确的世界观、人生观、价值观。思想品德的形成离不开学生的独立思考和积极实践。教学中，教师既要注重给学生提供自主学习的开放情境，又要能调动每个学生，使其发挥个性，充分表现；要把重点放在价值观的形成及对学生行为的影响方面；尤其是当现实与我们的行为发生冲突时，要帮学生权衡利弊，做出正确的价值判断和价值选择。例如，落实教学目标"树立公共精神，增强公民意识"时，应明白公共精神主要表现在对社会公共事务的积极关切和主动参与上。因此，在教学中我选择了一些事关公民切身利益的公共事件，比如"广州水价听证会"，让学生充分表达观点和立场，以此评估学生在公共事务上的正确立场和态度，这样公民意识才会落到实处。总之，通过表达或者辩论，以理论事，由境生情，由境悟道，情理交融，才能精彩。

动态生成的课堂是有灵性的，生成的教学是充盈和有效的。关注课堂中的动态变化和生成发展、开发和利用课堂的生成性资源，才能让学生在情感和理性上得到发展，才能促进生命的成长。

他人眼中的我

（一）学生眼中的我

一直以为政治课就是洗脑，政治老师应该是个刻板的老太太。但到了初三，由李老师接棒后的第一节课，我对政治的印象有了改变。李老师让我明白了政治可以给我们一双"慧眼"，可以让我们透过现象看到本质；李老师也与众不同，第一堂课就会与我们打成一片。因此，一整年我们都叫她"香香老师"。印象最深刻的是，香香老师别具一格的教学方法、简单明了的答题思路很快就让班上的每个同学记在心中。如今毕业在即，我要说声：谢谢你——香香老师，我这个跟在你屁股后面问问题的人要去"祸害"别人了。但我希望，若有机会，我还想继续"祸害"你。

[广州中学初三（19）班　何梓航]

（二）同事眼中的我

作为李老师的徒弟，这一年我获益匪浅。这一年我看到了师傅对教育的执着，师傅不仅将教书看作一份工作，更是人生的追求和乐趣。师傅不断追求教育教学的进步，不仅在处理教材、研究中考、辅导学生方面有独到的见解和方法，还善于研究与教育有关的一切现象。师傅所教的班级成绩优秀，名列前茅。她毫无保留地将她的经验分享给我们这些青年教师。师傅一直是我追赶的目标和学习的榜样，在我眼中，她是一位优秀的人民教师和亲切的同事。能有这样的师傅，是我的幸运。

——广州中学　刘嘉亮

（三）专家眼中的我

在李老师的课堂上，能学到很多东西，教学设计巧妙。教学导入巧妙，采用了一个典型案例的视频来导入，情境和材料的选取也巧妙。在教学过程中李老师通过层层设问，将学生的情绪调动了起来，课堂气氛活跃，学生积极参与。通过李老师的引导，学生挖掘出了知识点，教学目标生成自然。尤其在情感态度价值观的内化方面，李老师通过引导，让学生懂得感恩，特别是引用了梁启超的《少年中国说》中"故今日之责任，不在他人，而全在我少年，少年智则国智；少年富则国富；少年强则国强；少年独立则国独立"时，孩子们不由自主地跟着李老师大声地读，可以看出学生情感的生成很有效，老师的用意很深，对"爱"的提升非常到位，课堂有高度。

——广东省教育厅教育研究院思想政治教研员　沈林

启发诱导　培养思维

● 广州市第一一三中学陶育实验学校　李成香（初中英语）

● **个人简介**

李成香，女，广州市第一一三中学陶育实验学校英语教师，初中英语科组长，学科带头人，天河区英语中心组成员，天河区第二批基础教育"名教师"。先后被授予"广州市优秀教师""广州市优秀班主任""广州市第四批骨干教师""天河区优秀教师""天河区骨干教师""天河区政府嘉奖"等荣誉称号。2012年通过选拔，参加广州市英语骨干教师赴英培训，成功申报并主持天河区小课题"运用思维导图指导初中英语材料类书面表达的实验研究"。多篇论文获市、区级一、二、三等奖并发表在国家级、省级刊物上。

▶ 我的教学风格解读 ◀

我的教学风格关键词是"启发诱导，培养思维"。

中学英语核心素养对英语学科的思维品质提出了明确的要求，要求学生能辨别语言和文化中的各种现象，分类概括信息，构建新概念，并具备初步用英语进行多元思维的能力。

首先，课堂教学中师生的核心活动是思维。课堂教学是教师的教和学生的学构成的一个有机整体，是教师有计划、有目的创设教学情境、促进学生发展的过程。在这个过程中，教师和学生的核心活动就是思维。培养思维即培养学生学科思维的能力。学科思维是一个学科教育的本质所在。作为英语学科，首先就是培养学生用英语思维的能力，然后是通过英语学科的学习，拓展学生的发散性思维和创造性思维等，培养用英语解决问题的能力。当学生学着用英语进行交流时，他就在发展自己的学科思维。

其次，用思维导图的方式对学生进行启发诱导，通过对英语文本的学习，结合思维导图，实现学生的知识和能力的迁移。用东尼·博赞的话来说，"利用思维导图，可以有效地提高理解能力、记忆能力，并能较好地发展逻辑思维和创造性思维"。思维导图从中心主题出发，通过联想和发散，不断激发大脑去思考，促进从已学到未知开拓，能达到帮助学生实现发散思维、巩固知识的效果。

总之，思维能力是学习能力的核心。因此，我认为，课堂教学最大的意义和价值就是思维能力和思维品质的培养。

我的成长历程

似火热情，伴我成长

一、参与课题，收获积累

1999年夏天，我只身来到了广州天河。在我的心中，广州是一个发达、繁荣的大都市。但当我被分配到广州市第十八中学的那一刻，我没有感受到繁华与发达，因为那是一个城中村。当年的十八中，地处东圃车陂的一个村里的小小角落，交通很不方便，旁边就是菜市场，学生都是村民的孩子，无论是家长还是学生，都讲着一口我们外地人一句也听不懂的广州话。这样的环境并没有磨灭我教学与学习的意志。课堂上，每天靠着一支粉笔和一块黑板，另加一块小黑板，我乐此不疲地和孩子们打成一片。在记忆中，我印象最深的就是有个谭教授来到我们学校推广课题"构建素质型英语课堂英语教学模式的实验与研究"，初出茅庐的我其实还不太明白什么是课题，而且教授说，每个学校只能有一名教师参加，当时有个资历比我老、教龄比我长的老师也很想参加这个课题，因此，我只能旁听了。我和教授说："我就当旁听吧。"教授挡不住我学习的热情，还是让我加入了课题组。就这样，我们经常从车陂坐车去市里听课，每次一下车，严重晕车的我要到路边歇很久才能缓过神来。凭着这份热情，我没有放弃，历时几年的听课、评课和上示范课的旅程，我坚持下来了。也就是这个课题，让我明白了怎么去上好一堂课，怎么去评课，又怎么让学生更接受你。几年的坚持，让我完成了教学初期的种种积累，为我后来的教学打下了良好的基础，也让我三年内在广州市天河区的这所中学里站稳了讲台。同时，在课题组指导下，我撰写的论文获得了天河区中小学论文评比一等奖，并发表在《当代教育思想宝库》一书中。当时的我，拿到了第一个天河区的大奖，心里别提有多高兴了！

二、快乐课堂，学生爱戴

渐渐地，我学会了听懂广州话，也能和学生融成一片了。在我的记忆中，和孩子们在一起是快乐的。列夫·托尔斯泰曾说："如果教师既爱事业，又爱学生，那他是一个完美的教师。"我深知，要成为完美的教师不是一件容易的事，但是，那是我的追求与理想。带着我的理想，我与我的孩子们一路前行。2003年，我任教了广州市第十八中学的第一届实验班。当时，还是一支粉笔和一块黑板的时代，我却用这神奇的粉笔和黑板征服了班上所有的孩子。在课堂上，我常常让他们分组讨论，让学生阅读文章的同时，不断地挖掘文章内容，对文章进行各种类型的提问，然后让其他组的同学回答。当时，这种教学方式应该算是比较先进的。这样的问答，不但拓宽了孩子们的思维，而且也提高了学生学习的兴趣。除此之外，我还在课堂上和学生寻找共同的热门话题。记忆中，当时非常流行"超级女声"，有时，我用超级女声的话题引入课题，让学生特别感兴趣，拉近了师生之间的距离，也让孩子们爱上英语的同时也爱上了我。课后，我常和学生一起去爬山、野餐、烧烤、做饭，和孩子们打成一片。初二的某个学期，学校领导突然想调我去教初三，让我离开这群我爱的和爱我的孩子们。当时的场景我至今难以忘怀，孩子们哭成一片，甚至联名写信给校长，极力挽留我。最终，领导放弃了调走我的想法，我陪着这帮可爱的孩子三年，直到他们以优异的成绩完成中考。

2006年，我又迎来了新的学生。2008年，休产假回校的我，又体验了被学生需要的快乐。当我任教的那批学生见到我回校的时候，趁着一次教学调查的机会，学生向学校领导提出，希望李老师马上任教他们的英语。当时，带着年幼的孩子，我又任教这批学生直到毕业。

在十八中，我荣获"广州市优秀班主任""天河区优秀教师"，以及"广州市优秀教师"，并曾三次被授予"天河区政府嘉奖"。我和一群勤奋努力的同事一起奋战，在学校领导的关心和帮助下，2013年中考，初三毕业班获同类学校第一名。我本人任教的班级英语成绩在年级中名列前茅，并创本校新高。

一届又一届，一批又一批，在我的记忆里，每届学生都有孩子叫我"妈妈"，当然学生最常用的名字还是"香姐"。2013年，广州市第一一三中学陶育实验学校创办，我的教育事业也迎来了新的篇章，我有幸成了陶育实验学校开疆辟土的第一届教师。我担任第一届实验班的班主任工作，班级工作以班会课为切入口，开展一系列主题活动，让学生和班级在活动中成长。三年来，学生的心中都装着"我们都爱三班"的信念！我的班级每年在学校评比中，都以较大优势获得"优秀班集体"的称号。英语教学中，以小组合作的方式开展教学，三年形成固定的小组，学生合作默契，思维碰撞激烈。在课堂上，以组长为核心的小组活动开展得有声有色，小组间友好合作，公平竞争，形成良好的学习氛围。同时，随着科技的发展，我用一些生动的图片和视频引入，还在班里开展各种英语活动，比如学习茶文化时，我组织学生一边表演茶艺，一边用英语解释泡茶的过程，学生开心地喝着茶，吃着点心，用英语畅谈中国的传统文化。学生每天都开心快乐地学英语，用学生的话说，不用题海战术，也能成绩优异。2016年中考，我班英语最高分148分，平均分136分，为第一届陶育实验学校毕业班交上满意的答卷。当年，学生的一首"香姐去哪儿了"（模仿当年国内著名节目《爸爸去哪儿了》）轰动全校，我知道，我又成了孩子们心中的妈妈。在学校的年度"感动陶实十佳人物"评选中，我获得了"最有魅力班主任"的称号。

三年飞逝，我的孩子们又要远走高飞了，毕业那天，我和孩子们都哭成一片。孩子们和家长们都纷纷发来短信安慰我。例如，有个女孩是这样说的："转眼间，曾经那个不懂事的我已经长成大姑娘了。谢谢香姐，谢谢您三年来对我的悉心栽培，谢谢您像妈妈一样对我的照顾，在我最美好的时光遇见您，对我而言是最美好的事！香姐，不哭！等着我们，我们年年都会回去看您的！"

三、赴英学习，渐成风格

2012年5月，广州市教育局组织广州市中小学英语骨干教师赴英培训。这个消息让我热血沸腾，我报名参加并通过了BFT的考试，顺利进入面试环节。面试时，我拿到题目后不到一分钟，刚刚把题目看完——你对课堂教学的评价，监考老师就让我进去面试。我心想，一个这么大可以做课题写论文的题目，要在三分钟内用英语回答，该怎么办呢？我边看题边思考，面对外教老师，我用比较纯正的英语流利地回答了问题。我回答完毕，外教老师说了一句"Exactly three minutes（刚好三分钟）"，看来老师好像还比较满意。就这样，我有幸通过了广州市英语骨干教师赴英培训的考核，完成了赴英国爱丁堡培训的精彩学习之旅！在爱丁堡学习期间，我们20个同学跟着老师分组活动，白天上课，晚上奋战到深夜完成作业，40天的学习，受益匪浅。2013年5月，我们迎来了爱丁堡导师的来校回访。当时，我不但面临初三毕业班的最后冲刺，作为初三级长的我还要组织一系列毕业班工作，而且还要在一个月内每周上一次回访课，写好反思，交给导师。我不会忘记每天晚上的挑灯夜战，也不会忘记导师一步一步地帮我磨课。功夫不负有心人，凭借热情洋溢的课堂和积极认真的态度，我顺利完成了为期一年的学习，也让自己的理论和实践都有了一定的升华。在导师的指导下，我渐渐形成了一定的教学模式，也为后来的小组合作教学打下了良好的基础。

四、厚积薄发，示范引领

如今，在广州市第一一三中学陶育实验学校，我任职中学部英语科组长已有几年，由于科组年轻教师多，因此科组的学习和培训显得尤为重要。每学期初，我都制定好详细的科组学习和培训计划，在科组内形成良好的学习和研讨的氛围，让青年教师迅速成长。首先，2014年，我带领英语科组的2位年轻教师开展校本课题"运用思维导图指导初中学生进行英语写作的实验研究"，并在校内以课题为依托，开展大型的研讨活动，在校内起到一定的辐射作用。同时，2016年，在校本课题的基础上修改的区级小课题申报成功，并于2018年1月顺利结题。我还带领科组老师完成了2个微课录制，并成为广州"数字教育城"应用推广项目。其次，在区教研会上，我代表科组和学校多次进行经验交流发言。同时，我还指导科组的年轻教师在区大集备中发言，在区教研中上公开课一次。在校内，我组织科组教师每人每学期开展一节校内公开课，让年轻教师有学习和分享的平台与机会。我还响应学校号召，在科组内开展科任教师和班主任师徒结对，经常听课评课并每学期上一节汇报课，让科组年轻教师迅速成长，并能独当一面。此外，我还承担特色学校评估的特色班会推荐课"享受成长，追逐梦想"。多次在学校大会上做科组工作分享，班主任经验介绍，教学工作汇报，并作为教师代表在开学典礼上发言，在初三百日誓师作演讲。

2013学年的年度考核中，我第四次被授予"天河区政府嘉奖"，2015年，被认定为"天河区骨干教师"。在"陶育十佳"评选中，我作为党员教师，高票当选为"陶实先锋"。2018年3月，我通过认定，成为"广州市第四批骨干教师"。

宝剑锋从磨砺出，梅花香自苦寒来。我，热情似火，热爱着教育事业，爱着我的孩子们，一直在努力地前行……

我的教学实录

善用思维导图，提高英语写作

上海牛津版八年级下册 Unit 3 Traditional skills

课型：读写结合课

教学内容简介：

（一）教材分析

本单元围绕"传统技艺"的话题展开，学生已经通过阅读、听力、口语等篇章了解了几种传统技艺的过去、现状和未来。Writing板块的写作任务要求学生在学习了本单元的语法、词汇、功能意念等语言知识的基础上，通过阅读文本、分析范文的写作结构，采用仿写的方式，介绍一位传统手艺人及其手艺。

（二）学情分析

学生已经掌握了传统技艺的一些内容和表达。同时，初二的学生已经掌握了一定的阅读和写作技巧，该班学生的基础还不错，需要在语言提炼和写作提升方面继续加强指导。

（三）教学目标

（1）了解短篇的文章结构和语言表达。

（2）学会用思维导图指导写作，让写作更加完整丰富。

（3）写一篇介绍一位传统手艺人及其手艺的短文。

（四）教学重点

从范文中提取文章结构，提炼语言知识，运用于同类文章的写作中。

（五）教学难点

（1）把从范文中提炼的语言运用到新的篇章写作中。

（2）运用思维导图扩展学生的写作思维，适当加入自己的语言和观点。

（六）教学实录

Step 1 Lead in

启发诱导　培养思维

（教师带领学生根据图片谈论 traditional skills，通过一步步的引导，回到本单元话题，同时熟悉新词汇）

师：Today we'll go on with the writing part in Unit Three. And what is the topic in Unit Three?

生：（齐答）Traditional skills.

师：Do you know any traditional skills?

生：Paper cutting, fishing…

师：There are so many traditional skills. Have you ever heard of dough toy? What does "dough" mean? Yes, this is dough.（展示图片）

（齐读新单词）

师：Do you know anyone who knows how to make dough toys?

生：Mr. Chen.

师：Mr. Chen. Who is Mr. Chen?（展示图片）Yes, he is Mr. Chen. And what is he good at?

生：Traditional skills.

师：Called?（引导学生说出新单词，并引入话题）

生：Dough toys.

师：We can also say：He is good at making dough toys. The whole sentence, please.

生：He is good at making dough toys.

师：（继续展示图片）All of these dough toys were made by Mr. Chen. OK, are they lovely?

生：Yes, they are very lovely.

师：Do you like them?

生：Yes.

师：But Mr. Chen works with dough toys every day. So what about his hands?

生：Rough.

师：His hands are very rough because…

生：He works with dough all the time.（根据提示词说出完整句子）

师：He can turn the dough into…

生：Dough toys.

师：Yes. Dough toys of different sizes and different characters. The whole sentence, please.

生：He can turn the dough into different characters.

设计意图：通过图片以及和同学们的互动，创设情境，引出 traditional skills 话题，同时通过图片熟悉写作部分的新单词和部分较难的短语。

Step 2 Reading and matching

师：Mark is very interested in Mr. Chen and his dough toys as well. So Mark wrote a passage about Mr. Chen and his toys. Let's read the article written by Mark. Then try to match the main idea of each paragraph.

生：（完成匹配练习）

师：Stop here. So the first paragraph talks about?

生：The person.

师：The person. Yes. Paragraph 2?

生：Describes the person's work and the tools needed for his work.

师：Paragraph 3?

生：Gives an opinion about the person and his skill.

设计意图：通过扫读的方式，让学生了解文本，找出大意，同时，为下一步的思维导图的设计作铺垫。

Step 3 Reading and finishing the mind map

师：Let's go on to read it more carefully and try to get some details from the passage. For example, the first paragraph talks about the person, right? What detailed information does it give? For example, how old is he?

（呈现思维导图的大体框架）

生：He is 60 years old.

师：So it talks about his…?

生：Age.

师：Age. Yes. Great. And then?

生：His hands and skills.

师：What about Paragraph 2? Try to finish the mind map on your worksheet.

（学生完成思维导图的详细信息）

师：What about Paragraph 2?

生：Work, tools and steps.

师：Paragraph 3?

生：Evaluation and wish.

（教师通过 I hope 等词引导提示，让学生学会归纳）

设计意图：通过思维导图的引导，首先让学生总结归纳每段文章主要描述的内容，构建文本的信息框架图，培养学生的归纳能力和思维能力。

Step 4 Detailed reading

师：Do you think that there are some points and expressions that you can use to write another passage? Try to find some words and expressions from the passage to describe the person, work and opinion. For example, when we talk about his age, how do we say it?

生：He is over 50 years old.

师：When we talk about his hands, …?

生：His hands are rough.

师：Why?

生：Because he works with dough all the time.

师：Are your hands rough?

生：No.

师：Do you do housework?

生：Yes.

师：Then talk about his work. What verb phrases does the passage use? Try to find some verb phrases from the passage. Have a try.

（学生安静地完成任务，老师巡视并个别辅导）

师：Share your work with your partner.

（学生讨论分享）

师：Have you found any verb phrases? For example, in the second paragraph, which word is the verb?

生：Make dough toys of different sizes.

师：Any other phrases? When it talks about the tools, what phrases does it use?

生1：be required to

师：Any others?

生2：use…to, turn into

师：Now say the whole sentence.

生：Mr. Chen uses his hands to turn the dough into different characters, for example, the Monkey King.

师：When we talk about the opinion, what phrase do we use?

生：I like…

师：When we talk about wish, how to say?

生：I hope that…

师：So how to express your wish?

生：I hope that I can…

师：Now let's go over the phrases we can use to describe a traditional skill.

（学生内化句型和短语）

设计意图：根据信息框架图，寻找细节，帮助学生内化文本内容，为下一步的材料写作作铺垫。

Step 5

T: Now, it's time for you to write. Look at the materials. Who does it talk about? Is that me?

生: No.

师: No. I'm not Grandma Li. I'm not good at paper cutting. How old is Grandma Li?

生: She is 60 years old.

师: Before writing, I'd like you to look at the map on your worksheet and try to use the mind map to help you.

（学生完成 mind map，教师个别辅导）

师: Share your ideas with your partner and try to make some sentences.

（学生讨论分享）

师: What opinions do you share with each other? For example, do you like paper cutting?

生: I like paper cutting.

师: Why?

生: Because they are interesting.

师: And?

生: They are beautiful.

师: What else to share? You can use the sentences in the reading part, in the more practice part. For example, are there any young people interested in it?

生: No.

师: So…

生: Paper cutting is an ancient traditional art, so we should keep it alive.

师: Read the phrases, please.

生: Her hands are handy.

设计意图：通过思维导图和提问的方式，引导学生根据写作材料进行思维扩散，同时引导学生学会用本单元其他部分所学的内容灵活运用于写作。

Step 6 Writing and showing

师: Now it's time for you to write. Write the passage on your worksheet.

（学生安静写作，教师巡视并个别辅导）

师: Now stop here. I'd like you to come up here to share your work. Any volunteers?

（学生展示作品）

师：（评价）Does it have a good structure? Any good phrases?

生：She is good at paper cutting.

师：Point out the mistakes.

（学生回应）

师：How many points can he get?

生：Twelve.

师：I think it's reasonable.

师：I think you can make your article better. Try to discuss with your partner and make your article better. You can use other phrases and structures.（展示PPT）

师：How to beautify your article?（展示PPT）

生：Structure.

师：Such as…

生：Beginning, middle and ending.

师：Don't miss any points. And you should try to use the good expressions and conjunctions.

师：OK. So much for this class. Thank you very much.

设计意图：学生根据本课和本单元所学内容进行话题写作，然后通过学生展示作品和师生对作品的点评，达成写作评价的一致。最后通过从文章结构、句型和连词等方面引导学生完善自己的文章。但是教师在评价学生作文时，没有强调写出材料中所有的要点，这是评价中的一个失误。

附录：教学步骤

Teaching steps	Teacher's activities	Students' activities	Aims
Step 1	Show some pictures and ask some questions.	Look at the pictures and answer the questions.	To learn about the topic and learn the new words.
Step 2	Ask the students to read the passage and match the main idea.	Skim the passage and match the main idea.	To get the main idea of the short article and learn about the structure.

续上表

Teaching steps	Teacher's activities	Students' activities	Aims
Step 3	Help the students to read and finish the mind map.	To read and finish the mind map.	To get to know how to write a person with a traditional skill with the help of the mind map.
Step 4	Ask the students to find some words and expressions to describe a traditional skill.	To find some words and expressions, then check in groups.	To get some language ready for writing.
Step 5	Show the material for writing.	To finish the mind map before writing.	To learn how to write with the help of the mind map.
Step 6	Ask the students to write an article.	To write an article with the help of the material and mind map.	To use what we learn to write.
Step 7	Evaluate the students' works.	Show their articles and do peer evaluation.	To evaluate the article and try to make it better.
Step 8	Assignment.	Finish the article and try to make it perfect.	To make the writing better.

我的教学主张

注重内化 培养思维 激发热情 提高效率

一、走进文本，注重知识内化

初中英语教学发展到今天，越来越注重阅读能力的培养。在英语教学的过程中，不论是阅读课教学、语法教学，还是听力、写作教学，都强调以文本为依托，让学生在语篇中学习英语。因此，教师带领学生走进文本完成阅读以及阅读后的知识内化和迁移是十分重要的。在我的课堂教学中，我注重带领学生走进文本，对文本进行理解，并通过一些教学手段完成对难点的理解。同时，我经常会通过表格或思维导图的方式，让学生对文本有系统而清晰的了解，并且能实现对文本的复述和迁移。例如，在学习养宠物这一课时，我展示不同宠物的图片，同时，询问学生是否喜欢宠物，喜欢哪一种宠物等，让学生快速地进入养宠物的情境。紧接着，教师引导学生阅读两篇关于饲养宠物的文章，让学走进文本，在理解文本的基础上，为写作提炼相关知识和结构，例如，在本课的写作中常见的结构有：It is pleasant/ nice/ wonderful to …, I think keeping pets is …, learn how to …, learn…from…等，教会学生学会从文本中提炼结构和句型，为写作输出和思维扩散打下坚实的语言基础，让学生在随后的写作中能自如地运用丰富的语言进行写作，真正达到知识的内化和迁移，从而达到自然而然说英语的目的。

二、启发诱导，培养学生思维

巴尔扎克说："一个能思想的人，才真是一个力量无边的人。"《义务教育英语课程标准（2011年版）》建议：英语教学要通过英语课程培养学生语言运用能力、认知能力、思维能力以及积极的情感态度和正确的价值观，为学生的终身学习和发展奠定良好的基础。思维能力是通过分析、综合、概括、抽象、比较、具体化和系统化等一系列思维活动和过程，对外界信息进行加工并转化为理性认识的能力。我主张在英语课堂分以下几种方法进行思维训练。

首先是培养用英语思维的能力。要实现学生用英语思维的目标，老师必须在课堂上营造好的英语氛围和环境，需要老师和同学尽量用英语对话。同时，老师要创设不同的情境，为学生提供用英语交流的机会。在我的课堂上，教师经常会创设情境主线，为学生搭好脚手架，并让学生小组合作进行练习，不但给学生提供了更多的练习机会，而且还让学生互相帮助、互相提示，从而让中等生更加自信地说英语。英语是一门交际语言，只有说出来才能达到交际的目的，说出来才能实现英语思维的目的。

其次是利用思维导图，建立文本框架，形成语篇意识。思维导图是一个非常强大的思维工具，在教学中，能帮助师生整理思维，梳理知识点之间的联系，激发学生思考，发散学生思维，形成及时的评价和反馈，构造高效的教学模式。

利用思维导图，可以有效地提高理解能力、记忆能力，并能较好地发展逻辑思维和创造性思维。在以上课例中的第二步即是利用思维导图为学生谋篇布局，提升学生的语篇意识。关于为什么饲养宠物，教师从以下几点对学生进行引导：1. Pets are faithful. 2. Pets are cute. 3. We can learn responsibility. 4. Pets can bring you happiness. 当然，学生还可以继续扩散思维，补充自己的观点。思维导图，在为什么饲养宠物的话题上，帮助学生拓展了思维，较好地形成语篇意识。

此外，还可以在英语课堂上培养学生创造性思维能力。创造性思维能力是学生除了读懂文本，在英语学习中发现问题和解决问题，同时，还需要从文本中探索其深层次的含义或者是挖掘文本内容以外的东西的能力。教师在设计提问的时候就可以设计一些思维能力比较强的问题，多问一些 why、how 等有深度又有广度的问题，让学生发挥想象力，扩展学生的思维。比如，猜测故事的结局或后续发展，不追求答案的唯一或准确，只追求合理的想象和说法，或者是发现句子或文章隐含的意思，这些都有助于学生创造性思维能力的培养。

三、亦师亦友，激发学习热情

良好的师生关系，愉悦的课堂气氛，积极的情感因素对发挥思维的效能、提高课堂效果起着不可忽视的重要作用。

作为一名教师，要以满腔的热情去热爱教育事业，并以此去感染自己的学生。最重要的是，我们要爱学生，全身心地去爱他们。只有这种无私真诚的爱，才能使我们的学生对自己产生敬佩之情。有了真诚的爱，才会有宽容，也才能真正做到尊重学生、爱护学生、关心学生。"爱"是一名教师人格魅力的源泉。

当然，除了全身心地为学生投入情感，更重要的是全身心地投入教学。教师要带着饱满激情走进课堂。在组织教学的过程中，教师要适当地运用体态语言，有效地吸引学生的注意，感染学生的情绪。在适当的时候，可以开开玩笑、玩玩游戏，让学生轻轻松松、开开心心地学习。良好的课堂气氛能使师生处于最佳状态下交流，有利于师生在课堂教学活动中，都有一个积极、愉悦的心理体验，从而提高课堂教学效果。孩子是天真的，也会真实地表现自己的想法。老师没有感染力，没有吸引学生的兴趣，学生就没有兴趣学习。因此，不论在上课还是课后，我都会和学生一起享受他们的快乐。只有老师富有激情了，学生才会有激情去学习。

▶▶▶ 他人眼中的我 ▶

（一）专家眼中的我

认识李成香老师是在去年一次天河区名师培养报告会上，李老师给我的感觉是认真努力，谦虚好学，和蔼可亲，性格开朗。此后，不间断地走进她的课堂，那是一种朴实无华、努力地以学生为中心、启发学生思考并培养学生思维能力的课堂。作为广州市一一三中学陶育实验学校中学英语科组长，她积极地带领全组的老师做课题，营造了比较浓厚的英语教研氛围。在这样的氛围中，我们看到了名师的引领作用。希望李老师继续努力学习，在课堂教学和教学研究方面向更高的目标迈进！

——广东第二师范学院教授　李华

（二）领导眼中的我

李成香老师属于两全其美型的老师。做班主任工作，以心理学为支撑，以爱为滋润，所带班级班风正、学风好，学生的精气神彰显阳光、大气、雅气、正气、朝气。学生和家长都称其为"香姐"，足以说明李老师在学生和家长心目中的地位。

李老师的教学表现出人文性和工具性，她将两者的关系处理得恰到好处，听、说、读、写、思在思维导图引领下要么是黄金组合，要么是黄金分割，中西文化融会贯通的课堂诠释着中西合璧的相得益彰。扎实的学科专业基础、学科素养让她的课堂情趣共生，用教材教而不是教教材，课堂从而高效又长效。相信成香会以教育教学为两翼，飞得更高，飞得更远。

——广州市第一一三中学陶育实验学校校长　白云龙

（三）同行眼中的我

在工作中，李老师具有强烈的事业心和高度的责任感，工作勤勤恳恳、任劳任怨，勇于开拓、锐意创新，认真钻研教材，积极参与教研，努力提高自身的业务素质，取得了显著的工作效果。同时，李老师作为科组带头人，毫无保留地把自己的所知所学传授给青年教师，带领着科组的青年教师一起做课题，探讨教学中的困惑。她就像一把炽热的火炬，走到哪儿都能燃起熊熊的教改之火，带领我们青年教师不断开拓进取。

——广州市第一一三中学陶育实验学校青年教师　谌璐

（四）学生眼中的我

说起香姐，我首先想到的是她似火的热情。像《热情的沙漠》里的歌词一样，她的烈火照亮了我们的三年，在离开陶实之后，也依然感受得到那灼热的温度。

她说着一口发音纯正的英语，让我们在中考口语中取得高分；平常大大咧咧的她，备课却一丝不苟，总能把每堂课的时间安排得精巧，不用题海战术，却能让我们班的英语成绩不亚于外国语学校。她真的是将所有心血倾注到学生身上，在她最艰难的时候，记挂着的还是我们。

三年下来，她给我们的东西太多了，经历了很多之后，我们共同在进步。我真心希望，她以后的学生像我们一样爱她、珍惜她，给她带去无穷无尽的美好回忆。

[广州市第一一三中学陶育实验学校第一届（2016）优秀毕业生　郭欣霖]

香姐的英语课，趣味和效率并重，所以初中三年，英语课对我，有着一种诱惑力。"她教的英语好"这真的是一句实在话，就是现在，我也常跟我的高中同学提起她，甚至专门找我现在的英语老师聊天，聊起我初中的英语老师，甚至她的教学方法。

都说作为一位好老师，专业知识过硬还不够，必须要有过人的魅力。香姐在这方面，几乎有与生俱来的优势，因为她身上有一种独特的魅力，真诚、直爽，用真心、真情去爱学生，这是她最大的魅力。

能够遇上这样的老师，确实是我的福分。

[广州市第一一三中学陶育实验学校第一届（2016）优秀毕业生　陆晓斌]

Miss Li 是一位浑身散发着魅力的英语老师，我们班的同学都亲切地叫她"香姐"。虽然到了初三香姐才接手我们班,但其纯正流利的发音、幽默诙谐的讲课风格、真诚可爱的性格迅速地征服了我们班,而她视学生为己出的态度更是让我们亲昵地称呼其为"香妈妈"。

香姐不仅关爱着我们,也激励着我们向前。短短不到一年,我们班的英语成绩有了长足的进步。香姐的教学有她独特的风格,她不是仅仅以参考答案为标准,而是以其敏锐的观察力和雄辩的口才将想钻牛角尖的同学驳得心悦诚服,让人不禁感叹一位英语老师的强大。香姐在语法教学上也很有自己的"一套",她归纳出了自己多年来总结的解题思路,只要跟着香姐的方法走,准不会错!平时,还会见到香姐不厌其烦地找同学面批作文,不论同学的成绩好坏,她都会不加渲染地表扬作文中的好词好句,也会一针见血地指出错误的地方和不足之处。此外,她课后对同学单独地进行英语发音的指导和纠正,使我们班的口语水平有了质的飞跃。香姐的直率是她的人格魅力的集中体现,也是我们深爱她的原因之一,她对我学习和品格的教导弥足珍贵,使我受益终生。

最后我要对香姐说:You're such a charming teacher that I will never forget you!

[广州市第一一三中学陶育实验学校第二届(2017)优秀毕业生　卢婷]

Miss Li 是我非常喜欢的英语老师!我们喜欢称呼她"香姐"。第一次接触,她就给我一种霸气侧漏的感觉。相处久了,越来越喜欢她。香姐的教学课堂不会枯燥,我们都能在活跃的氛围里学习英语,同时产生浓浓的兴趣,有时候真的舍不得下课!老师的口语很流利、很地道,给我们营造了良好的口语练习环境!作业改得也很仔细,收到小留言时会很惊喜!What an excellent teacher she is!

[广州市第一一三中学陶育实验学校第二届(2017)优秀毕业生　叶怡]

始于喜悦　终于智慧

● 广州市第七十五中学　葛红霞（高中英语）

● **个人简介**

葛红霞，女，广州市第七十五中学英语高级教师、教育硕士。广州市第一批"百千万名教师培养对象"、广州市教研积极分子、天河区名教师、天河区骨干教师、天河区优秀教师、天河区毕业班先进工作者。曾赴英国进修学习。从教22年来，有21篇论文发表或获奖，其中，《基于核心素养培养的主体参与式英语阅读教学模式探析》荣获广东省教研院颁发的资源展示奖，《基于多元智能理论的英语词汇教学实践和探索》获市论文年会二等奖，《读写任务的举例技巧》发表于省教育厅主办的《广东教育·高中》。参与编写了5本教学辅导资料，均已出版。主持或参与了8个课题研究。个人在全国"一师一优课"视频课例评比中荣获省级优课奖，在全国现场说课比赛中荣获一等奖。她先后担任了四届高三年级主任、年级领导小组成员、校级干部，她带领老师们一起创造了广州市第七十五中学高考广州市第19名的历史最好成绩，为学校连续六年荣获广州市高中毕业班工作一等奖做出了突出贡献。个人荣获"高考突出贡献奖"。她期望在每个学生心田投下喜悦和智慧的种子，做一名智慧型的教书工匠。

▶ 我的教学风格解读 ▶

我的教学风格关键词是"始于喜悦，终于智慧"。

都说教师是人类灵魂的工程师，我相信，注入什么样的教学思想就能塑造什么样的灵魂。美国诗人Robert Frost曾经说，读者读他的诗应该可以"从快乐开始，以智慧结束"（Reading my poems should begin with pleasure and end in wisdom）。刘润清教授强调，教师要朝着课堂的五种境界努力：起码要充满信息（information），尽量让信息都是事实（facts），最好把事实放在一个系统中成为一门知识（knowledge），更理想的层次是让知识充满智慧（wisdom），最理想的境界是把智慧上升到哲学（philosophy）。22年的一线初中、高中英语教学经历，让我对英语课堂有了更深刻的认识，好的老师，好的课堂，就应该充满喜悦和智慧，我在教学实践中不断探索和积累经验，逐步形成了"始于喜悦，终于智慧"的教学风格。

让教学从"喜悦"开始。母语习得充满温情和关怀,这对我们英语教学中师生关系的变革、课堂氛围的营造和教育情景的创设都有很大的借鉴意义。我理解的教学应该是把认知因素与情感因素辩证统一起来进行教学。教学目标应当是认知目标和情感目标的统一。在教学过程中,只有学生的认知心理和情感心理和谐共进,才能实现学生真正的素质培养。因此在实践中,我总是先确定教学目标,然后寻找师生的共同愿景,以激发学生学习的"兴奋灶"为目的,实施课堂教学。我期许自己能以专业的姿态和辛勤的付出、对学生发自心底的尊敬和爱护,以及对教育目标的深刻理解,让自己的课堂变成学生喜欢的课堂。

让教学以"智慧"为目标。苏霍姆林斯基曾说:"一个人到学校来,不仅是为了取得一份知识行囊,而主要是获得聪明,因此我们主要的努力就不应该仅用在记忆上,而用在思考上。所以真正的学校应是一个积极思考的王国,必须让学生生活在思考的世界里。"教师的使命,不仅在于让学生学了多少知识、背诵了多少课文、做了多少道题,也不仅在于让他们懂得了多少规则,更重要的是知识和行为规范背后的东西,那就是学生内在的好奇心、想象力、理解力,他的世界观、人生观,他终身学习的能力,这些都是心智的觉醒、智慧的生长。教师在教学中,就应该把智慧的生长作为教学目标,发展学生的思维品质。让学生在愉悦中理解文本,挖掘文本内涵,形成个人经验,发表见解,进行言语建构和输出表达,逐步提高综合语言运用能力,只有这样才能培养出会学习的人、有思想的人、有智慧的人。

我的成长历程

用坚持守望喜悦和智慧

眨眼从教22年,我担任过8届初三、高三毕业班的教学工作。我的经历平凡,却一直有着不平凡的追求和理想。我坚信,只有躬身务本,才能梦想开花。作为一名教师,责任在肩,我始终认认真真、踏踏实实、勤勤恳恳地做好每一件事情,期待用坚持守望喜悦和智慧。

一、寻找前进的方向

童年的记忆里满是爷爷对我的英语的教诲。记一个单词,背一段英文,就能拿到一个橘子或是冰棍。印象中,爷爷是家里唯一会英语的人。他知识渊博,无所不通,冥冥中,我就这样和英语结缘、和快乐结缘。进入中学,英语也成了我最喜欢的科目,从每个英语老师的身上,我都强烈地感受到英语的魅力。尽管任课老师的英语口语并不那么标准,但我喜欢模仿老师潇洒的英文书写,喜欢每篇课文,乐意完成每个练习,甚至老师的每个眼神或是鼓励都让我心动不已。在我眼中,英语老师在各科老师中永远是最时尚、最漂亮、最温柔的。亲其师而信其道,我下定决心,要成为将来的你,当一名温柔漂亮的英语老师。记得当年高考,考英语专业是必须提前考口试的，我以当地英语口试第三名的优异成绩考上了师范院校的英语专业，梦想如愿以偿。

二、打开丰富的世界

每次市、区、校各级教研或培训，我从不错过学习机会。每学期我都到重点中学听课取经，详细记载课堂的每个细节，学习优秀教师的教态、课堂用语、课堂设计，反复琢磨，并结合自身特点和学生学情，有选择地运用到自己的课堂教学中。用天河区教研员柴老师的话，"这位老师悟性非常好"。我也被评为"广州市中学英语教研活动积极分子"。

天道酬勤，通过不断的学习和实践，我的专业水平和教学能力，得到很大的提高，能胜任中学各年级的教学工作，在课堂教学和高考备考方面积累了独到经验。2008年，在天河区教研室科研办的带领下，我参加在浙江义乌举办的全国首届中小学新媒体新技术教学应用研讨会暨基于交互式电子白板学科教学观摩研讨活动，从全国100多位优秀教师中脱颖而出，获现场说课一等奖，视频课例二等奖。

为提升英语水平，2009年我参加广州市人事局组织的出国考试，以出色的成绩被选拔赴英国伯明翰伯恩威利学院进修一个月，学习语言和课堂教学。为研究学生心理，2011年我参加了南方医科大学举办的国家职业资格心理师的培训，系统地掌握了心理咨询的基础知识、心理诊断技能、心理咨询技能。

三、成就更好的自己

从教的特点和智慧是一种灵气。在广州市百千万名教师培训中，在天河区名师培养中，在广州市朱倩茵名师工作室活动中，我真诚选择向导师朱晓燕教授、宋春燕教授、李华教授、正高级教师朱倩茵老师、冯蔚清老师致敬和学习。他们的言传身教给了我巨大的帮助。在这些团队培养项目中，我认识了一帮优秀的英语教师，感受同伴的智慧和力量。在教学中我逐渐形成了"始于喜悦，终于智慧"的教学风格和理念。我理解的教学应该是认知因素与情感因素的辩证统一。我以对学生发自心底的尊敬和爱护，以及对教育目标的深刻理解，运用金字塔学习理论开展教与学，运用思维导图指导学生建构知识体系，让课堂充满喜悦和智慧，发展学生学科核心素养。

经过22年的历练，我逐步成熟稳健，被评为"广州市第一批百千万名教师培养对象""天河区名教师""广州市正高级名教师朱倩茵名师工作室学员"，是区骨干教师、区优秀教师、区中心组成员。个人参加教学业务竞赛累计获奖20多项，曾赴珠海一中开展同课异构，增城高级中学开设讲座，开设的各级公开课等均获高度评价。有21篇论文发表或获奖，参与5本教学辅导资料的编写，主持或参与8个课题研究。

苏霍姆林斯基在《给教师的一百条建议》中讲述了这样一个故事，一个在学校工作了33年的历史教师上了一堂非常出色的观摩课,邻校的一位老师问他:"你的每一句话都具有巨大的威力。请问,你花了多长的时间来准备这堂课?"历史老师回答说:"这节课我准备了一辈子,而且,一般地说,每堂课我都准备了一辈子……"我也努力做这样的教师:爱读书,有学养,懂教育,热爱学生,充满智慧。

我的教学实录

基于核心素养培养的主体参与式阅读教学模式实践

一、教学内容分析

本文以人教版高中英语选修7第2单元阅读课"Satisfaction Guaranteed"为例,阐述基于核心素养的主体参与式阅读教学模式。本节课是本单元第二课时,单元话题为"机器人""科幻文学作品"和"科幻小说作家",内容主要涉及著名的科幻小说作家艾萨克·阿西莫夫的生平简介和他所创作的有关机器人的科幻小说。基于文本内容,教师要给学生提供足够的动手、动脑和动口的机会,引导学生积极参与到课堂的活动中,帮助学生真正实现学以致用。

二、教学对象

学生来自广州市某高二理科实验班,英语基础较好,具有一定的信息提取能力、推断能力和概括能力,课堂参与意识强,愿意配合教师开展课堂活动。本节课是学生高中以来第一次接触科幻小说,文章较长,人物多,心理活动复杂。教学任务实施的重点是让学生在有限的时间完成阅读任务,梳理文章的脉络,并理解小说人物的心理变化,在清晰理解的基础上,表达自己的观点。

三、教学目标

根据本课特点和学情,教学目标设计如下:理解科幻小说情节和特点;帮助学生理解小说情节的发展和Claire对Tony的情感变化;学会运用思维导图梳理文章的脉络;培养学生的想象力和对未知世界的探索精神;培养学生主动和有效的学习习惯,学会表达自己的观点。

四、教学实践过程

1. 理解(Understanding)——在喜悦中自主建构知识体系

教师提前精心设计好阅读学案作为本节阅读课的前置性作业。学案以文本理解为主,分为三个部分:Be a smart reader, Be a careful reader, Be a wise reader,内容由浅至深,由易到难。学生可以根据个人阅读的速度和喜好,完成精读任务。

Step 1 Be a smart reader.

Task 1:Read the text quickly and complete its main idea.

The text is mainly about a robot, Tony, who not only helped Claire do _____, but also helped her create a new _____.

Task 2: Finish the table.

Characters	Who are they?
Larry Belmont	
Claire	
Tony	
Gladys Claffern	

Step 2　Be a careful reader.

Task: Finish the table.

Claire's feelings toward Tony changed as the story developed. Read the story, then fill in the occasions when Claire had these feelings.

Occasion	Claire
	disliked him
	was alarmed
	felt embarrassed
	admired him
	called him a dear
	felt his warmth
	felt being envied
	cried all night

Step 3 Be a wise reader.

Task: Draw a mind map of the story

设计意图：本环节是本阅读课的前置性作业，旨在激发学生的阅读兴趣，让阅读在喜悦中开始。首先要求学生通过整体阅读把握小说的主要人物和主要故事情节。然后设计跳读练习，让学生把握小说的文本特征，快速查找小说中的4个主要人物，从而获得对小说文本题材、体裁和语篇结构的整体感知。接着设计的练习围绕小说的女主人公 Claire 对 Tony 的情感变化，帮助学生把握小说的人物性格。此设计要求学生仔细阅读文本，查找细节，进一步熟悉文本，了解人物的情感变化。最后，要求学生用思维导图，根据文本画出主体脉络——主要线索、情节和人物。应该说，每个学生都会有一张不同的脑图，每张脑图都代表每个学生自主建构的文本知识体系，或丰富、或简单、或深刻、或浅显。

2. 展示（Presentation）——在喜悦中热身引入本课主题

教师在课前 5 分钟让一位学生围绕本课主题"robots"，展示其了解的有关机器人的知识，顺利引入本课阅读教学的主题。

设计意图：激活学生的背景知识，轻松导入本课主题。导入的环节内容真实，学生展示的内容贴近生活，具有趣味性，激发了学生的阅读兴趣。同时，这个环节，让学生来展示和导入，给学生更多的锻炼机会，更体现学生的主体参与。

3. 小老师（Being a young teacher）——提供平台让学生自己解决前置性作业

教师提前选拔一名学生做小老师，事先与该生交流沟通，帮助其充分理解文本和解答阅读前置性练习。课堂上，由小老师向学生讲解和沟通阅读理解的相关练习。

设计意图：传统的英语阅读课堂都是老师引导学生完成阅读练习的核对和理解。其实，这个环节完全可以让学生来完成。学生能做的事情，教师一定要提供平台让学生自己做。金字塔学习理论提到，采用"教别人"或者"马上应用"的学习方式，可以记住 90% 的学习内容。选拔出来的优秀学生助教，只要提前做好准备，完全有能力全英文授课，带领同学顺利解决这些基础性的阅读练习。这种小老师的教学方式，更体现了主体参与式教学模式的可行性和优越性。

4. 分享（Sharing）——思维导图梳理文章脉络，培养英语思维和智慧

学生用投影分享自己的思维导图和对文本的理解。然后教师和学生分享自己的思维导图并引导学生回答两个深层次的问题：*Why did Tony open the window? Why did Tony have to be rebuilt?*

设计意图：思维导图是英国学者东尼·博赞根据大脑的放射性特点发明的一种可视性、发散性思维工作图。思维导图可分为充分体现文章的层次和脉络结构的形式图式，位于中央位置的主题词和主干位置的关键词体现文章的内容话题和内容图式，分支下的关键词信息体现文章的细节，充分关注文章的语言知识的语言图式。思维导图的运用能发散学生的思维，有效地激发、丰富和巩固阅读过程中所需的语言图式、内容图式和形式图式。通过投影，生生分享，然后师生分享个人对文本的理解。在分享的过程中，思维的碰撞产生智慧的火花。学生在这种氛围中主动参与，互动积极，在不知不觉中掌握文章的框架结构和情感内容。学生在自主探究和思维的过程中，对信息整合产生了浓厚的兴趣，有效地锻炼了整合与归纳信息以及寻找信息的能力，也为后面的语言分析做好了铺垫。

5. 讨论（Discussing）——自主建构思维体系，让学习终于智慧

创设两个情境，让学生发挥想象力，表达个人的观点。问题1：What will happen to Tony? 问题2：Think about the title of this text. Is it good? Why or why not? If not, what title would you like to give to this text?。

设计意图：问题1充分利用了文本中的留白，引导学生重新深入文本，利用已有的知识和经验对同一问题进行多方位、多角度的分析和思考，发展学生的发散性思维。问题2旨在培养学生的审问意识和批判性思维。小说标题Satisfaction Guaranteed，与小说的内容并不一致，是否满意是一个值得探讨的话题。教师设置的任务成功地引导学生以质疑的眼光对文章加以审视。该任务促使学生再次深入思考文章的主旨大意，分析文本的特点，通过重拟文章的标题的方式，培养学生的审问意识和质疑精神。在课堂的探讨和交流过程中，不同视角的交汇、不同想法的碰撞，使学生在积极的思维活动中深化学习，积极创造。

我的教学主张

我经常问自己几个问题：通过这节课的学习，学生应该知道什么？知道多少？学生应该做什么？能做到什么程度？学生应该能感受到什么？体验到什么？通过这门课程的学习，学生应该学会什么？这三年我教会了学生什么？

感悟22年的教学，我把"情感"放在首位。课堂教学和情感教育是一个和谐发展的综合体。"亲其师，信其道""情不通则理不达"，只有渗透了情感的教育才是有灵魂的教育，它能使课堂变得灵动、丰富，更加饱满，更有内涵，让学生在学习的过程中内心充满喜悦和智慧。

一、更好的教育，源于兴趣

德国教育家第斯多惠说过："教学艺术的本质不在于传授本领，而在于激励、唤醒、鼓舞。"孔子也曾说过："知之者不如好之者，好之者不如乐之者。"兴趣是最好的老师。只有激发学生自主学习的意识和兴趣，挖掘学习的原动力，才能使学生自觉、积极地学习，也才能使学生将学习作为生活中不可或缺的重要组成部分，并形成终身学习的意识和能力。学生学习的主动性是学生学习乃至整个教学活动的"发动机"。教师要让学生明白自主学习的重要性，要唤醒、激励、引导和促进学生的主动性，要尽可能多地让他们体验到自主学习的成功感、愉悦感和自我价值感，从而最大限度地激发学生自主学习的意识和兴趣。

我在开设的英语歌曲欣赏课"Heal the world"时，引导学生理解歌曲风格、内容及内涵，感受英语在思想和情感表达中的魅力，体验英语学习的乐趣和喜悦，通过歌词中的词汇、习语、语法和文化信息等线索训练学生的推理能力。在课前5分钟活动中，我让学生准备自己最感兴趣的话题并制作PPT汇报。如学生制作的搞笑的相机广告，唤起了学生的生活体验，课堂在欢快的气氛中开始。同时，学生在

准备汇报的过程中接触大量的英语，培养了学生查询、删减、概括、表达等综合能力。在阅读课的教学中，我尽量给学生适当的任务，在快乐中体验，在体验中提升。在输出环节，我要求学生从不同的角度思考话题或评论文本中的人或事情，或者要求学生基于阅读文本的话题进行辩论或书面写作等，引导学生利用新学的知识进行有意义的表达，让学生的语言能力在活用中提升。

二、更好的教育，在于收获智慧

一个智慧的教师既爱自己的专业，又爱自己的学生，用心灵与智慧对话，用智慧开启思维。这样，学生在课堂教学中才能生成智慧。因此，教师也必须转变思维，终身学习，教学相长，做更好的自己，成就更好的学生。

应用多元智能理论，开发学生潜能。美国哈佛大学心理学家霍华德·加德纳（Howard Gardner）的多元智能理论认为，人除了言语语言智能和数理逻辑智能两种基本智能外，还有视觉空间智能等其他智能。教学改革要求学生在教师指导下构建知识、提高技能、磨砺意志、活跃思维、展现个性、发展心智和拓宽视野。英语学习要以学生为中心，而多元智能理论认为无固定的多样化的学习及教学策略将会发挥学生不同的强势，这就为目前的英语教学及英语学习提供了崭新的机会，也为英语词汇学习提供了新的思路。我尝试将多元智能理论运用于高中英语词汇教学，希望通过在教学中融合言语语言智能、数理逻辑智能、视觉空间智能等多种智能元素，充分开发学生大脑的各种潜能，实现高效的词汇教与学的目标。

应用思维导图，发展思维。近年来，思维导图被广泛应用于各个领域之中。通过它，用户可以图文并用，把某主题下的次级内容以相互隶属、相互关联的层级图表现出来，也可以辅以色彩增进记忆的效果。在中学英语教学过程使用思维导图训练学生进行口头、词汇记忆、书面表达和阅读教学，能够帮助学生快速构思，做到内容充实而且条理清晰。我将其设计模式引入高中英语课堂，多次亲身尝试，屡试不爽，在辅导学生进行阅读教学时，常常以寥寥几笔的板书，勾圈画线，即可做到"纲举目张"。

应用主体参与式教学模式，提升学生能力。要实现知识向智慧转化，本质是个体的主动参与。主体参与式教学模式以强调学习者主动参与，充分调动学习者的积极性，培养学习者创新精神为特征。教师在教学过程中要创设能引导学生主动参与的教育环境，激发学生的学习积极性，培养学生掌握和运用知识的态度和能力，让学生在真实、投入的参与过程中，锻炼和提升能力。

他人眼中的我

（一）学生眼中的我

我曾遇见很多位老师，但葛老师留给我的印象无疑最为深刻。

葛老师以学生为本。她想尽各种办法培养学生的独立自主素养。例如，每节课前5分钟她会让学生上台用英文分享自己感兴趣的东西，有时她会让学生来讲解试题，甚至她会给学生一节课让学生自己来讲解课文。作为参与者的我，得益于此，大大提高了我独立学习的能力。

葛老师专业知识精深。她的英语语法专题讲解有效地扫除了我的盲点，她所做的思维导图加深了我对文本结构的理解，她所提出的词感、语义场概念让我面对完形填空时胸有成竹……葛老师能做到有效提高学生考试成绩。

说起葛老师，你似乎无法指出单一的特点，大概就是优秀、智慧、敬业、乐业的融合体吧。

——广州市第七十五中学2018届高三优秀毕业生、高考以664分列全省第429名　邓俊龙

（二）同行眼中的我

葛红霞老师热爱教育、勇于承担、乐于奉献、爱岗敬业、善于学习、勇于探索，刻苦钻研业务知识，注重提高业务能力，有扎实的专业基础知识和教学基本功，形成有个人特色且有效的教育教学风格。教学中，她与学生共生共长，提倡在课堂中体验喜悦、在课堂中收获智慧，所带班级学生英语能力突出，参加各级竞赛和在高考中均取得优异的成绩。为提高课堂教学的有效性，葛老师还积极开展课堂教学模式研究，探索思维导图在英语教学中的运用，培养学生的英语思维，发展英语核心能力。思想，是成就名师的灵魂。什么样的教师带出什么样的磁场，什么样的深度拥有什么样的课堂。葛红霞老师就是这样一个能打开学生心灵那扇窗的老师。

——广州市第一批百千万名教师培养对象、广州市真光中学英语高级教师　谢　怿

（三）专家眼中的我

葛红霞老师是一位有理想、有追求、有担当、有情怀的优秀老师。她爱岗敬业、热爱学生、善于学习、勇于探索，我常常被她的敬业精神深深感动。她的课堂总是充满灵动，总有别人想不到的点子，总能运用灵活多样的教学方法，如思维导图等帮助学生建构知识体系，开展各种教学活动鼓励学生参与，激发学生对知识探究的热情。她的课堂总是循循善诱，水到渠成，一气呵成。她非常注重提高学生的综合语言运用能力和学科核心素养，注重学习方法的指导，培养学生学会学习。她的课堂总是欢声笑语、气氛活跃，学生表现不俗。在我眼里，葛红霞老师是一位有精深的专业知识、深厚的理论功底、广阔的人文视野、爱读书、有学养、懂教育、热爱学生、充满智慧的优秀教师。

——广东省特级教师、正高级英语教师、广州市名教师工作室主持人　朱倩茵

平实 严谨 智慧

● 广州市第四十七中学汇景实验学校　黄蓉（初中英语）

● **个人简介**

　　黄蓉，女，中国共产党党员，广州市第四十七中学汇景实验学校英语高级教师。曾荣获"广州市优秀教师""广州市优秀中小学班主任""广州市中小学英语优秀备课组长""天河区首届中学英语教研积极分子""天河区普通初中毕业班工作先进工作者""天河区教育系统师德师风建设活动先进个人""天河区风云人物""广州市九年级英语读写竞赛优秀辅导教师""全国中小学生信息技术创新与实践活动优秀指导老师""全国青少年英语口语大赛广州赛区决赛指导老师"等称号，荣获天河区政府三等功。

▶ 我的教学风格解读 ◀

　　教学风格关键词是"平实、严谨、智慧"。

　　教师的教学风格是学生个性成长的重要条件，也是教师自身专业发展的成熟标志。风格即个性，什么样的人上什么样的课。我是个什么样的人？简单、实在、沉稳、理智，骨子里又渗透些小幽默。

　　（1）平实。平实指平整严实，朴实无华。平实的课堂，教师娓娓道来，从语言到行为都没有浮华，平和而不平淡。教师对教学内容和教学对象做到心中有数且达到教学规范，能用自己过硬的专业知识和已习得的教育理论、教育理念来指导自己的教学行为。教学中不摆花架，能做到深入浅出，预案在前，胸有成竹，沉着淡定。每堂课有上节课的知识巩固与检查，能跟学生明确新课内容的教学要求，抓住重、难点，主要通过情境教学法，设置听说读写的学习活动，环环相扣，通过不同课型有针对性地培养学生的语言综合能力，真正把教学落到实处。

　　（2）严谨。严谨指严格、谨慎。在教学中体现"严谨"，一方面表现在教师对自己的行为和态度有严格的要求，且对自己的教育教学工作有严肃的态度，"其身正，遂不令而行"，教师的言行直接给学生起着潜移默化的作用，因此，古今中外教育家强调身教言传胜于言教，身教最贵。对待学科有严谨态度，始终坚守学科的特点，体现在教学过程设计严密，以生为本，关注动态生成，努力实现课堂最优化。另一方面表现在教师在规范学生的行为上有严明的纪律，目的在于培养学生良好的学习习惯，重点体现在对学生课堂上听课的规范，要求学生有良好的课前准备习惯，有积极思考、参与课堂教学活动和小组学习的习惯，有做课堂笔记的习惯等。其次就是教师对学生作业的规范，书写的要求，作业完成质和量的要求，课内作业和开放性作业的要求等做出明确规定。

（3）智慧。智慧指对事物能迅速、灵活、正确地理解及解决问题的能力。教学中教师通过智慧来激活课堂教学，表现在能激发学生学习兴趣的教学活动、灵活提问、恰当评价学生等等，以清晰的教学思路促进教学活动高效。比如，开展差异教学，智慧地弹性分组，以小组合作的学习形式，通过竞争机制来提高学生上课的专注力，进而提高课堂教学的有效性。德育上，教师理解育人教育的本质，要相信学生是天真的、善良的、纯洁的。这种天性是需要教师理解和把握，教师要以一颗善心来面对每一天的工作，心存善念地走进课堂，以"和善而坚定"的理念来开展工作，关注学生的个体差异，让每个孩子在原有的基础上有进步就是我们教育的成功。

我的成长历程

不忘初心，方得始终

一、心怀梦想，梦想成真

小时候因父母工作忙，我几个月大时就由乡下奶奶抚养，还厌恶喝奶粉，吃农村所谓的"人参米"（煮得半熟的米）长大。那时候的我，瘦得让人担心。然而，儿时，奶奶的能干、勤劳、善良、开朗影响着我，她就是我人生的第一任老师，让我从小就明白人是要劳动的，要做一个勤劳、诚实、善良的人。此外，农村的大课堂让我学到了很多后来在书本上学不到的知识，农村人的淳朴、家乡的山清水秀，让我成长为一个别人眼中聪明伶俐、秀气喜人的小姑娘。记得第一位幼儿园老师对我的评价：这是个懂事早、能言善道的小姑娘！

六岁上学前班，老师就把班级唯一的一把钥匙交给我管（也因当时我家离学校近）。从此，我有了一份责任，或许从那时候起，我养成了对人对事的较强的责任心。上了小学，因有在学前班当班干部的经验和经历，小小的我在学校里也就自然脱颖而出，小学一年级就被选为班长（后来因上课叫"起立"时声音不够洪亮，当了副班长和语文学习委员，成了语文老师的得意门生）。在班上，我能以身作则，又敢管同学，在同学们眼中我就是个"小老师"。偶尔老师外出开会学习，"小老师"就被派上用场，像模像样地站在讲台上讲题，那时的我感觉特好。每每看到老师在黑板上书写的身影，我暗暗在想：长大后我要成为你——人类灵魂的工程师，从此，我就在心底埋下了理想的种子。初中毕业了，同学们在我的留言本上送上了祝福：祝愿成为21世纪人类灵魂工程师！祝愿成为跨世纪的人民教师！祝愿能实现自己的理想，长大当一名老师！老师的激励，同学的祝福和自己的理想，成为我前进的动力！高中毕业后，我如愿上了江西师范大学。此后，我立志把教育当事业，通过自己的专业成长，努力成为一名师德高尚、教学能力精湛、富有个性和个人魅力的教育者。

二、虚心学习，站稳讲台

刚站上讲台，那是在城中村的一所中学，教3个班的英语，每个班50多人，大部分学生是本地村民的小孩，一个架着眼镜的小姑娘就站在讲台上，要应付这150多个讲着广东话的学生，当时的窘迫，当时的诚惶诚恐，想想都有点不堪回首。上课害怕管不住纪律，下课疲于应付批改三个班的作业，教材不熟，又要求手写教案，每天有一点空就把教学参考拿出来，照本宣科地把参考书上的教学设计一字不落地整整齐齐抄下来。半个学期终于过去了，期中常规检查教案，我被科组长发现问题并在科组会上说，"有个别老师的教案写得很认真，但一字未改，这种教案是不合格的"。我听后脸上火辣辣的，不敢抬头。当时科组长是我的老乡吴志红老师，事后找到了我，细讲了备课的重要性，提供有经验老师的教案给我看，并叫我多去听她们的课，多请教她们，不能闭门造车。我意识到了问题，并开始转变观念，才知道当好老师没那么容易，于是每天花大量时间在备课上，不懂就问。经过半个学期的学习，大家也看到了我的努力，科组也不断给我机会。一天，吴老师找到我说，给你一个任务，好好学习这本电脑书（PowerPoint），学习制作PPT上一节课，下个月市教研室鲁老师来我们学校听课。当时大部分堂上练习都是用胶片写题投影给学生做，还没有全面推广用PPT做课件来授课。趁着年轻，我铆足了劲，加班加点学习，请教计算机老师，用了足足一个月时间，做出了自己有生以来第一个课件，也是学校英语科的第一个课件。在备课期间，我研读教材，对每个活动、每句表述，甚至每个用词都反复斟酌。记得当时主管教学的副校长高兴地说，我们英语科终于有能用多媒体上课的老师了！鲁老师听完课后评价：不错，这是节有新意的课，虽然有些环节有待调整。当时听到教研员这样的评价，年轻的我欣喜若狂，暗暗下决心，继续加油！之后一年，在专家的指导和学校老师的帮助下，我的进步很大，教学得心应手，站稳了讲台，也多次承担公开课任务。事后，我深深体会到是备课、公开课、专家、学科老师在推动我专业的发展。

三、真抓实干，提升能力，卓有成效

2006年，我参加天河区在全国招聘骨干教师的考试，以优异的成绩被招聘到了现在的工作单位（广州市第四十七中学汇景实验学校），担任班主任和备课组长。当时，备课组成员除王碧先副校长，其他都是刚毕业的或从小学上来的老师，大家都没什么经验，因此，我在备课组大胆实践课堂教学"精讲、善导、激趣、引思"的八字要求，同备课组老师一同探索研究教法学法，摸索有效教学模式，整合教材、创设语境，让学生在真实的语境中学习和运用英语，把合作学习运用到各种课型的教学中，寓教于乐，力争提高"优秀率"，大面积提高"合格率"，不放弃"学习困难生"，带领大家利用午休时间帮扶后进生，整个备课组的成绩在区内名列前茅，令外校同行们惊叹。同时，我注重培养学生的创新能力和实践能力，积极开设选修课、专题讲座和研究性学习，组织学生开展各种英语课外活动，例如，从英语沙龙、英语模仿秀、英语短剧比赛、讲英语故事比赛、期末英语节目会演到近两年每周的英语戏剧的排练等，促使学生的语言综合能力得到发展。

多年来，我积极参加各类学习和市、区、校科组的教研活动及学校组织的网络技术等校本教研活动，主动承担市、区、校公开课，教学能力得以提升。例如，2009年参加市调研公开课及2011年4月承担区公开课"Family lives"，均被评为优秀等。在区教研员田小群老师的引领下，2008—2013年被区教研室聘为中心组成员，积极参与各种教研活动，2007—2011年5次在区教研活动中作中心发言，每学期以中心组成员的身份到区内学校听课、评课，承担青年教师教学比武大赛评委和参与区期末考的数据分析工作。同时，积极参与课题研究和撰写论文等，比如为促进学校的口语教学，2009年参与编写学校英语口语校本教材 *Learning English*，2010学年参加了市考研室组织的"金菠萝网络教辅之中考英语智能实测内容"网络学习的编写并主持1项区小课题"提高初二学生英语听辨数字能力的策略研究"。所写论文《以文本阅读为载体，拓展学生的综合语言技能》《英语阅读课教学初探》《做好中小学英语教学衔接，提高初一年级英语教学有效性》《目标导向下的初中英语教学"以读促写"活动的探究》等在国家级刊物发表或在广州市论文年会上宣读并获奖。

此外，作为学校英语科骨干教师，我在教研方面起积极带头作用，多次被学校评为学科优秀教师、优秀学科指导教师。2007学年被评为"广州市中小学英语优秀备课组长"，2010学年被评为"天河区首届中学英语教研积极分子"，2015年被列为"省级骨干教师培养对象"，2016年有幸参加区第二批名师培养对象的学习。对于已不算青年教师的我来说，真有"而今迈步从头越"的感觉，细细剖析自己，我也坚信自己最终能达到"一览众山小"的境界。努力，前行！

我的教学实录

章节（单元）名称	Unit 4　Cartoons and comic strips		主备人	黄蓉
\multicolumn{5}{c}{Unit 4 Reading　第__2__课时}				
课题	How to make a cartoon		授课班级	初二（8）班
			授课教师	黄蓉
课标要求及解读	本课主题是"如何制作动画片"，需了解制作动画片的6个步骤。（Decide on basic ideas for a story, think about the characters, make a rough sketch of the story, draw detailed pictures and add color, put the pictures together, record the voices and sound effects.） 在引导学生阅读的过程中，渗透阅读微技能的指导和训练。 在阅读的基础上，进行说和写的技能训练，在阅读课型中做到读、说、写的有机结合，充分培养学生的综合语言技能。 激发学生的阅读兴趣以及发挥他们的想象力和创造力。			
教学策略	1. 多媒体教学辅助策略。为激发学生学习兴趣，采用多媒体教学手段，观看一段动画片作为教学导入，让学生对动画片制作有初步的了解。 2. 运用动态图片辅助策略。对文本中难以理解且较为抽象的句子，比如如何使画好的多张图片形成动态，运用动态分解图片辅助，以更为直观的方式，帮助学生解决学习难点。 3. 小组合作学习策略。教学活动输出环节，采用小组合作学习方式，检测学生学习效果的同时，培养小组合作学习能力和创造性思维能力。			
教具和媒体准备	1. 课前挑选适合本课的动画片以及与本课文内容相对的图片。 2. 制作本课件。			
教学目标	知识与技能	1. 能运用查读、跳读阅读微技能了解文章大意。 2. 能运用归纳策略用自己的语言组织表达如何制作动画片。		
	情感态度与价值观	以了解动画片的制作步骤和过程，发挥想象力，加强小组合作学习的意识。		

续上表

教学重、难点	重点： 1. 提高学生语篇意识，了解说明文文体结构，根据文本每段首句来判断文体的方法 2. 加强学生读说的语言技能训练。能抓住文章结构特点，运用查读、扫读的阅读技能，找出每段的关键句，快速了解文章大意；走进文本抓细节；掌握概括段落大意的阅读策略；能自如运用表达步骤的过渡词，如 first, in the second stage, now, next, in the next stage, finally 等词说出动画片的制作过程 难点： 动画片制作过程的第四步中，如何使一些类似图片通过电脑程序产生动态的理解
学情分析	1. 学生对动画片都比较感兴趣，对它的制作也可能会充满好奇，有利于开展本篇章的阅读。 2. 学生对 first, in the second stage, now, next, in the next stage, finally 等词用法并不陌生。

教学流程与知识呈现	教学方法，师生活动目的
教学环节设计： Step 1: Lead – in Get students to watch a video and share their ideas. How many people need to work together for a cartoon? What do they work on（致力于）? 1. Some people work on _____. 2. Some are for _____. 3. Artists decide what _____. 4. Others make _____. (To arouse Ss's interest and lead them into the topic.)	运用多媒体教学手段，观看一段如何制作动画的动画片作为导入 导入目的： 1. 激发学生的学习兴趣 2. 为下文做铺垫，帮助解决阅读难点，初步了解制作动画片的过程及主要环节 3. 观看前让学生先读问题，并让他们带着问题观看，找答案，训练学生有效听说技能

续上表

教学流程与知识呈现	教学方法，师生活动目的
Step 2: Pre-reading Get students to go through Page 51 and ask them: How many stages of making a cartoon are there in the passage? And what are they? (To cultivate students' reading skill of skimming and scanning to understand the structure of the passage and the main idea.)	阅读文本前活动及活动目的： 1. 学生运用扫读、快速查找答案的阅读技能，习得制作动画片的6个步骤 2. 学生找到问题答案，了解文章的文体为说明文
Step 3: While-reading Activity 1: Get students to read Lines 2-8 and complete the table. Activity 2: Get students to imagine, then read Lines 9-13 and match the pictures and the names. Activity 3: Read Lines 14-24 and answer questions. 1. How do we make the characters and things appear to move? 2. What is necessary when we do the voices of the characters? 3. How should we add sound effects to the cartoon? (To teach students to gain the ability of analyzing the passage paragraph by paragraph through passage. To let students be more familiar with the whole structure and some details of the passage, it's good for them to know how to make a cartoon in class.)	阅读中的活动及活动目的： 1. 活动1目的： 让学生读第2至8行的文本，描述一个机器人健忘小故事。要求学生读完填表格，目的在于让学生读后快速找出故事中的人物、故事发生的地点及主要事件，明确记叙文要素 2. 活动2目的： 让学生在阅读文本前，想象故事中人物的形象特征，发挥学生的想象力。之后，学生阅读文本，根据文本中的人物外貌特征描写与给出的人物图片进行匹配，作为读后检测 3. 活动3目的： 通过阅读文本，清楚制作动画片时需要先画几张变化不大的图片并上色，然后通过电脑程序使它们动起来。如何使图画形成动感，附上动态动作分解图，更直观地帮助学生解决阅读难点。此外，通过设问方式让学生了解制作动画片还需要人物配音及附上声音效果

续上表

教学流程与知识呈现	教学方法，师生活动目的
Step 4：Post – reading Activity 1：Get students to know how to make a summary. Use the key words to retell the article. Activity 2： Do a group work（share their work process of making a cartoon）. （To let students know the strategies of making summaries and to improve students' oral ability and writing ability. Output what they have learned in class.）	阅读后活动及活动目的： 活动 1．通过关键词，指导学生如何做归纳，并能用关键词复述文本，说出制作动画片的主要步骤 目的 1：渗透阅读技能 目的 2：训练学生复述的能力 活动 2：小组合作学习。明确活动要求，分工合作完成学习任务 目的 1：作为阅读后一个输出环节，检测学生的学习效果 目的 2：通过小组合作，培养学生小组合作学习能力及创新思维能力
Step 5：Summary 1．Learn how to make a cartoon. 2．Learn how to make summaries.	
Step 6：Homework 1．Write down the 6 stages of making a cartoon. 2．Try to make a cartoon on the computer with partners.	目的：培养学生动手能力和小组合作能力
板书设计： Reading A How to make a cartoon 　　　　　First　　　　basic idea In the second stage　　characters 　　　　　　　　　Now　　　　a rough sketch 　　Next　　　　　detailed　pictures, color In the next stage　　pictures, film 　　　　　　　　　Finally　　voices, sound effects	

我的教学主张

一、教师要有"面向全体，关注差异"的教学理念

在英语教学中，不少教师反映学生学习能力参差不齐，两极分化严重，有些学生的水平高，能讲一口很流利的英文，而有些学生连最基本的记单词都有问题，困难重重。而在实际教学中，我们又是命题统一、指导统一、批改统一、讲评统一，用一个标准、一种方法、一种思路去要求学生，无法做到关注学生的个性发展，创新就更是无从谈起，自然而然，课堂上就会出现忽略后进学生的情况。为此，我认为每位教师备课时，要有"面向全体学生"的教学理念，在教学中充分体现尊重差异性，这就需要我们教师去了解学生的心理和发展特点，关注、关照每位学生的不同需要、体验、经验、感受等，体现在教学设计前需做好学情分析，设计分层教学教案。通过实行目标分层，实现激活学生思维，真正让学生找到自己的"位置"。在分层教学中让学生各得其所，在有针对性的实践活动中，不同层次的学生都能获得成功的体验，即便是基础差的学生也能"跳一跳，够得着"，有了主动参与和学习的兴趣，课堂教学有效性就自然能够提高。此外，我认为在对学生的学习评价、作业布置及课后辅导方面，也要充分考虑和关注学生的个体差异，在实施时体现差异性。

二、教师在课堂教学中要有预设和生成的意识

在课堂教学活动中处理好预设与生成的关系，是激发学生学习兴趣，引导学生主动探究的关键。课堂上组织学生参与教学活动，教师的预设会充满变数，可能会出现一些教师预料之外的情况，如何把握时机、巧妙利用好动态生成是教师教学机智的体现。我认为，在课堂教学中出现的"节外生枝"现象，是一笔难得的课堂教学财富，课堂上的"节外生枝"可能就是学生的一个学习障碍，是老师教学的一个瓶颈。只要是有利于促使学生对生活的理解与感悟、对知识的理解和掌握，我们就要抓住此契机，及时调整教学活动和进度，不必担心此"节外生枝"会让学生在课堂上"失控"，不必过多担心预设的教学内容能否完成，而是把握预设与生成的内在联系，依据学生的兴趣、经验和需要，进行有效的动态性调整，引导学生主动地进行新知识的探究活动。在探究中获取新知，这才是最真实、最鲜活、最有效的课堂。因此，进行真实有效、互动生成的课堂教学是我的一个教学追求。

三、教师要具有亦师亦友的人格魅力

"亲其师，信其道"，师生关系直接影响到教师的教育教学效果。教师的人格魅力主要体现在教学魅力上，凭教师扎实的专业知识赢得学生的信赖，学生对此学科有学习兴趣；凭教师的智慧促进全体学生素质和个性最优化发展，反映在优生更优和落后的学生有学习后劲上。为此，教师需尽可能地用心去关怀学生，包括他们

的学习和生活，建立良好的师生关系的纽带。我认为，作为一名教师，我们在学生面前要有老师的威严，学生对老师要有一份最起码的敬重。同时，我们要有爸爸妈妈的亲和力，也有学生大朋友的影子，为调动他们的学习积极性，我们要想方设法去接近他们，聊他们感兴趣的话题，让自己有一颗不老的心，尽量让自己做到与他们的思维同步。因此在备课时，我会常常努力使自己返回到学生阶段，不断问自己，假如我是学生，在听这堂课时什么地方容易出现困难？如何解决困难？哪种方法我更容易接受？哪种教学方式我会更有趣？多从学生的角度去思考，努力把自己与学生看成一个整体，并让学生把自己视为盟友，多举他们周边的例子，多用他们阶段性流行的语言进行交流，成了"同龄人"，有了真情实感，又能投其所好，一切就好办。比如，学生喜欢刺激，平时课堂抽查时，运用日期、周次、学号等各种数字混搭之后再进行加减乘除，最后产生一个完全让他们无法预测的学号，叫起来背书、做题或表演，既刺激又被他们佩服得五体投地，"蓉姐牛，这也想得出来，乖乖背书吧"。在日常教学中，学生的作业也是不少教师头痛的问题，班级经常有学生完成不了作业，或者抄作业，班级成绩提升不上去，老师们常互相讨教解决办法。当你在学生心目中有足够的地位，学生写作业首先去完成你所任教科目作业时，你可以自豪地说：教师的人格魅力足可秒杀这一难题！可见，教师的人格魅力何其重要！

▶▶▶ 他人眼中的我 ▶

（一）学生眼中的我

黄老师是一位非常负责任且很有教学方法的老师。老师每次上课都能与同学互动，让同学们感受到英语的魅力，并喜欢上这门有趣的语言，比如课堂上老师还采用了小组合作学习的方式，使同学们更好地融入集体，与小组成员一起努力一起进步。不仅如此，老师非常关注同学们的学习状态，下课后，老师会和同学们一起帮助英语学习能力较差的同学，能够及时地提醒对学习松懈的同学，并帮助同学查缺补漏。再者，黄老师非常有耐心，无论什么时候，当同学们向黄老师提出疑问，老师都能很有耐心地给他们进行讲解，直到他们听懂为止。当然，黄老师不仅给予同学们学习方面的提点和帮助，也在其他方面给同学们带来温暖。比如，虽然不是班主任，但她和同学们一起去春游，一起参加我们的活动，为同学们加油等。黄老师在学习和生活上真的给了同学们很多的帮助，也给我们带来了很多的快乐。我很感谢黄老师！

——钟漪泓

我的英语老师黄老师，是一位对工作认真负责，对学生关爱有加的老师。在课堂上，她常举一些生动形象的例子，为我们营造了一个丰富、生动的课堂，让我们沉浸其中。黄老师上课前备课认真，她上课用的PPT重点清晰、知识归纳全面。

此外，她对我们的孜孜教诲，句句都体现了她对我们班同学的关心，对我们学习的严格要求，比如，每次有背书的作业，她总要在第二天的课堂上抽查，特别关注那些背不出的同学，盯住他们直到背出为止。更重要的是，黄老师有时会在课上传授一些人生的道理，让我们受益匪浅。别看黄老师在课堂上是一个严厉的老师，但在课下，她却是一位亲切和蔼的人。她会耐心仔细地回答每位同学不懂的问题，并且询问学习状况，就像一位慈祥的母亲对待自己的儿女一样，当一些比较调皮捣蛋的学生犯了错误或扰乱课堂秩序时，黄老师都会把他们叫到办公室进行一番教育。她是我们眼中最亲切的老师，也是我们的朋友，我们想说，黄老师，我们会回报您对我们付出的努力！

——王知非

（二）同行眼中的我

黄蓉老师工作认真、态度严谨、性格随和。她热爱学生、体贴关心学生，无论在学习上还是生活中，都能随时看出学生的情绪、成绩等变化，关心同学们之间的互动并适时给予鼓励、辅导和帮助。教学方式灵活多样，课堂生动有趣，注重差异教学，精讲多练，分层辅导，还在所任教的班级引进英文报刊帮助学生了解文化差异，布置英语作业有特色。她能积极带领老师参与课题研究，关心同事，认真指导青年教师，并组织学校青年教师参加说课、解题、命题比赛等。学习新的教育教学理念，带领英语科组紧跟学科发展新趋势，探索新的教学模式，比如大力开展英语戏剧等特色课程，在老师当中起引领作用。

——××学校教师　黄碧辉

（三）专家眼中的我

如果说有这么一句话：教师的人品如教品，我想用这句话代表我对黄老师教学主张的认同。卢梭曾经说过：人生而自由，却无所不在枷锁之中。要培养具有自由之思想与人格的学生，就应该有相应的规矩与约束。黄老师自身就是这样一位尊重规律，具有极强自律性的干部和老师，她的课堂教学也是如此，在点滴规范中给予孩子们更加广阔的思维空间，追寻孩子们成长的思想宽度。做黄老师的同事是愉快的，做黄老师的学生是幸福而有所期盼的！

——××学校校长　欧韶生

追寻简约　彰显深刻

● 广州中学　廖文义（高中政治）

● 个人简介

　　廖文义，女，现工作于广州中学，中学政治一级教师。从教以来，认真教学、潜心育人，曾荣获"广州市中小学优秀班主任""广州市名班主任""天河区第二批教育名师""天河教育风云人物""天河区优秀教师""天河区教坛新秀"等荣誉称号；积极参与教育教学比赛，获得广东省首届青年教师能力大赛三等奖、广州市时事教学比赛特等奖、广州市微课大赛特等奖、广州市中小学班主任大赛二等奖、天河区班主任大赛特等奖等；积极参与教研，是广州组政治中心组成员、天河区政治核心组成员，参与省、市、区多项课题研究；所教学生中、高考成绩优异，多次获广州市高考突出贡献奖、天河区嘉奖；辅导学生参加广州市法律竞赛、时政竞赛、小论文比赛，多次荣获一、二等奖。

▶ 我的教学风格解读 ▶

　　我的教学风格的关键词是"追寻简约，彰显深刻"。

　　我想追寻的"简约"是这样的：所谓"大道至简"，高效的课堂教学应该要删繁就简，凸显平实、充实的品格，彰显简约之美。因此，简约的课堂应当教学过程简化厚实，教学导入简明快捷，教学情境简约适当，教学问题简练精准，教学内容简明充实，教学评价简洁真诚，教学语言简练生动，教学媒体简单适用。

　　我所要彰显的"深刻"是这样的：所谓"言浅意深"，真正有深度的教学并不是片面追求教学的深度和难度，而是既有学科知识，又有能力方法，还强调思想情感、理想信念和价值观。因此，有深度的教学应当是一种讲规律重方法的教学，是一种讲过程重体验的教学，是一种有知识有素养的教学，是一种有思想有味道的教学。

　　"追寻简约，彰显深刻"的课堂教学，其出发点是以生为本，以最简洁的线条牵动学生最丰富的情感体验，以最简捷的方式让学生获得最丰厚的收成，让学生学习更轻松快乐，感悟更丰富深刻。

　　"追寻简约，彰显深刻"的课堂教学，其落脚点是发展素养，从简约到深刻是对教学内在规律和学生发展规律的遵循。教师由浅入深，引领学生掌握基本知识，通过问题对话引导学生思考生活、通过情感体验助推学生升华思想品质，发展核心素养。

"追寻简约，彰显深刻"的课堂教学，其关键点是教师智慧，其过程实际上也是一个教学能力不断提升的过程，是对文本深刻解读之后的深入浅出，是对学生深入了解之后的准确把握，是对精心预设之后即时生成的正确引导。

"追寻简约，彰显深刻"的课堂教学简于形而精于神，使课堂返璞归真、去伪存真、以简驭繁、以约驭博，从而成为一种风格，成为一种气质，成为一种内涵，成为一种境界。

我的成长历程

天道酬勤　笨鸟起飞

回忆自己从教以来的点点滴滴，翻阅曾写得密密麻麻的教案本和书本，回顾自己上过的每一节公开课，在经历了一次又一次的肯定和否定，在实践—认识—再实践—再认识的过程中，自己已经从当年那个稚气未脱、心余力绌的教坛新手成长为现在沉稳老练、驾轻就熟的老教师。一路走来，无限感慨，满心感恩，更有无尽期待。

一、满怀憧憬的职场菜鸟：备受打击，茫然失措

或许每个老师对自己人生的第一堂课都是印象深刻的，我也不例外。

2005年9月1日，我第一次真正以教师的身份站上讲台开始人生的第一堂课，心情无比的兴奋和期待。可是，15分钟后，原本欢喜的心情没有了，取而代之的是无比的尴尬和懊恼，因为我已经把课讲完了，可是这节课还有25分钟呢，剩下的时间让学生干什么呢？更恐怖的是，教室后面还坐着我的师傅王巧贤特级教师，从来没有觉得时间过得这么慢，从来没有这么强烈地想要找个地缝钻进去……终于，这节课结束了，我就像是刑满释放一般以最快的速度逃离教室。现在想来，当时上课自己讲了什么已经不记得，师傅点评了什么也不记得，但是我自己的感悟现在还记得清清楚楚：教学不能这么简单，我得想办法让自己的课堂丰富起来。这是我对教学的第一个感悟。

于是，我开始绞尽脑汁丰富课堂：搜集一份又一份素材，设置一幕又一幕情景，提出一个又一个问题，开展一项又一项活动，恨不得把自己所知道的东西都告诉学生。从此之后，我的每一节课都是满满当当的，课堂上也是热热闹闹的，学生开心我也开心，自我感觉很是不错，再也没有第一次的那种尴尬了！可是，这种良好的感觉很快被破坏了，因为考试了，我的学生考试成绩一塌糊涂。不过，我还抱着一丝希望，至少学生是喜欢上我的课的。然而，现实就是这么的残酷，学生的评

教结果出来了，我是最低分，理由是不知道老师讲了啥！瞬间，我所有的自信全没有了，我该怎么办？我是不是压根就不适合当老师啊？教学内容少了不行，多了也不行，到底怎么上才可以呢？

这些困惑一直缠绕着我，让我迷失方向，而对自己职业的否定更让我痛苦不已。

二、咬牙坚持的惊弓之鸟：初获肯定，信心倍增

工作快一年了，我却像在大海里一直漂泊着，找不到方向，战战兢兢却要咬牙坚持。

下学期，市教研室到我校来调研，当时的我懵懵懂懂，并不知道调研是什么，只知道会有专家来听课。在经历了很多别人的指点和自我的否定之后，我像惊弓之鸟，有人听课便会如临大敌，马不停蹄地开始一遍又一遍地备课。

那节课的课题是"我国的宗教政策"，这并不是一节讨喜的课，因为内容的政策性强，简单枯燥，所以很多老师不会选择这节课作为公开课。我清晰地记得，在上课的过程中，听课专家云大堂老师（广州市教研室政治科科组长）一直认真地记录，但是有三次猛然抬头认真地看着我。

第一次，讲到宗教的本质是人们对客观世界虚幻的、歪曲的反映，我追加评述：宗教尽管本质错误，但它是人类对世界的追问、反思和解答，这种品质应当继承并发扬！第二次，讲到共产党员已经选择了信仰共产主义，就不能再信仰宗教的时候，我激动地说道：何为信仰？信仰就是一旦有了就意味着要坚定不移孜孜以求！第三次，讲到弘扬科学精神的时候，我以学生考试求神拜佛为例加以引导：小到个人求学，大到国家建设、社会进步、民族振兴，求神拜佛怨天尤人没有用，需要的是崇尚科学、脚踏实地！

上完课，云老师很和蔼地问了我对这节课是怎样理解、怎样准备的，还问我教书多久了，等等，我如实回答，可是心中依然忐忑不安。中午刚吃完饭，我便接到师傅的电话，她兴奋地说："文义，你的课被评了优，唯一的一个优哦，工作不到一年就拿到优了，就说你行的！"那一刻，我激动得要哭了，是啊，工作快一年了，这是我第一次上课被认可！

原来，我是可以上好课的！顿时，我满血复活了，我的信心回来了，我觉得只要我努力，就一定能做个称职的老师。

结合自己一年的教学得失，我开始反思：第一节课的失败是因为处理得太简单粗暴，纯粹就是灌输知识；后面的教学又开始走向另一个极端，乐于凌乱堆砌、表面热闹实则浮躁，完全就是自欺欺人，因为"课堂闹哄哄，课后脑空空"。而那节被评为优秀的课到底好在哪里呢？好在教学目标简明清晰，好在教学过程简单得当，好在老师自然而然地给学生灌了点"心灵鸡汤"。我觉得，我好像找到了一点上课的感觉了。可是，这并不代表可以上好一节高质量的课，师傅告诉我：想站稳

讲台，先练好内功！要先练好内功，得静得下心沉得住气！这些话醍醐灌顶、如雷贯耳，我必须要脚踏实地，苦心修炼。

三、苦心修炼的教书笨鸟：脚踏实地，苦练内功

我花了大量心思备课，努力钻研教材，吃透编写意图，把握重点难点。还记得第一次教哲学的时候，无数次绞尽脑汁地备课到夜深人静，甚至有一次自己实在搞不明白急得大哭，哭完之后继续。只有深入，才能浅出，只有教材钻得深，道理才能透彻，讲起课来才能讲到点子上。

我用了很多时间进行反思，从教材解读与设计到教法与学法的选择，再到课堂细节的处理等层面。反思这一节课，我投入激情了吗？对教材的解读，有更恰当的角度吗？这节课的教学目标合理可测吗？自己在"教"这一方面，有哪些可取之处、遗憾之处？学生在"学"这一方面，是否学得主动生动，自己的教学给学生知识上的收获有多少，情感上的收获又有多少？如果重新来教这节课，如何改进？反思再反思，改进再改进，曾经的书本和教案本上变得密密麻麻，以至于后来珍藏十年之久，我的实习学生看到后发出不可思议的感叹。

我最喜欢做的事情就是听课，不管是同科组老师的课还是各级各类的公开课，有课必听。因为我是科组里面最年轻的老师，所以师傅和其他前辈一直都很照顾我，我自己理不清的知识，只要听了他们的讲解就会茅塞顿开，有种峰回路转，柳暗花明之快感！而公开课更是我亟待学习的，老师们的课堂驾驭自如，思维的敏锐，对题型的敏感，化繁为简、化难为易的巧妙，顺理成章推出结论的自然，每每让我叹为观止、深深折服！

我最不推辞的事情就是上公开课，现在算来，自己上过的各级各类公开课多达50节，都说上一次公开课就要脱一层皮，可就是这样的折磨才让人快速进步啊。一次次的试教，一次次的反思，一次次的更新，一次次的收获……"磨"出教师把握教材的深度、"磨"出教师合作交流的默契、"磨"出学生主体求知的需求、"磨"出教师创新思维的火花、"磨"出教师教学素养的提升。

慢慢地，我上各级各类公开课，从校到区，再到市级乃至省级。我开始参加各种各样比赛，并屡次拿到优异的成绩。更令我欣喜的是，我开始对教学有更多的领悟，对自己的课堂追求慢慢明朗起来！我心中的政治课堂应该是追寻简约而彰显深刻的课堂："简"在教学过程应简化厚实、教学导入简明快捷、教学情境简约适当、教学问题简练精准、教学内容简明充实、教学评价简洁真诚、教学语言简练生动、教学媒体简单适用；"深"是一种讲规律重方法、讲过程重体验、有知识有素养、有思想有味道的教学。后来，我读到了徐长青老师的"简约教学"论，感觉如同找到了知音，也更坚定了"追寻简约，彰显深刻"的教学追求！

从职场菜鸟到惊弓之鸟，再到教书笨鸟，我这只小小鸟终于飞起来了。回望来路，感动自己当年没有放弃，更感恩那些不求回报帮助我的同行前辈们，也期望今

后的自己继续努力，坚持做到在教学相长中发展，在同行借鉴中完善，在教学反思中提升，在教育理论中丰富，在教学研究中端正。

"路漫漫其修远兮，吾将上下而求索"，教育是一场修行，而我正在路上，用心教育，潜心修行！

我的教学实录

教学片段1——简明导入　精深设问

课题："意识的作用"

授课类型：高三思想政治一轮复习课

教学实录：

课件展示：屠呦呦的图片

屠呦呦及其团队创制新型抗疟疾药物——青蒿素和双氢青蒿素，其与另外两位科学家共享2015年度诺贝尔生理学或医学奖，这是中国医学界迄今为止获得的最高奖项，也是中医药成果获得的最高奖项。

师：她是？

生：屠呦呦！

师：对，诺贝尔奖获得者屠呦呦，当我们讲到这个名字的时候，我相信大家都和我一样，内心涌起无限的自豪和敬佩！世界大奖是这么评价她的：

课件展示：2011年9月拉斯克奖："靠洞察力、视野和顽强的信念发现了青蒿素的中国女人。"

2015年10月，诺贝尔奖："凭借创造性思维……对一些最具危害性的寄生虫疾病疗法上做出革命性贡献。"

师：这里的信念、创造性思维指的就是人类意识，人类意识之所以能够做出革命性的贡献，被誉为地球上最美的花朵，就在于意识的能动作用，这就是我们今天要共同探讨的内容。

师：有同学问我，意识能动作用的"能动"到底是什么意思啊？我表扬了提问题的同学，说明大家的思考很仔细深刻！那么，我们今天要解决的第一个问题来了！

疑难探讨1：如何理解"能动作用"中"能动"这个词？

（学生思考）

生1：呃，我觉得"能动"就是主动的意思吧？想不到别的了。

师：其他同学有补充吗？

（学生摇头）

师：其实同学真的很厉害，已经抓到关键点了！我觉得很棒。那么，老师问大家，能动作用是谁才有的？

生：人，因为人有意识！

师：是的，因此人的能动作用说到底就是人的意识的作用，那么，动物有意识吗？动物能够能动地思考问题、改造世界吗？

生：不能。

师：举个最简单的例子对比一下，蜜蜂筑巢、蜘蛛织网，这些动物它们其实并不知道自己在做什么，也不知道自己为什么要这样，因为对它们而言，这些是本能的适应世界的生存活动。然而人类建造房子就完全不同了，我们是自觉自主、主动积极、有目的的。总的来说，能动作用是人类意识特有的，它区别于动物被动、机械、僵化、本能的适应性活动。

生：哦，这样啊！

师：那么，意识为什么会具有能动作用呢？

（学生沉默，个别小声回答）

师：因为意识的特点啊！

生：目的性、自觉选择性、主动创造性三个特点。

（教师随着学生的回答做板书）

师：很好。但是要如何透彻理解，并做到准确区分呢？这也是在大家的预习中同学们反映有疑惑的问题，接下来我们按照分工开始小组合作学习，时间5分钟。

疑难探讨2：意识的自觉选择性和主动创造性有何不同？

（学生热烈讨论，老师巡视指导）

生2：意识的自觉选择性指意识是主动地、有选择性地反映外部世界，不是有什么就反映什么；意识的主动创造性指意识可以反映事物的外部现象，还可以反映本质和规律。

师：还可以呢？（老师微笑点头认可）

生2：还可以复制当前对象。

师：还可以呢？

生2：追溯过去、推测未来。

师：还可以呢？（师生笑）

生：还可以创造理想、幻想的世界。

师：没错，生2已经讲得很好了，可是老师还是要追问他，因为意识的主动创造性的内涵要更加丰富，它的作用非常重要和突出，意识的主动创造性是人能够认识世界的重要条件。

师：咱们再想想，你能不能举例说明一下这三个特点呢？

生3：我每次听歌只听摇滚，这就是意识的自觉选择性，我选择读文科也是的！

生4：猪八戒（这一形象）是对猪的加工创造，体现意识的主动创造性。

生5：天气预报也体现了！

生6：还有地震预测！

生7：考古学也是！

师：同学们说得太好了！意识的三个特点并非完全割裂，恰恰相反，它们密切联系，同时存在并发挥作用，但是各有其侧重点。

（课件展示并解释）

特点	目的性	自觉选择性	主动创造性
内涵	目标、行动方式/步骤等	根据需要，主动作出选择	反映现象、把握本质 追溯过去、复制当前、推测未来 创造理想、幻想的世界

师：来，咱们趁热打铁，通过练习夯实理解！

（典题训练、师生共同解答）

教学片段2——简约情景　精炼引导

课题："价值与价值观"

授课类型：高二思想政治新授课

教学实录：

播放视频：感动中国人物——丛飞

幻灯片展示："我叫丛飞，是深圳的一名普通文艺工作者，也是一名普通的深圳义工。能对社会有所奉献，能对他人有所帮助，我感到很快乐。"无论走到哪里，也无论站在哪个舞台上，丛飞都会使用这段同样的开场白。

师：很多同学并不了解丛飞这个人物，可是老师依然思考再三用了这个案例，因为他是老师心目中永远的英雄，就像我们熟悉的雷锋同志一样！不管你是否熟知，但是你看了丛飞的故事，一定会深受感动，甚至内心震撼。

师：我们来一起思考，丛飞为什么能感动我们？他拿什么感动了我们？社会如何回报丛飞的行为？

（学生思考并发言）

生1：他无偿帮助了100多名贫困学生。

生2：他10年间捐赠钱物近300万元。

生3：他是深圳市的金牌义工……

师：是的。他竭尽所能去帮助社会上的人，不求回报，对我们这个社会做出了贡献。但请同学们更深刻地思考，丛飞除了为社会捐钱捐物，他还给我们留下了什么？

生4：还有丛飞精神！许多人都受到了丛飞精神的鼓舞，比如深圳市的义工数量剧增。

师：不错！这位同学说得非常好！丛飞给我们这个社会做出了巨大的贡献，那就是丛飞的精神。他已经在我们的心中矗立起一座丰碑，给我们留下了一笔无形却受用的财富！因此，正如丛飞所说——他的人生是有价值的！因此，丛飞感动了我们！

师：透过丛飞，我们应该可以感受到一个人的价值就在于创造价值，在于对社会的责任和贡献。通过自己的行动满足社会、他人、自己的需要。那么，我们社会是如何回报丛飞的行为的呢？

生5：选他为感动中国人物。

生6：领导很关心他，老百姓很爱戴他，在他住院期间，许多素不相识的人去看望他。医院对他进行免费的治疗……

师：是的！我们的社会是认可他的行为的，他也受到整个社会的尊重，从而实现了自己的人生价值。这说明一个人的价值还包括：人在社会中获得的相应报酬和社会对自己价值的承认，实现自我满足。

师：通过丛飞的事迹，我们大家已经知道了什么才是人的价值。简言之，人的价值包括两个方面。一方面是个人对社会的责任和贡献，概括为贡献；另一方面是社会对个人的尊重和满足，概括为索取。

师：那么，评价一个人价值大小的标准是看他的贡献还是索取呢？

幻灯片展示：爱因斯坦说：一个人的价值，应该看他贡献什么，而不是看他取得什么。

生：看贡献。贡献越多，价值越大。

师：评价一个人价值的大小是看他的贡献！人的贡献是多方面的，最根本的是对社会发展和人类进步事业的贡献。在今天，评价一个人价值的大小，就看他为社会、为人民贡献了什么。

师：接下来，我们再来看一个最近进行审理的案件。

幻灯片展示：

报道称，检察部门在徐才厚及家属处所抄查到的资金、财物超过16亿元。相关抄查清单：

（一）在5家国有商业银行有17个账号，14个是以假名开设的。14个假名开设的账号内共有3.35亿元。

（二）在6家地方发展银行有12个账号，全部以假名开设，共有存款4.03亿元。

(三) 在5家外资银行有10个账号，8个是以假名开设的，共有存款2.22亿元。

　　(四) 在济南一幢别墅花园的一口井底抄查到480万美元，400万欧元，80万英镑。

　　(五) 在珠海一所作为冬季避寒的别墅卧室中的席梦思床垫内藏有8650克黄金。

　　(六) 徐才厚妻子的名下持有20幢住宅，女儿名下持有15幢住宅及一幢位于北京二环线内十多层的商用大楼。仅住宅和商用楼的市值就达4.86亿元至5.12亿元。

　　师：多年前的丛飞10年间捐赠钱物近300万元，徐才厚抄查财物超过16亿元。同样是对待金钱，丛飞竭尽所能"散财"，而徐才厚却不择手段"敛财"。两人的做法截然不同的原因是什么？

　　生7：两人对金钱的看法不同！

　　生8：他们对人生的价值的认识不一样。

　　师：是的，大家说得都对，其实就是他们的价值观不同。所谓价值观是指人们在认识各种具体事物的价值的基础上，会形成对事物的总的看法和根本观点。价值观属于社会意识的范畴，它由社会存在决定，又对社会存在具有重大的反作用。

　　师：结合丛飞和徐才厚的事例，请你谈一谈一个人的价值观会对他产生什么影响？

　　(学生思考并发言)

　　生9：丛飞认为钱乃身外之物，可以用自己的钱去帮助别人。徐才厚则是金钱至上主义。

　　生10：丛飞10年间捐赠钱物近300万元，徐才厚数十年间贪污16亿元。

　　生11：一个成为人人颂扬的时代英雄，一个则变成了人民的罪人。

　　师：同学们的认识都非常深刻！通过丛飞和徐才厚的事例，我们不难发现，一个人的价值观对认识世界和改造世界的活动，以及人生道路的选择具有重要的导向作用。从中我们可以感悟到，不同的价值观会产生不同的导向作用。

　　师：那么，同学们应该具有怎样的价值观呢？老师布置一个课后作业：你的人生价值观是什么？试着精辟地用格言式的语句将它总结出来，作为原创座右铭。它将对你的人生产生重要影响。

▶▶ 我的教学主张 ▶

追寻简约　彰显深刻

　　在这些年的教学中，我愈加欣赏追寻简约、彰显深刻的课堂教学，我期许自己的课堂洗尽铅华、徒留平实，但在平实背后又能真正激发学生的思维、启迪学生的智慧，能帮助孩子形成学科的必备品格和关键能力，培育他们成为国之栋梁。

一、删繁就简，构建简约课堂

在我工作的初始阶段，特别热衷热热闹闹、满满当当的课堂，然而教学效果极差。随着工作经验的丰富，我慢慢领悟到课堂教学应当是一个"众里寻他千百度"的过程，更是一个"洗尽铅华呈素姿"的过程。课堂教学就应该是简简单单、明明白白、清清楚楚的，使人一目了然，而不能是雾里看花、似懂非懂。因此，课堂教学需要删繁就简，力求简约。

课堂教学要成就"简约"，就必须聚焦教学内容，优化教学情境，简化教学环节，梳理教学的思路，整合教学资源。

课堂教学必须具备一点容量，但课堂绝对不是一个什么都可以往里装的"筐"。聚焦教学内容的简约，教师必须围绕教学的目标，抓住教学的重点难点，以锻造思维为核心，精当取舍教学内容，以凸显教学的主题。重点难点该繁，动态生成该繁，其他方面从简，以更精炼的内容承载更丰富的内容。

政治教学离不开教学情境，情境来自现实生活，情境让课堂更具有生命力。优化教学情境，需要老师根据教学的内容，围绕教学目标，选择真正能够服务教学的情景；教学情境要贴近学生的生活实际和认知水平，能够激发学生的兴趣，有助于构建开放互动课堂；教学情境还要与时俱进，紧跟时代步伐，弘扬时代主旋律，能促使学生积极关注热点、探索新知，自觉将所学知识运用到现实生活中，提高学生的分析运用能力，以更优化的情境承载更深刻的思考。

简化教学环节需要整合思路，主线清晰，流程顺畅。打造简约课堂，教师需要对教材进行必要的解析、归纳和整理，围绕教学的目标、重点难点和思维训练点这一主线，通过打乱重组、提炼优化，从而理顺教学思路，打造出顺畅而合理、能够为我所用且得心应手的教学流程，以更简化的环节承载更丰满的课堂。

简约教学追求一种理想的课堂教学，简约自然，却有厚度、有激情、有生命。

二、启迪智慧，点燃思维火花

我曾经有这样的教学体验，让学生对某种社会现象进行分析探讨，满心期待学生会有别开生面的回答，结果很多学生只是熟练地背诵教材，他们的理解仅限于文本表面，没有深入思辨；他们期待标准答案，缺乏个人见解；他们依赖定势思维，不敢不拘一格。

教材是教学的根本，我们当然要依据教材教学，但是，相对于书本上的具体的知识而言，学生的思维品质更有价值！

教授"经济全球化与对外开放"这一内容时，我们常规的教学处理是引用对外开放的正面事例，运用分析到综合或个别到一般的方法，引导自学和提问学生，强调学生理解和掌握教材结论。这种教学设计虽然完备，但教师经常陷入自问自答的尴尬境地；这种教学虽然尊重教材知识，但却禁锢了知识本身。我们必须对教材知识做进一步的拓展和挖深！本人在课堂上结合最近的中美贸易中的"中兴事件"，接连抛出"如果你是中兴总裁，如何维护自身权益并越冬逢春？"及"中兴背后的中国经济反思"等命题，引导学生小组学习，让学生产生身临其境的感受，激发了其思考意识、活动欲望。小组思考时集思广益，互相交流补充，既有应对措施，又有具体思路；小组汇报时广开言路，打破思维定式，既有希望世贸组织维护权益之举，又有"苦练内功"走出寒冬之策。小组的观点不仅与教材内容有关，更多答案则属于生成性知识和发散性思维。

情境创设是激发思维的导火线，问题设计点燃智慧火花，合作探索生成思维的果实。这一过程唤醒学生强烈的求知欲望，激活了课堂教学，既充分发挥了学生的主体作用，又激发了其团队的荣誉感和成就感；学生在学习探究中有综合分析、基于学习和迁移知识、遵循已有认识并延伸认识的思考过程，形成新的方法、新的技能，诞生新的认识、新的思想，打破原有的思维定式，实现认知的跨越。

恩格斯说，思维着的精神是地球上最美丽的花朵。作为政治老师的我们，有责任让这朵花开放得更加美丽娇艳。因此，引导学生爱思考、会思考、深度思考，提升学生的思维能力，培养学生的思维品质，点燃智慧的火花，这是我们教育教学必须要关注的。

三、立德树人，培育核心素养

立德树人是教育的根本任务。学科核心素养是学科教育在全面贯彻党的教育方针、落实立德树人根本任务、发展素质教育中的独特贡献，是学科育人价值的集中体现，是学生通过学科学习之后而逐步形成的正确价值观念、必备品格和关键能力。

然而，我们当前的教学却经常会陷入对纯知识点和高分数的追求，仅仅关心知识点的局部结论和考试的要求，忽略了许多属于学科知识意义的内容、忽视学科知识体系、结构以及内容本身与人的发展存在的联系。

教授"公民的政治参与"这一内容，本人围绕某小区附近垃圾中转站建设的争议事件，提前布置小组任务。课堂上，我们围绕两个问题展开思辨；第一，如果您是反对建设的小区居民，你将如何表达诉求？第二，你如何看待政府的决策？

在第一个问题的探讨中，一些同学义愤填膺很是激动，谈到直接找市长反映，甚至有学生要去拉标语横幅。针对个别学生的错误倾向，我引导学生进一步思考：我们应该如何负责地行使我们的监督权和政治自由？在这种平等、开放的讨论中，学生的学习热情与学习能力得到更大的激发，学生在讨论与辨析中越来越理性，对法律的认识越来越深刻，如此，教师在润物细无声中完成了对学生法治意识和科学精神核心素养的培养。

在第二个问题的探讨中，有学生自主提出如下问题：垃圾中转站一定要建在居民区旁边吗？还有没有更好的解决问题的办法？我们怎么做才能让政府决策朝更加合理、更加科学的方向发展？有的学生认为，垃圾中转站是城市生活的必备基础设施，总得找地方建设，因此要对政府的决策予以支持；也有的学生认为可以通过各种合理合法的方式向政府相关部门反映意见和建议，将垃圾中转站设到郊区；也有学生提出设在居民区旁边也无妨，关键是这个垃圾中转站能否创新管理方式，处理好环保、除臭、清洁等问题，减少对居民生活的干扰；还有同学运用地理、生物、化学等知识，为同学们分析了其对居民的环境、健康产生的影响，列举了发达国家处理同类问题的方法，科学严谨、有理有据。学生在质疑与碰撞中产生了更深的思考，献计献策的热情得以激发，社会担当意识得以触动，公共参与的核心素养得到了有效培养；更加理解国家政策、政府决策，家国情怀得以唤醒，政治认同的核心素养也有所提升。

教学既是学科教育，更是德育渗透。课堂教学中，我们要有意识地将学科素养融入其中，在潜移默化中落实立德树人的根本任务。

他人眼中的我

廖老师的课堂特别关注教学内容的取舍、教学思路的清晰、教学结构的严谨和教学语言的精炼，追求简约高效、启迪智慧的课堂。她的教学严谨而灵动，娓娓道来，富含人生哲理，涓涓细流中有道不尽的人生思索，她总是在出其不意中击中人的心扉。

——天河区第一批基础教育名教师、广州中学政治科组长　朱奇花

在我眼里，廖文义老师是个对教育事业无比热爱和执着追求的老师，因此，她不断打磨自己的课堂教学，提升自己的教学能力，并形成自己的教学风格。廖老师的政治教学是一种简约教学，单刀直入、切中要害、不拖泥带水；廖老师的政治教学是一种高效教学，知识整合、充实丰满、不华丽浮躁。她追求用最低的教学成本取得最大的教学效益，让课堂教学简约而不简单！

——广州中学老师　余泽明

文义老师是一位让人很舒服的老师。对待同事、学生情真意切，发自内心、饱含激励的评价总能让人倍感亲切；课堂教学不拘一格，灵活多样，随机应变，注重创新，让学生上政治课想听、爱听，百听不厌。

——广州中学老师　李青

上政治课我是从来不睡觉的。为什么呢？因为没办法睡，我们的文义老师每节课都像打了鸡血一样，精神饱满、振聋发聩，实在是睡不着啊……当然，这是调侃。因为每个同学都被老师的激情所感染并感动。我们喜欢文义老师的政治课，老师每节课都像是在串珍珠一样，从所讲知识的一点，拓宽到一连串的多个知识点，既有广度又有深度；老师总是用问题带动我们深刻思考，"逼迫"我们与她互动，只要我们的答案有一点点正确，老师就会毫不吝啬地"吹捧"我们，饱含激励，

情真意切，哈哈，夸得我们都觉得自己是政治小天才！

——学生　王安怡

廖老师是个爱玩的老师，时不时上课带着我们玩游戏，我们在搭书屋的游戏中理解了意识的作用，在手机推销模拟中感受到消费的心理，学习起来十分轻松，而且印象深刻。廖老师特别善于举例，让同学理论联系实际，老师的点拨经常让我们有恍然大悟的感觉。廖老师讲课的内容纲举目张、条理清晰，每次上完课我都感觉大有收获。

——学生　林丽

廖老师总能让原本平淡无奇的政治课堂变得有趣生动，吸引我们的注意力、激发我们的学习热情；她对我们极其负责，对我们的背书、作业抓得很紧，让我们丝毫不敢松懈。平日里，她又像我们的朋友一样，可以和我们笑在一起，打成一片！

——学生　彭汉英

物穷其理　激情赏识　注重思辨

●广州市天河中学　彭红明（高中物理）

● **个人简介**

彭红明，男，天河中学高级教师，天津大学应用物理系本科毕业，暨南大学物理系硕士结业。广州市物理教研会理事，广州市高中物理教学中心组成员。曾获"广州市优秀教师""天河区优秀教师""天河区教育系统优秀共产党员""广州市物理竞赛优秀辅导老师""天河区青少年科技教育活动先进工作者"等荣誉称号。2013年被评为天河中学"学科带头人"，2015年被认定为"天河区骨干教师"。立足高中一线教学18年，其间任教10届高三毕业班，近7年担任5届高三物理教学工作，有较为丰富的一线教育教学经验，教育教学成绩突出，多次获评"广州市高考物理突出贡献奖"。主编、参编公开发行教辅资料及校本教材8本，多次主持、主讲广州市教研活动和承担市、区公开课研讨任务，是2015年、2017年广州市高三"一测"质量分析大题撰稿者。

▶ 我的教学风格解读 ◀

我的教学风格关键词是"物穷其理，激情赏识，注重思辨"。

物穷其理，是指接触事物而穷究其理，源于《礼记·大学》的"致知在格物"。朱熹说："所谓致知在格物者，言欲致吾之知，在即物而穷其理也。"主张接触事物而穷尽其理。

我任教的物理学，研究的是宇宙的基本组成要素：物质、能量、空间、时间及它们的相互作用。中学阶段我们经常要观察分析身边的物理现象，了解其蕴藏的原理，这客观上要求教师必须要引导学生物穷其理。

然而，物理既是一门实验科学，也是一门崇尚理性、重视逻辑推理的科学，以至于不少学生都觉得物理晦涩难学。18年的高中物理教学生涯，10届高三任教经历，特别是近7年担任5届高三毕业班教学，我且行且思，寻找到了一些教学技巧和方法，也逐渐形成了自己的风格。

学生毕业留言中津津乐道的是我在讲解一道题目时刨根问底，往往还结合概念、规律、应用条件进行前后呼应；念念不忘的是我不太标准的普通话发音、诙谐幽默的课堂语言、略显夸张的手势、及时激励赏识的做法；依依不舍的是我的热情、耐心、笑容和课堂开心的氛围；"耿耿于怀"的是我课堂上时不时设置的套路，原本以为我讲完题目就会大功告成，谁知我还要让他们在我的讲解和板书中找碴儿，总有一处一不留神就会出错的地方等待他们去发现。学生们"抱怨"听课不敢掉以轻心，不敢随便照搬照抄板书。学生们觉得在我的课堂上，被逼着要充分调动积极思维，提高了思辨判断能力，成绩进步很快。

我的成长历程

一、入职：情非得已

我从事 18 年的中学教师其实并非我所愿，也远远超出了我的职业生涯规划。

我的祖父是私塾先生，在四里八乡非常有名望。村子里但凡上了年纪的老人们，基本上都是我祖父的学生。父亲通笔墨，识珠算，在农村里也算是有文化的了。我听乡里人聊天，大家谈起我祖父和父亲，都是一脸的崇拜。祖父和父亲的学问好、字写得好给他们留下了深刻的印象，也激励了年幼的我，好好读书、好好做学问。

我从小在村里被称作"书香世家"的环境中长大，或许是因为氛围，渐渐地，书越读越好，直至出类拔萃。小学我以第一名的成绩升到初中重点班，初中以乡（镇）第一名的成绩升入县（区）最好的高中，高中又以优异的成绩升入重点名牌大学。

可能是受社会对基础教育的轻慢和过度指责影响，我一直没有想到要从事基础教育。不论是报读本科还是研究生阶段，我都没有考虑师范院校，哪怕是当年师范院校可以免学费，而这对农村学子而言，无疑是天降福音的大好事。

囿于生计，毕业之季，在权衡了几份录取通知后，我选择了许诺入职待遇丰厚的天河区教育局，从此踏上了中学讲坛，开启了我的中学教师生涯。

二、起步：良师益友

1999 年的天河区，因建区时间不长，整体实力不强，经济基础并不雄厚。我既非师范生，又没有教师资格证，还没有试教试讲等环节的考验，仅仅因为是"211"院校的毕业生，就被天河区教育局毫不犹豫地招入麾下，并被分配到了城乡接合部的广州市第十八中学任教。

彼时广州市第十八中学所在的东圃镇公路两旁还是成片的农田，人车经过，马路尘沙飞扬。第十八中学虽然是一所老牌的中学，但受地理位置及村镇居民对教育的重视程度不够等因素影响，生源质量在评估中一直垫底。学生无心向学，学校教学氛围不强，教师能力不被看好，教学质量和社会声誉不被认可。

我印象很深的是一次家长会，来了一帮卷起裤腿、耷拉着袖子、趿着拖鞋、端着竹筒抽着水烟的家长们。跟他们介绍孩子情况时，我听不懂他们粤语讲什么，他们也不知道我普通话在说什么，需要借助学生干部从中做翻译。

当时想想自己并不打算长期做中学老师，干个一两年积攒一些生活费就会考出去，我咬咬牙也就忍了。

但"世有伯乐，然后有千里马"，我算是真正领悟到了。

尽管整体教学氛围不好，我还是在十八中遇到了几位良师益友，他们改变了我的职业方向，坚定了我从事中学教学的信心。

一位是周庆元老师，她是一位非常慈祥的政治教师。彼时她虽临近退休，但是教学业绩仍然非常好，学生非常喜欢围着她问问题，青年教师也非常喜欢找她咨询解决困难的办法。她带了好几个徒弟，个个非常出色。刚毕业没多少事情，我就和她的徒弟们一起经常去蹭她的课、蹭她的会，变成了一个不是徒弟的徒弟。

一位是曾彤老师。2000年，刚转正的我，受借调教育局工作的曾彤老师的大力推荐，接替了刚调走的叶国庆老师的科组长职位，掌管起了由十几个物理老师组成的高中、初中混编的物理科组。曾彤老师通过压担子的方式，逼着我努力通读教材教参，钻研教育教学，琢磨教学策略，学习科组管理。面对周围一片质疑的眼光，我狠狠心，坚决要把教师这个事情做好。

因天河区期末统考要兼顾薄弱学校的教学实际，我有幸作为薄弱学校代表，经常跟随天河区物理教研员刘笔臣老师，外出命制天河区期末考试统考试题。在和四十七中、天河中学、一一三中等学校的骨干老师们研制试题的过程中，我学习和体会到了高质量的试题命制的技巧和方法。

没有教师资格证、语言习惯不同、学生基础薄弱、对教材不熟悉、从教资历浅、教学管理经验不足等困难，曾经也动摇过我；身边的同事考公务员、考研、跳槽等，也曾给我不小的震撼。但忘不了与学生相处的快乐时光，面对学生开心的笑容和期待的眼神，我选择了面对与坚持。

随着教学业务越来越娴熟，我也逐渐获得了学校、科组老师和学生的认同。信任是一种催化剂，我的科组建设越来越有起色了，我用2年时间将物理科组带成了一个凝心聚力的优秀科组；教学成绩也越来越好了，因为教学业绩突出，我于2001年9月第一次任教高三后，2002年9月、2004年9月又接连任教高三。就这样，我竟然不知不觉地就走过了职业磨合期。

十八中高中办学规模小，一个年级只有2个班，几乎没有高中集体备课和教学研究氛围，最多的时候我跨年级任教2个年级4个班的物理课。其间，我坚持参加广州市物理教研活动，受益匪浅。受广州市物理教研员刘雄硕老师系列专题讲座启发，我任教的十八中2005届高三物理成绩在广州市教研活动"广州市一模质量分析会"上获得了通报表扬，当年撰写的论文《小班环境下提高高三物理科高考复习教学效果的几个策略》在"2005学年广州市高中毕业班教学与考试专项研究"

征文活动中获得一等奖。

这些成绩极大地鼓励了我，使我坚定了进一步做好中学老师的信念。

三、提升：名师大咖

教师行业的许多名师大咖，对我的成长起到了促进作用。

原本以为很简单的中学教学，原来可以如此不简单。

俗话说：鱼不过塘不肥。2005年7月，因为第十八中学被裁撤了高中，我被天河中学选中，开始了我"过塘鱼"的职业生涯。调动当年，天河中学安排我任教高三。天河中学与十八中相比，学生整体素质较高，教师专业能力也更强，学校教育科研管理更专业、更规范。在这个新环境中，我的收获也更大了。

时任天河中学科组长的刘济宽老师给了我很大的帮助，作为广州市基础教育骨干教师，他一直是我学习的榜样。刘老师工作严谨，善于钻研，对待教学一丝不苟。原七十五中学物理教师、现天河区教研室物理教研员李红荣老师，更是以教学成绩优秀为人称道。在天河中学，我经常与刘济宽等老师搭档进行备课组研讨，有机会经常与李红荣老师一起命制区统测试题。这种常态化的高水准的教学研究，加强了我对考纲和教学的深入认识，提升了我的专业素养。

2006年5月，我与李红荣老师共同编写了《2006年高考物理非主干知识训练题》，在市教研活动上作为教研资料与全市高三物理老师进行了分享，给了我开展科研活动极大的信心。随后，我相继参与了2007年8月《高中新课程教学设计与实施物理②》、2008年9月《广东新教学2010年普通高中学业水平测试 物理》、2009年7月《物理学习指导必修1（配粤教版）》、2010年8月《广东省普通高中学业水平测试 物理》、2012年12月《物理高考备考专项训练》、2013年12月《学习与评价——2014年物理高考备考专项训练》等公开发行的教辅资料的编写工作，并主编了2008年《淡出历史舞台的钟摆》《高中生学习方法指导》两本校本教材。

广州市教育研究院物理教研员陈信余老师是我教学生涯中遇到的又一位名家大师。在他主持召开的各种活动中，陈老师总有办法让原本枯燥乏味的物理教学研讨变得生动、活泼、有趣，让大家原本以为会沉闷的培训学习瞬间活跃起来。在他的影响下，我改变了教学态度，尝试着换一种新的模式与学生交流，深受学生欢迎。

在天河中学工作期间，我有幸被选为广州市中学物理教研会理事，被聘为广州市物理中心组成员。我得以有机会参与华南师范大学大学生课件制作大赛的评审工作，参与天河区教育局招聘骨干教师的评委工作，参与广州市物理教研会组织的教师评课比赛评审、教学论文比赛评审、说课比赛评审工作，2013年受聘担任"中国梦·园丁美"广州市中小学青年教师教学基本功和技能竞赛说课组评委，还多次参与广州市高中物理教研活动的策划、组织、主持、经验交流。2013年，我在广州市教研活动中做了《粤教版物理选修3—5教学策略》主题发言；在2011

年 7 月 2012 届的天河区高三大集备中做了《从广东高考理综物理题特点及第一轮复习经验反思谈高考备考观念转变》的中心发言。

在天河中学工作期间,除了学科专业方面经常有机会参与高水平的研讨外,我还积极主动参加一些通识类的培训,阅读一些名师大咖成长历程的书籍,从这些老师身上汲取经验,扩大视野。最典型的是,我曾经作为教师代表坐在第一排聆听了魏书生老师的两次讲座。魏老师的讲座更新了我的教育观念,促使我从"太阳底下最光辉的职业"的幻景中觉醒:大师们看书能看出点门道来,写文章能写出点见解来,教书能获得大部分学生的喜爱。你呢?

教育,且行且思。名师之旅,我还在路上。

我的教学实录

"电磁感应"复习
——人教版高中物理选修 3-2 "电磁感应"复习课(一)

授课课型:复习课

授课班级:广州市第四十七中学高二(9)班(异地借班上课,平行班)

班级层次:平行班

授课时间:2017 年 3 月 21 日上午

课时计划:第一课时

教学实录:

(预备铃响)

师:同学们,我们刚刚学习完"电磁感应",今天我们先检验一下大家学习的效果。

(科学史复习)

师:电磁感应现象是"电生磁"还是"磁生电"呢?

生:"磁生电"(笑)。

师:太简单了,对吧?(笑)那么,是谁发现电磁感应现象的?

生:法拉第。

师:是的。奥斯特梦圆"电生磁",法拉第心系"磁生电"。大家要体会在自然界和谐统一的科学理念下,用类比推理的思维方法可以得出合理的推测。同时,法拉第长达 11 年的艰苦探索,告诉我们对待新领域的开创性研究,要突破传统才能创新。

下面我们就要看看,本章所学知识大家能不能做到突破基础(传统),实现创新。

（投影）基础反馈1：

如图所示，直导线中通以电流I，矩形线圈与电流共面，下列情况能产生感应电流的是（　　）。

A．电流I增大
B．线圈向右平动
C．线圈向下平动
D．线圈绕ab边转动

生：ABD。

师：正确。我们要通过这道题，透过现象看本质，跟老师一起小结产生感应电流的条件是？

生：回路闭合；磁通量发生变化。

师：非常好！根据本题我们还要进一步小结。我们知道磁通量为 $\varPhi = BS\cos\theta$，那么导致磁通量变化的方式可以是哪些？

生：磁场不变，闭合回路面积变化；闭合回路面积不变，穿过回路的磁场变化；闭合回路面积、磁场都不变，回路和磁场间夹角发生变化。

师：很好！

（投影）基础反馈2：

如左图所示的螺线管，匝数 $n = 1500$ 匝，横截面积 $S = 20 \text{ cm}^2$，电阻 $r = 1.5 \text{ Ω}$，与螺线管串联的外电阻 $R_1 = 3.5 \text{ Ω}$，$R_2 = 2.5 \text{ Ω}$，方向向右穿过螺线管的匀强磁场的磁感应强度按右图所示规律变化。

求：(1) 螺线管产生的感应电动势大小；
(2) 通过螺线管的电流大小和方向；
(3) 螺线管两端的电压大小，并判断M、P两端的电势高低。

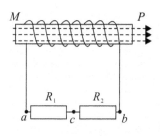 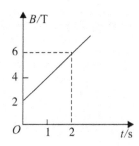

[学生做题，教师巡堂。巡查发现学生 (1) (2) 问正确率比较高。选择优秀学生解题过程投影予以展示，教师做适度点评]

[第（3）问教师单独演板]

师：从第（1）问，我们知道，$E = N\dfrac{\Delta\varphi}{\Delta t} = 6V$，由于螺线管两端的电压 U 与电源电动势 E 相等，故 $U = E = 6V$。

生：……

师：根据楞次定律，我们知道电流方向将从 P 端流入螺线管，从 M 端流出。因此，$\Phi_P > \Phi_M$。

生1：老师不对。

师：怎么不对？

生2：老师你搞错了。电压与电动势不等。

生3：老师，电势高低我感觉也有问题。

（课室沸腾了，学生面面相觑之余，激烈的讨论后，极力证明老师的板书不正确）

师：（笑）老师题目做错了，下面同学们一双双雪亮的眼睛盯着的；你们做错了，我也是明察秋毫的哦。你们说它错了，我们班几个同学就是这样做的哦，我只不过将它搬了个位置而已。

生：（笑）

师：怎样修正？

（请做错的学生回答，学生自主解决了问题）

师：根据本题小结（板书）法拉第电磁感应定律：

1. 内容：电路中的感应电动势的大小，跟穿过这一电路的磁通量的变化率成正比。

2. 表达式：$E = N\dfrac{\Delta\varphi}{\Delta t}$。 （其中，$N$ 为线圈的匝数）

3. 特别强调感应电动势的大小跟磁通量的变化快慢有关，磁通量变化越快，感应电动势越大。

4. 区分"磁通量的变化量"和"磁通量的变化率（快慢）"。（板书）

设某时刻 t_1 穿过线圈的磁通量为 Φ_1，下一时刻 t_2 穿过线圈的磁通量为 Φ_2，则：

① 通量的变化量 $\Delta\Phi = \Phi_2 - \Phi_1$；

② 磁通量的变化率 $\dfrac{\Delta\varphi}{\Delta t} = \dfrac{\varphi_2 - \varphi_1}{t_2 - t_1}$。

磁通量 Φ 虽然没有方向，但 Φ_1、Φ_2 可正可负。

磁通量的变化量反映磁通量变化的多少，而磁通量的变化率反映磁通量变化的快慢。

(投影)基础反馈3:

如图所示,水平放置的平行金属导轨相距 $L=0.50\text{m}$,左端接一电阻 $R=0.20\Omega$,磁感应强度 $B=0.40T$ 的匀强磁场方向垂直于导轨平面。导体棒 ab 垂直放在导轨上,并能无摩擦地沿导轨滑动,导轨电阻忽略不计,ab 棒电阻 $r=0.20\Omega$。当 ab 以 $v=4.0\text{ m/s}$ 的速度水平向右匀速滑动时,求:

(1) ab 棒中感应电动势的大小;
(2) 回路中感应电流的大小;
(3) ab 棒中哪端电势高;
(4) 维持 ab 棒做匀速运动的水平外力 F 的大小。

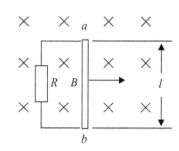

(学生演板,教师做点评指正)

师:根据本题,我们知道感应电动势还有另外一种表达式。(板书)

1. 导体做切割磁感线运动产生的感应电动势:$E=BLv$。
2. 条件:导体的运动方向与磁场方向垂直且做最有效切割。
3. 适用范围:

(1) 公式 $E=BLv$ 只适用于导体做切割磁感线运动而产生的感应电动势的计算,且磁场是匀强磁场,导体的运动方向、磁场方向和导体长度 L 两两互相垂直。

(2) 当导体的运动方向与磁场方向的夹角为 θ 时,则感应电动势为 $E=BLv\sin\theta$。

师:这道题里涉及了左手定则、右手定则的应用。"该出手时就出手"啊,该出哪只手时你们能伸对手吗?

生:(笑)……

师:老师告诉大家一个巧记、速记的方法。1秒钟学会,一辈子忘不掉。想不想试试?

生:当然想!

师:推荐大家留意两个汉字——"电""力"。(板书)
大家有没有留意到,"电"和"力"的最后一笔的收笔方向分别向哪?

生:向右、向左。

师:那咱们见到这两个关键字时就分别伸右手和左手!即判断动生电流方向时用右手定则,判断磁场对通电电流产生的安培力方向时用左手定则。

生:哇!

(因助记法形象生动,学生开怀大笑)

（投影）基础反馈4：

如右图所示，有一匀强磁场 $B = 1.0 \times 10^{-3} T$，在垂直磁场的平面内，有一金属棒 AO，绕平行于磁场的 O 轴顺时针转动，已知棒长 $L = 0.20 m$，角速度 $\omega = 20$ rad/s，求：

(1) O、A 哪一点电势高？
(2) 棒产生的感应电动势有多大？

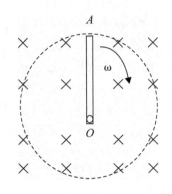

（师巡查，请学生讲解解题思路）

师：刚才同学直接用了结论 $E = \dfrac{1}{2} Bl^2 \omega$，还记得这个结论怎样来的吗？

生：根据 $E = N \dfrac{\Delta \varphi}{\Delta t}$ 推导的。

师：我们还可以换一个思路来推导：（作示意图）

如右图所示，当导体在垂直于磁场的平面内转动时，由于导体上各点速度不同，在利用 $E = Blv$ 求电动势时，v 应取速度的平均值。

$$v = \dfrac{v_A + v_C}{2} = \dfrac{0 + \omega l}{2} = \dfrac{1}{2} \omega l \quad (\text{绕} A \text{端转动})$$

$$E = Blv = \dfrac{1}{2} Bl^2 \omega$$

类似于这样穷求其理地进行复习，就把我们所学的知识点进行了有效的前后串联。

师：通过以上具体实例，我们小结了本章我们所学的基础知识，有：（板书）

一个现象——电磁感应现象；

两个类型——感生电动势（感生电流）、动生电动势（动生电流）；

三个公式—— 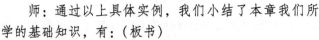$E = n \dfrac{\Delta \varphi}{\Delta t}$；$E = BLv$；$E = \dfrac{1}{2} Bl^2 \omega$。

接下来，我们看看提升练习。

（投影）提升1：

如左图所示（右图为俯视图）为一个闭合的金属弹簧圆圈，在它的中间插有一根条形磁铁，现用力从四周拉弹簧圆圈，使圆圈的面积增大，则通过弹簧圆圈面的磁通量_____（"变大""变小"或"不变"），环内_____（"能"或"不能")产生感应电流。

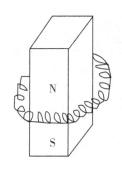
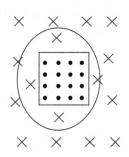

(投影)提升2:

(2016·华南师大附中综测三)如右图所示,半径为 R_1 的圆形的导体线框,套住了半径为 R_2 的边界为圆形的磁场区域,线框平面与磁场方向垂直,当磁感应强度以 $B=kt$ ($k>0$)变化时( )。

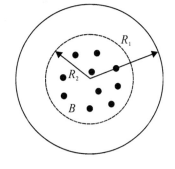

A. 线框中的感应电动势大小为 $\pi k R_1^2$
B. 线框中的感应电动势大小为 $\pi k R_2^2$
C. 线框中的感应电流方向为顺时针方向
D. 线框中的感应电流方向为逆时针方向

(投影)提升3:

(2016·全国卷甲)法拉第圆盘发电机的示意图如右图所示,铜圆盘安装在竖直的铜轴上,两铜片 P、Q 分别与圆盘的边缘和铜轴接触。圆盘处于方向竖直向上的匀强磁场 B 中。圆盘旋转时,关于流过电阻 R 的电流,下列说法正确的是( )。

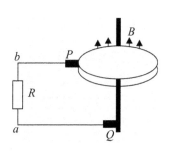

A. 若圆盘转动的角速度恒定,则电流大小恒定
B. 若从上向下看,圆盘顺时针转动,则电流沿 a 到 b 的方向流动
C. 若圆盘转动方向不变,角速度大小发生变化,则电流方向可能发生变化
D. 若圆盘转动的角速度变为原来的2倍,则电流在 R 上的热功率也变为原来的2倍

(巡查，反馈)

师：以上第 1 道题深入巩固复习了产生感应电流的条件，强化了对磁通量、磁通量变化的认识，需深入理解平时所说的磁通量实际上是"（净）磁通量"的简称。第 2 道题考察了感生电动势的问题，对有效面积和楞次定律（感应电流的方向）做了深入复习。第 3 道题考察了旋转切割动生电动势的问题，巩固了右手定则（注意区分左、右手定则）的应用。

最后，我们再来看两道综合性的例题。

（投影）综合提升 1：

（2015·安徽卷）如右图所示，$abcd$ 为水平放置的平行"▭"形光滑金属导轨，间距为 l，导轨间有垂直于导轨平面的匀强磁场，磁感应强度大小为 B，导轨电阻不计，已知金属杆 MN 倾斜放置，与导轨成 θ 角，单位长度的电阻为 r，保持金属杆以速度 v 沿平行于 cd 的方向滑动（金属杆滑动过程中与导轨接触良好），则（　　）。

A. 电路中感应电动势的大小为 $\dfrac{Blv}{\sin\theta}$

B. 电路中感应电流的大小为 $\dfrac{Bv\sin\theta}{r}$

C. 金属杆所受安培力的大小为 $\dfrac{B^2lv\sin\theta}{r}$

D. 金属杆的热功率为 $\dfrac{B^2lv^2}{r\sin\theta}$

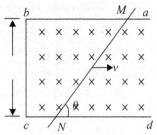

（正确答案 B 刚一投出，学生一片哗然，原来有近半学生做错了。于是我做了详细讲评）

师：金属杆 MN 产生感应电动势为多少？

生 1：Blv

生 2：$Blv\sin\theta$

生 3：$\dfrac{Blv}{\sin\theta}$

（学生们卷入了争论）

师：杆运动方向与杆垂直吗？

生 2、生 3：不垂直。

师：首先确定导体做切割磁感线运动产生的感应电动势 $E = Blv$，公式中要求导体的运动方向与磁场方向垂直且做最有效切割。所以，杆运动产生的感应电动势应该用等效长度，与速度方向垂直的杆的等效长度为金属导轨宽度 l。因此可以用

$E = B(l)v$ 来计算感应电动势。当然，用等效速度的观点来处理也行，即 $E = B\dfrac{l}{\sin\theta}(v\sin\theta)$，结果都为 $E = Blv$。你们同意吗？

生2、生3：同意。

师：成功解决了第一个分歧。大家非常棒。下面，单位长度的电阻为 r 可以理解为1米长的电阻为 r 欧姆，我们来看回路中的电阻为多少？

生：$(\dfrac{l}{\sin\theta})r$。

师：由此，我们根据欧姆定律一起来计算电路中感应电流为多少？

生：$I = \dfrac{E}{R} = \dfrac{Blv}{\dfrac{l}{\sin\theta}r} = \dfrac{Bv\sin\theta}{r}$，因此，$B$ 选项正确。

师：非常好。接下来我们看看安培力，又存在类似问题了，怎么算？

生：（争论）

师：我们仍然要抓住公式适用的条件。三者要两两垂直才行。此时三者有没有两两相互垂直？

生：有！

师：因此最终安培力为：

$$F = BI\dfrac{l}{\sin\theta} = B\cdot\dfrac{Bv\sin\theta}{r}\dfrac{l}{\sin\theta} = \dfrac{B^2lv}{r}$$

因此，C 选项不对。

师：同学们再试试计算一下杆的热功率？

生：$P = I^2R = (\dfrac{Bv\sin\theta}{r})^2(\dfrac{l}{\sin\theta}r) = \dfrac{B^2lv^2\sin\theta}{r}$

师：D 选项非常相似。但是不正确。

师：对这些似是而非的选项要学会甄别，我们要特别注意公式的使用条件。

（投影）综合提升2：

（多选）如右图所示，水平放置的两条光滑轨道上有可自由移动的金属棒 PQ、MN，MN 的左边有一如图所示的闭合电路，当 PQ 在一外力的作用下运动时，MN 向右运动，则 PQ 所做的运动可能是（　　）。

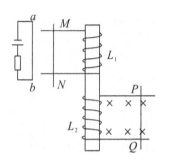

A. 向右加速运动
B. 向左加速运动
C. 向右减速运动
D. 向左减速运动

（这道题综合性非常强，逻辑推理过程复杂，难倒了学生们。学生们普遍反馈无从下手，只能靠蒙。我进行了引导跟进）

师：先看 ab 中的电流方向，是从 b 流向 a。题目说 MN 向右运动。可以判定，流经 MN 的电流方向为 M 流向 N。应用了什么结论？

生：同向电流相互吸引，反向电流相互排斥。

师：MN 中产生的感应电流 I 是结果，可以根据右手螺旋定则判断感应电流的磁场方向为向上的。

（利用电脑动画辅助演示）

产生了向上的感应电流的磁场，其原因是穿过 L_1 线圈的磁通量发生了变化。可能有什么样的变化？

生：增多或者减少。

师：谁是引起 L_1 产生磁场的"罪魁祸首"？

生：L_2。

师：L_2 中的磁场要怎样变化才能导致 L_1 中有向上的磁场？

生：L_2 中的磁场如果向上，必须减弱；L_2 中的磁场如果向下，必须增强。

师：非常好。我们重点分析第一种情况：如果 L_2 中要产生向上的磁场，L_2 中的电流方向应该怎样？

生：这样。（伸手比画，笑）

师：这么表达不准确。我们就说 PQ 中电流方向向哪个方向吧。

生：Q 流到 P。

师：这个电流是谁导致产生的呢？

生：外力拉动杆运动产生的。

师：伸哪只手判断？

生：左手！

生：右手！

（争论）

师：大家争论的焦点在于，咱们告诉大家的技巧中的"力"指的是电流受到磁场作用产生的安培力还是驱动杆运动施加的外力？

生：（沉默后爆发）安培力。

师：现在，我们伸左手还是右手？这个时候大拇指代表什么？

生：右手！

生：运动方向！

师：非常好。PQ 中产生了感应电流向上，原因是外力促使棒运动导致的，我们要伸右手来判断，大拇指代表速度方向。

我们回过来分析，要使 L_2 中产生向上的磁场，而且要求磁场减弱，那么 PQ

杆需向右作什么运动？

生：（异口同声）减速运动。

师：我们是根据 MN 向右运动这个结果来反推 PQ 运动的原因的。现在我们从头来验证一下。

如果 PQ 向右减速运动，PQ 中电流方向向哪？L_2 中产生的磁场方向如何？磁场怎么变化？穿过 L_1 线圈的磁通量怎么变化？L_1 中产生了怎样的感应电流的磁场？L_1 中的感应电流方向向哪？MN 中的电流方向向哪？MN 受 ab 安培力作用方向向哪？MN 向哪个方向运动？

与题干结果进行印证。结果相符，说明反演分析推理可行。

（请同学们自行推演一下第二种情况）

课后，全国教育系统劳动模范、全国模范教师、广东省特级教师、深圳市第二实验学校科研处主任林伟老师点评了这节"电磁感应"复习课，林老师认为我这节课：

知识要点问题化，重点知识题型化，思想方法专题化。

同时，他还评价了我的课堂情况：

问题导学有梯度，红明仔细来引路。学生动口又动手，积极参与又巩固。

知识整合水平高，课堂节奏有绝招。教材处理准把握，传统模式未全抛。

突破复习新课上，注意知识环扣环。问题引导有小结，知识系统才重要。

▶▶▶ 我的教学主张 ▶

用激情、赏识鼓励学生独立思考、注重思辨

物理大师爱因斯坦曾引用过一位哲人的话，说"什么是教育？当你把受到的教育都忘记了，剩下的就是教育"。意思是，重要的不是你学到的知识，而是你学习新事物和解决新问题的能力，以及你在学习中培养出来的素质和品质。

这句话道出了教育的基本规律：教师的"教"就是为了让学生达到"不用教师来教"，正如叶圣陶讲过的："教是为了不教"。

作为长期在中学任教的一线物理教师，在教学实践中，我经常发现，由于通信技术、互联网、社交媒体等的迅猛发展，快餐式的教学过程比比皆是，网络课堂、在线教育如雨后春笋层出不穷，孩子们直接利用手机、电脑等终端查找试题答案以及解题思路，独立思考能力日益匮乏。

独立思考、注重思辨，就要有勇于质疑的勇气和怀疑的态度。孔子说过，"学而不思则罔，思而不学则殆"。宋代思想家张载说过："在可疑而不疑者，不曾学；学则需疑。"笛卡尔也说，"我疑故我思，我思故我在"。怀疑，是科学精神的基础。不加批判地接受，就容易受人所惑。

为此，每新接手一个班级，我都会在第一课上跟他们讲书籍排版"竖排"变更为"横排"的案例：古代书籍都是竖排版的，阅读者自上而下地阅读，这种排版法貌似告诉阅读者，先贤们写在书上的内容都是对的（阅读者浏览书籍，头部会不由自主地上下移动，不停地点头"称是"）；而后来的书籍采用横排版法，阅读者需要自左向右地阅读，客观上给人留下的感觉是：这个观点值得商榷（阅读者时不时需要摇头"say No"）。编书尚且如此，老师的板书亦然。开怀大笑之后，对我的课堂，孩子们就多了一份审视的眼光，一份怀疑的勇气。

为尽可能减少学生满足于刷题、对答案、上网搜思路等情况出现，我经常刻意将试题题目改动几个数据，导致解题思路或者答案与原题相比大相径庭，意在培养学生独立思考和善于甄别的能力。

我喜欢激情澎湃的课堂。我尽可能地想办法让课堂鲜活起来。丝丝入扣、思维缜密的讲解，固然令人称道，但容易枯燥乏味，课堂容易沉闷，不被学生叫好。我上课时故意犯些小错误，讲完题后让学生找找碴儿，意在增强师生互动。我喜欢看到孩子们眼前一亮，找到老师错误后会心一笑的神情。

我还喜欢给课堂添些料。在有限的课堂时间内，我主张通过各种形式赏识学生。口头点名表扬是赏识，选择学生演板、发言是一种赏识，点头默许、微笑致意等肢体语言也是一种赏识，语气语调、眼神对碰还是一种赏识，课后辅导也不失为一种赏识。学生在赏识中进步，在赏识中自信，在赏识中学会了与人为善。

他人眼中的我

彭红明老师是广州市中学物理教研会理事。在教研会里的工作积极主动、认真负责。彭老师是一位智慧型老师，善于在教学实践中总结与提升。该教师的教学基本功扎实，对学科知识的理解和把握到位。在课堂教学中，对教学内容的处理，既能抓住重难点，又能根据学生的认知水平铺设台阶，讲到关键点、评到要害处。

——广州市教育研究院物理教研员　陈信余

彭红明老师物理专业功底深厚，课堂教学深入浅出，深受学生喜爱，教学业绩突出；教学科研能力强，在课题研究、撰写论文方面成果颇丰；常年担任市、区中心组成员，在市、区有广泛的辐射作用及影响力。

——天河区教研室物理教研员　李红荣

彭红明老师是学生的偶像，是集颜值、能力、经验、激情于一身的物理教师，这使他在学生眼中魅力无法抗拒！他精力充沛，对待工作的态度让同事们心生敬意；他热情洋溢，让身边的人如沐春风；他专业超强，总能让学生获益良多，成绩突飞猛进。为他点赞！

——天河中学学科带头人　刘济宽

非常认真负责的物理老师。长得很高，还很有耐心，很和蔼。您讲的物理最详细了，而且上课还很幽默，在我印象中您几乎每天都是时时刻刻笑着的！即使后来不是我们班的物理老师，但仍然很关心我们。希望您以后每天都能这么开心，事业顺利！

——2017 届高三学生　陈钰琳

"高"老师，您的智慧与您的身高成正比，真的好聪明！感谢您高二时把我从 49 分带到 80＋。

——2017 届高三学生　黄梓晴